福澤諭吉と門下生たち

服部禮次郎
Hattori Reijiro

慶應義塾大学出版会

序にかえて

(1)

わたくしの最初の文集『慶應ものがたり　福澤諭吉をめぐって』(二〇〇一年刊)が出版されてからおよそ八年が経過した。その間に、福澤諭吉およびその教え子たちのことについてそれぞれの機会に筆者が起稿した旧稿を取り集めて、このたびも前回同様慶應義塾大学出版会のお世話で『福澤諭吉と門下生たち』が出版されることとなった。誠にありがたくうれしいことである。

また本書を手に取って下さる読者のみなさまがたにもあつく御礼を申し上げたい。

(2)

福澤の在世中、その門下に集ってきた青年の数は前後数千にのぼったことであろう。そのなかで初期門下生の出身を見ると、維新前はもとより明治初年までは各藩藩士の子弟が圧倒的に多かった。そのほかに医師の子弟で西洋医学を学ぼうとするものが、まず洋学を学ぶために福澤の門に入るケースも目に立つが人数としてはさのみ多くなかった。

ところが、廃藩置県(明治四年＝一八七一)以後になると、華族の子弟、東京の商家の子弟、地方農村地帯の有力者の子弟、そのほか僧侶などが、福澤の門下に集っている。このころになると明治政府のもとで学制も次第に整い新時代に目覚めた青年たちが向学の志を抱いて東京に集まり、慶應義塾をふくむ私立の諸学校、東京大学を中心とする官立の諸学校に入学する学生数が急増している。それに比例して福澤のもとに学ぶ青年の数も増えその層も広く厚くなっていったのである。

(3)

福澤はこれらの入門者を単に教場講堂で教育していたのではなかった。当時の福澤塾・慶應義塾は文字通り寄宿制の塾、一種のボーディングスクールであって通学生は稀であったから、福澤は自身で教壇に立たなくなってからも、朝に夕に塾生と接し、塾生たちの名前を知り顔を覚え、その出身地親許の様子をたずねて話をかわすのを楽しみ、ときには塾生の父兄に手紙を送ってその子弟の勉学ぶりを報じて安心させ、学費の乏しい塾生には援助の手を差しのべ、健康をそこねた塾生には慰安はげましのことばを送っている。

福澤は晩年、早朝の野外散歩を好んだが、これは単に自身の健康のための運動ではなく、大勢の塾生たちを引きつれて、歩きながら対話を交わすことを喜んだのであろう。

(4)

福澤は学業を終えて膝下を去った旧門下生との交流をいつまでも続けることを楽しんだ。郷里にかえって家業にはげみつつ東京と地方との落差に途迷う旧門下生には絶えず激励の手紙を送り、時勢の変化におくれぬようつとめて東京に出てくるよう来訪を促している。新時代の実業に従事して活動する旧門下生に対しては読書勉強を怠らぬよう激励訓戒し、そのほか順境得意の人に対しては忠言を送り、不遇失意の旧門人に対しては慰問につとめ、さらに旧門下生の家族遺族に対してまでも庇護救援の手を差しのべている。

（5）

福澤が没してから十七年がすぎた大正七年（一九一八）、旧門下生の一人犬養毅は、当時発刊された『修養実訓　福澤先生の手紙』に寄せた序文のなかで、福澤を評し、先生は天真爛漫の人でありその言行は一面から見れば傍若無人であるが他の一面では極めて無邪気で慈愛の溢るる温情が恰ものどかなる春日春風に包まるるが如き心地にして厳師ではなく慈母の様に思われ師弟の間が一家族の様に感じられたという感想を述べている。

福澤にとって門下生を育てあげる喜びは我が子を育てあげる喜びに通じるものがあったのであろう。福澤は、しばしば言われるように、「意志の人」「理智の人」であるとともに温かい「情愛の人」でもあったのである。

二〇〇九年九月

服部禮次郎

福澤諭吉と門下生たち　目次

III　福澤諭吉ゆかりの史蹟めぐり

IV　福澤諭吉の門下生の墓所を巡る

V　福澤諭吉ノート

I　福澤諭吉の人となり

没後一〇〇年記念の会　特別講演

福澤先生を偲ぶ

独立自尊迎新世紀

本日は福澤先生没後一〇〇年記念行事の一環として、ここに「没後一〇〇年記念の会」を催され、その席でお話を申し上げますことは、まことに光栄の至りでございます。

福澤先生が亡くなられるちょうど一月《ひとつき》前、明治三十四年（一九〇一）一月三日に交詢社の新年会が芝の紅葉館で開かれ、交詢社員が七、八十名集まったところへ、先生は軸を二つ抱えてやってこられた。一つは「独立自尊迎新世紀」、もう一つは「一面真相一面空」の詩、この二つを持ってこられて、しばらく社員と歓談なさったあと、「これはあなた方へのお土産として元旦の試筆二本を持ってきました」とおっしゃったそうです。先生がお帰りになったあと、七、八十人のところへ、先生の書は二つしかなかったので、結局籤引《くじび》きになったそうです。

先生は「お先に失礼」と言うときに、「体もこのとおりすっかり元気になりましたから、皆さん家へ遊びにいらっしゃい」と、一人ひとりに声をかけてご機嫌で帰られた。人生わからないもので、それからちょうど一月で亡くなられたわけでございます。

このとき「独立自尊迎新世紀」のほうの籤に当たったのは美澤進という人で、よく小泉信三先生がこの人のことを書いておられますからご記憶の方もあろうかと思います。美澤は岡山県の人で慶應義塾に学び、そして横浜商業学校、われわれのころはY校などと呼んでいた現在の横浜市立大学の前身の学校で、名校長として名を知られていた人であります。その美澤がこの籤に当たったので、それをたいへん光栄に思ったようです。先程軸と申しましたけれども、お

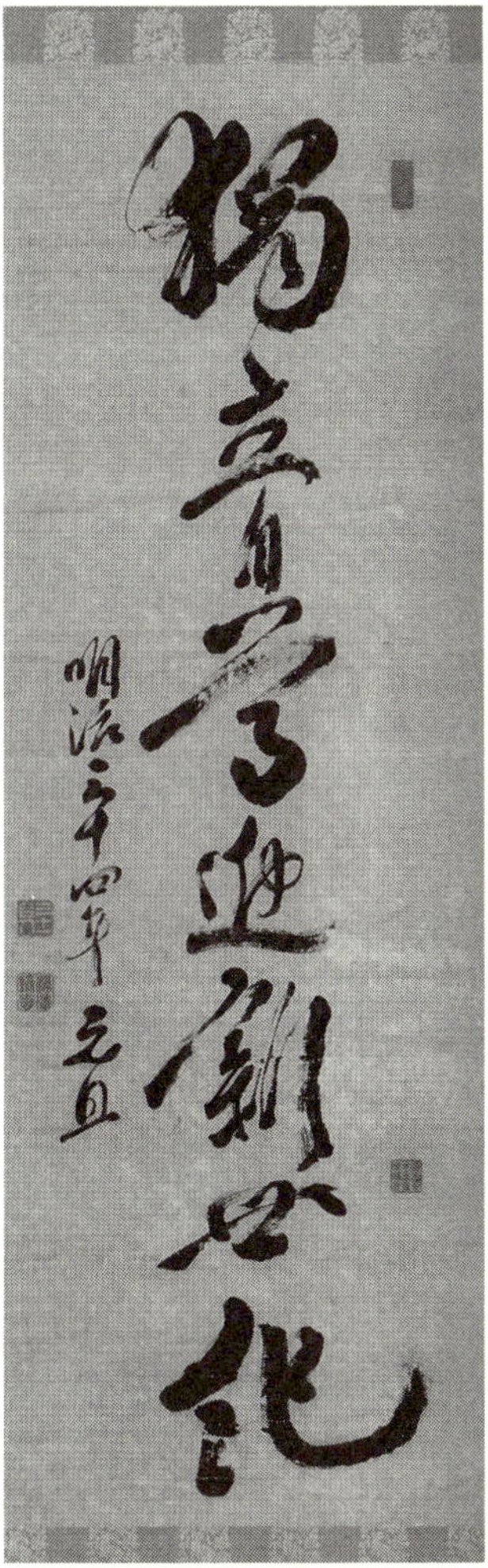

福澤諭吉筆　独立自尊迎新世紀
福澤研究センター所蔵

そらく先生は紙に書いたものを丸めて持ってこられて、美澤はあとからそれを表装したのだろうと思いますが、その裏に短冊の長いようなものを書きまして、これは交詢社のこういうときに抽選でいただいた先生の直筆であると書いております。裏に貼ってありましたのをのちにまた剝がして、それを別に仕立てられております。没後一〇〇年記念行事として開催された「世紀をつらぬく福澤諭吉」（二〇〇一年一月二十九日〜二月十日〈和光ホール〉）にはその軸が出展されました。

天寿を全うされた福澤先生

福澤先生は、一〇〇年前にお亡くなりになりました。お年は数え年で六十八、満で言いますと六十六、その数年前に病気をなさったとは申しながら、そして明治時代はいまのような長寿社会ではないことはわかっておりますけれども、六十八というのはまだ若すぎた、惜しいという感じがわれわれにはいたすのであります。しかし考えようによれば、先生は本当は天寿を全《まっと》うされたお幸せな人であったと言えるかと思います。

なぜかと申しますと、福澤先生は天保五年（一八三四）午《うま》年のお生まれであります。天保五年午年に生まれた人を見てみますと、橋本左内、江藤新平、前原一誠、岩崎弥太郎という人たちが著名人であります。橋本左内と申しますと、福澤先生よりもう一つ前の時代の人のような感じがいたしますが、実際は午年の同年であります。橋本左内は福澤先生に先立って、大阪の緒方洪庵の適塾で勉強しておりますが、そのあとすぐに越前福井の藩士として、当時の権力抗争のなかに巻き込まれまして、安政六年（一八五九）、安政の大獄によって二十五歳で処刑されております。福澤先生が大阪から藩の命令で江戸へ出てきたのが安政五年のことですから、その翌年に橋本左内は殺されている。それから江藤新平、この人は、佐賀の乱（明治七年＝一八七四）がありまして、四十一歳で処刑されている。もう一人の前原一誠は萩の乱（明治九年）、四十三歳で非業《ひごう》の死を遂げています。

福澤諭吉（明治31年）
福澤研究センター所蔵

それから岩崎弥太郎、福澤先生と親しかった人であり、三菱の基礎を創った人でありますが、明治十八年（一八八五）に五十歳そこそこで病気で亡くなっておられます。なお、福澤先生よりも一つ年下の坂本龍馬は、幕末の慶応三年（一八六七）に、やはり政争に巻き込まれて暗殺されています。そういう動乱のときに、先生はそういうものに巻き込まれず、また岩崎弥太郎のような丈夫そうな人が早く死んだのにもかかわらず、六十を過ぎ七十近い天寿を全うされたのは、年に不足を申し上げても仕方がないという感じがいたします。

しかし、福澤先生がいろいろな政治闘争などに巻き込まれなかったのは、やはりご自分が非常に用心をしておられたからでしょう。『福翁自伝』のなかに何遍も出てきますが、幕末から明治の初年にかけてはいつ暗殺されるかわからないので、三田の福澤の屋敷は床を高くして、特に押入れには揚げ板をつくり、何かというときはそこを開けて縁の下づたいに逃げ出せるように大工につくらせていた。大工にも家人にも「何でこんなところを一段高くする」という理由は言えないので黙っていたけれども、まったく不愉快な時期だったということであり、先生は単に幸運だったというのでなく、非常に用心深くなさっておられたわけであります。

先生の前半生と後半生

福澤先生は満六十六歳の生涯、前半三十三年間が幕府の時代、後半が明治の時代、前半生と後半生とを生き抜いた方と言われておりまして、これがまた先生の一つのアセットになり、幕府時代のいわゆる旧日本も知っているし、旧日本の素養も身につけておられる。そして後半生には西欧文化の精神と新日本の素養をいちはやく身につけられて、旧時代を知りながら新時代に活躍するという、当時の明治時代に活躍した人々の持っていた一つのメリットを、非常によく活かしておられるわけであります。

先生よりもずっと後輩になりますが、森鷗外なども一本足の学者、二本足の学者ということを言っております。二本足の学者というのは日本的教養もあり、西欧的思想もあることを指しています。鷗外も漢籍の素養が非常に深い人であり、また同時にドイツ語を中心とする外国語、あるいは外国文化に強い人でもありますが、その鷗外が、われわれは幸い二本足で立っている、これからの人は一本足になってしまうということを言っておりますが、福澤先生はまさにこの二本足で強く大地を踏み締めて活躍なさった方であります。

福澤先生の前半生を、また第一期、第二期、第三期と分けることができるかと思います。前半生の第一期というのは、大阪で生まれてほとんど物心つかないうちに中津に移って、数え年二十一、満十九歳のときに長崎へ出るまで過ごした少年時代あるいは青年時代にさしかかるころの、現在で申しますと中学から高校ぐらいまでの時期であります。その中津で福澤先生一家はしばしば言われていますように、帰国子女一家のようなものでありました。

福澤先生のお父さんは長く中津藩の大阪出張所の経理部員のような形で、福澤先生を含めて兄さん、姉さん全部大阪で生まれている。それがお父さんの亡くなったことによってにわかに中津へ帰る。当然大阪言葉をしゃべり、大阪でつくった着物を着て、大阪で結った髪形を持ち帰ったのでありますから、中津に帰りますと帰国子女一家のようなもので周りからは疎外される、自分たちも周りになじめない。しかも先生の場合には父親を失ったいわゆる母子家庭であります。ある意味では、今日でしたらそれは気の毒とか、いじめられそうとか、ぐれても仕方がないというような解釈をされる境遇にあられたのですが、『自伝』によると少しもそういうことには頓着なく、明るく対応をしておられたということであります。しかしながら仲間外れにされ、そして生活も苦しかったということで、やはり非常な圧迫感を持っておられたことだろうと思います。

それで途中から漢学に一生懸命励んだと言っておられますが、これはある意味では圧迫されたものがそこで発散された、勉強では勝ってみせるというような反発力がよいほうに作用したのではないかと思われます。そんな中津の生活でありますが、後年先生が江戸に出て、あるいは東京時代になって中津のことを「あんな嫌なところはなかった」と言っているかというと決してそうではない。中津のことになると目の色が変わるというようなことで、「門閥制度は親の敵《かたき》でござる」と言った福澤先生が、奥平家の旧殿様、そのまたご隠居、そのご一家などの世話を、こんなにしなくてもいいだろうと思うくらいなさっておられますし、中津から人が来たというとすぐ何か世話をする。中津の人といえば生涯関心を持ち続け、中津の人に出した手紙に「来年あたりはまたもう一遍行ってみたい」と書く、それが生涯続いています。『自伝』によりますと、長崎へ行くときは「こんなところに誰が居るものか、一度出たらば鉄砲玉で、再び帰って来はしないぞ、今日こそ宜《い》い心地だと独り心で喜び、後向《うしろむい》て唾して颯々と足早にかけ出した」と書いていらっしゃいますが、その唾をかけた中津にその後、六遍行っておられる。そして行くたびにいろんな世話をしているということでありますから、先生はどんな逆境にあってもそれを恨むとか、そういうことのまったくない、明るい方であったことがわかるかと思います。

そして前半生の第二期で念願かなって窮屈な中津を飛び出して長崎、それから大阪の緒方塾へ行かれるわけでありますが、この緒方塾での数年間、これが先生のカレッジライフでありまして、本当に伸び伸びとした数年間であったと思われます。そこには日本中の各藩、加賀藩、薩摩藩、何藩というように各地からきた人が集まっている。中津のように「お前は何百石の家か、お前は何人扶持《ぶち》か」というような比較などできない、そういう全然違った次元での集合体であり、蘭学をやりたいという共通の志を持った人々が、年齢も違う、出身も違う、医者の息子が主でしょうが、福澤先生のように医者とは関係ない人まで蘭学を一緒になって勉強している。そうした非常にリベラルな、そして自然科学を中心とするアーツ・アンド・サイエンシスのリベラル教育を勉強し、二年間そういう仲間と暮らしたことは先生にとって最も楽しい、また最も充実した青年らしいカレッジライフだったと思われます。したがって、後年先生が自分で福澤塾、あるいは慶應義塾を始められ運営されたとき、そのプロトタイプになったのは、すべてあの緒方塾であったと思います。

中津、長崎、大阪、江戸――変動の十五年

前半生第三期は、それからあとで、緒方の塾にいる間に中津藩から先生を呼びにきた。江戸の中屋敷で、すでに蘭学塾を始めていて、薩摩の松木弘安（寺島宗則）であるとか、長崎生まれの杉亨二《すぎこうじ》ら、よその藩から講師を招いて、中津藩の師弟に蘭学の手解《てほど》きをさせているが、そこから呼ぶより藩のなかに誰かいないかと探したところ、福澤がいるということになった。これが先生が飛躍的に江戸の檜舞台に踊り出す本当にいいチャンスになったのではないかと思います。もしもあのとき先生が「いやあ、国へ帰ったほうがお母さんもいるから江戸へ行くのは断ります」などと消極的な態度に出ていたら、先生のそれからの人生は開かれなかっただろうと思います。

先生は江戸へジャンプしたわけでありますが、さらにその翌年にまたジャンプする。例の蘭学から英学へ切り替えたことです。その翌年にまた先生はジャンプしまして、咸臨丸に乗ってサンフランシスコへ行き、西海岸の一部分とはいいながら、とにかくアメリカというものを肌で感じ、実際に見て、そしてアメリカ人の家庭まで見てきた。これこそ先生の一生のなかでも

大きな飛躍のチャンスであったと思います。

さらに先生はその後、これもいわば自ら志願して、チャンスを待っていたというよりはチャンスをつくったということでしょうが、二回も外国へ行っている。咸臨丸のときを含め三回とも幕府の使節団、幕府の何らかのミッションの従者あるいは通訳、翻訳方というのでしょうか、そういう立場ですが、とにかく三回も行っている。特にヨーロッパへ行ったときには小一年かけてヨーロッパ六カ国を回っていろいろなことを見聞している。慶応三年（一八六七）にアメリカの東部に行ってワシントン、ニューヨーク、フィラデルフィアというアメリカの本場の文化に接している。このように西欧の文化に接し、それを吸収し摂取している。この前半生の蓄積が先生の後半生の著作、言論活動の基礎になったのだと思われます。

明治の洋学者と福澤先生

先生と同じように幕末に外国へ行くチャンスに恵まれたという人はいろいろおります。現に先生と同じ身分で幕府の使節団に随行したという人も何人かおります。それから幕府の終わりになりますと、幕府派遣の海外留学生がイギリス、オランダなどにもう派遣されております。そういうところで正式にオランダならオランダの学者に就いて、そして講義を聴いて、ちゃんと筆記してという正式の勉強をした人も、明治になって洋学者として、いわゆる新知識人として活躍しております。

明治の洋学者には四種類おりまして、福澤先生のように何かのチャンスをとらえて外国へ行く、そして本当にむさぼるように知識を求め見聞を広め、そしてそれを整理して一つの体系をつくっていく。しかしながら別に何のスペシャリストというわけでもなくて、ジェネラリストであり、また総合するインテグレーションの立場に立っている、そういうのが福澤タイプであります。

また、留学生として派遣されて勉強した西周《あまね》とか津田真道《まみち》、中村敬宇《けいう》、これらの人は本当にノートの筆記や資料などを持って帰って、体系的に勉強した人でありますが、彼らはいずれもジェネラリストでなくてスペシャリストになってしまって、福澤先生のような幅広い活躍はしなかったのであります。

もう一団の洋学者のなかでは、加藤弘之とか神田孝平、西村茂樹などが有名で、何となくわれわれも名前を知っている。洋学の元締めだからさぞかしどこかへ留学したのかと思いますが、加藤弘之も神田孝平も外国へ行ったことはない。日本で一生懸命勉強した、あるいは日本にいる外国人、フルベッキとかそういう人に教わったというようなことで、それなりに勉強した人でありますが、そういう非洋行組。

それからもう一つは学者というよりもエンジニアあるいはテクノクラートとしての何か特定

のことを勉強した、あるいは海軍の航海術を勉強したとか何を勉強したというスペシャリスト組。こういう四種類の人がいるわけですが、そのなかで先生は群を抜いたジェネラリストであり、そしてその表現力、説得力をもって世の中に自分の見聞してきたこと、自分が体得した近代精神を伝えることができた人は先生以外には見当たらないようであります。

そのように観察力も理解力も把握力も表現力も豊かであった先生でありますが、しかし幕末、明治初年には、先生といえどもなかなか先が見通せなかったようです。『自伝』のなかでも、明治政府というのは攘夷党が天下をとったかと思っていたところ、数年経つとあにはからんや文明開化の方針なので、それでは一緒に協力していこうという決心をしたことを書いておられます。幕末のころも先生はなかなか先が読めなかったのだろうと思います。

慶応三年、福澤先生はご自分の「福澤」という名字を中津藩士の和田慎次郎という門人に名乗らせまして、幕府の留学生の資格を与えております。幕府は当時留学生を出したがっている。そこでこれを公募するわけにもいきませんので、幕府に勤めている旗本とか、あるいは福澤先生のように陪臣、中津藩士で幕府に出仕している人とか、そういうような人たちの身寄りの人から選考する。先生にも誰か身寄りがあったら推薦しなさいということでありましたが、たまたま肉親では適当な年齢の人がいないので、和田という門人に白羽の矢を立てて福澤英之助と名乗らせ、留学生としてイギリスへ出すわけであります。

この監督をしたのが中村敬宇、のちの洋学者でありますが、それから川路太郎という幕末の大物の川路聖謨《かわじとしあきら》の孫であります。そういう人が引率者になって七、八人留学生が行く。そのときに福澤英之助も彼に引率されて行ったわけであります。先生はこの監督者の人たちに対して手紙を書いておりまして、「福澤英之助がいろいろお世話になっております、ありがとうございます」ということを書き、さらに今度フランスの博覧会には将軍のご使節として徳川民部卿がご差遣《さけん》になる。また大阪城において近く公方様が各国の公使にお会いになるそうだ。「未曾有の御盛挙感激に堪えず、有り難き御時勢に御座候。此模様にては文明開化、日を期して企望すべく、既に此節にても大名同盟論などは何となく痕跡を消し申候」と書いております。当時もう薩長などが連合しかかっておりまして、幕府に対する包囲体制ができているのでありますが、そのときになってもあの情報通であるべき福澤先生も読み取れなかったのか、あるいは幕臣に出す手紙でありますから、調子を合わせたのかわかりません。

しかも「文明開化」という言葉は、われわれは明治にできたキーワードかと思っておりましたら、福澤先生はこの前の年に、もう「文明開化、文明開化」と言っておられるので、政府の交替の前にすでにそういう風潮ができていたのか、また先生はそれをどういうふうにとらえていたのか、おもしろいところであろうかと思われます。

不透明な時代と福澤先生

先生はその不透明な時代にどういう立場に立っていたかというと、すでに中津奥平の藩士でありますが、幕府の外務省のような外国方へ出向のような形で出仕しています。先生にしてみると自分は中津藩士にして中津藩士にあらず、幕臣にして幕臣にあらず、いつも、こっちであるけどあっちである、あっちでもこっちでもないということをしょっちゅう言っておられます。

先生はのちに、中津の人にいろいろ激励なりアドバイスをしておりますが、そのときにも「余は中津人にして中津人にあらず」と言って、どっぷり漬かっている中津人ではない、中津の人なのだけれども、外から中津を見ている中津人だ。これが先生のスタンスでありまして、常に陪臣にして陪臣にあらず、幕臣にして幕臣にあらず、また、洋学者にして洋学どっぷりの洋学者にあらずと、常にそういう二つの立場、あるいはどこか一人、隅の小高いところに立って客観的にものを見るというのが、先生のスタンスであったのかなと思うわけであります。

先程、先生は非常に暗殺を恐れて逃げ道までつくるという慎重さであったと申しましたが、明治以降先生の後半生になって、いよいよ先生が時を得て大活躍というときになりましても、実際、先生は非常に慎重なタイプの人であったと思われます。犬養毅、のちに総理大臣になる人でありますが、彼があるとき福澤のことを評して「『天真爛漫』の四つの字は先師福澤先生

福澤諭吉（明治９年５月１日）
福澤研究センター所蔵

一代の言行を一語に尽くしたものである。すべて言いたいことを言い、為したいことを為し、縦横無礙《むげ》の言行は一面から見れば傍若無人と言えるほどであるが、他の一面ではきわめて無邪気で親切、慈愛溢るる温情が、あたかものどかなる春日春風に包まるるがごとき心地にして、厳師ではなく慈母のように思われ、師弟の間が一家族のように感ぜられた」ということを述べております。このあとのほうは緒方洪庵の塾風をそのまま移している感じがいたしますが、このはじめのほうの縦横無礙の言行は、一面から見れば傍若無人のようにも見えたというのはたしかにそのとおりで、『学問のすゝめ』などでは本当にいわゆる憎まれ口を叩いているというような、もう言い過ぎもいいところみたいなところもあるのですが、一面においては非常に慎重であります。

先生は二度もアメリカへ行き、そしてアメリカのことはよく知っており、またアメリカびいきでありました。子どもさんを留学させるときにヨーロッパでなくアメリカへ留学させている。慶應義塾が大学部を創って、いわゆるお雇い外国人を外国から招くというときも、アメリカのハーバードから先生を呼んでいる。そのようにアメリカびいきでありますが、先生は言論のなかではアメリカはいい国だということを非常に慎重に避けておられます。これはアメリカびいきということになると、それは共和制がいいということになるのだろう。アメリカがなぜいいか、それは大統領制度だからいいのだと勘ぐられるのを避けまして、非常に遠回しに遠回しにアメリカのことを評価しております。そのように福澤先生は後半生の大活躍の時代においても、一面において大胆奔放のように見えますけれども、一面において用心深いところもあった人であるのかなと思うのであります。

先生はジェネラリストでありますから、単なる啓蒙家ではなくて思想家であり、精神的指導者というのが先生の明治における役割であったのだろうと思います。もちろん初期のころには啓蒙家としていわゆる『世界国尽《せかいくにづくし》』ですとか、それから『改暦弁《かいれきべん》』、というような啓蒙的なものも書いております。そしてのちには、もう福澤の時代は終わった、あんな啓蒙的な『国尽』とかそんなものは一顧だに値しない、過去のものであると言った人がおりますが、いまでも『国尽』の中身を読んでみますと、アメリカの独立運動の精神などが非常に力強く書かれていまして、このようなものをよくまあ、いまだったら教科書の検定に通りそうもないようなことを書いている。そういう啓蒙書のなかにもちょろっちょろっと芥子《からし》が効いている、そこがまた福澤反対論者から見ると憎いところでありまして、あんな物騒なやつはいない、啓蒙書かと思ってちょっと読んでいるとまた物騒なことが書いてあるというように思われたのでありましょう。先生は決して万人から賛同を受けていた思想家ではなくて、明治の中期、先生の活躍が激しければ激しいほど、また激しい反発があり、反発があると先生はまたさらに反発するということで、活躍を続けておられたのであります。

福澤先生の逝去と没後の慶應義塾

先生はわずか数え六十八歳で一九〇一年に亡くなられました。この年は慶應義塾にとっては厄年でありまして、先生が二月三日に亡くなられ、数日経つと先生のお弟子の有力者でありました丸善を始めた早矢仕有的《はやしゆうてき》が二月十八日に亡くなっております。続いて先生が非常に可愛がっておられた中津出身、当時三井銀行の京都支店長をしていた猪飼麻次郎、これもこの年にまだ四十五歳ぐらいだろうと思うのですが亡くなっています。さらにこの年の十月七日には先生の甥であり、先生が最も頼りにしておられた中上川彦次郎がわずか四十八歳で亡くなっております。それから福澤先生が一生恩人として優遇しておられた、咸臨丸のときの軍艦奉行である木村摂津守は、先生が発病されるその日、三田に先生を訪ねて元気な先生と談笑したのですが、この人も先生のあとを追うようにこの年の十二月に、これは高齢の七十二歳で亡くなっておられます。

そのような厄年であったのでありますが、慶應義塾はそこでどうしたかということであります。慶應義塾の当時の顔ぶれというのは塾長は鎌田栄吉、それから福澤先生が社頭でありましたから、副社頭が小幡篤次郎、この方は先生が一生大事にし、また『文明論之概略』などを書いたときには、特に緒言で「これは小幡君に見せたからこれだけのものができたんだ」というようなことを言い、『学問のすゝめ』に至っては「福澤諭吉、小幡篤次郎同著」、つまり共著というような表現をしているくらいの人でありますが、彼が副社頭でいる。四十何歳の鎌田栄吉が塾長で、そして荘田平五郎、阿部泰蔵らの長老の方が、いわば今日でいえば理事のような役におられたわけでありますが、いろいろな議論を経て、二つ議論になった。

福澤先生が亡くなった、これはもう慶應義塾は廃塾、やめるべきである。福澤先生が亡くなったあと無理に慶應義塾を残して、そのうちにだんだん下り坂になったときには福澤先生の顔に泥を塗るようなものだから、潔くいまのうちに解散してしまえということを、これは別に消極的という意味ではなく、ある意味では積極的な考えでありますが、そういう議論をした人もある。一方においては、これはやはり先生が残されたものであって維持すべきであるという議論があり、結局「福澤先生没せらる、慶應義塾もともに葬るべきか。否、われわれはこれを葬るに忍びざるなり」という宣言が出まして、慶應義塾はここに新たな再出発をしたのだろうと思います。

私は慶應義塾は三回スタートをしていると思います。一回目のスタートというのは当然でありますが、中津藩の江戸中屋敷において安政五年（一八五八）に「福澤塾」といったのでしょうか、ただ中津藩の「蘭学塾」といったのでしょうか、これが中津藩経営の塾を福澤先生が委託を受け、あるいはお雇い教師としてやっていた塾なのかわかりませんが、慶應義塾の前身であることは間違いない。しかし前身でしかないとも言えるわけでありますが、これが第一回のスタート。

それから慶応四年（一八六八）の第二のスタート。一回目のスタートは安政五年（一八五八）でありますが、それから十年経って先生がいよいよこの塾を藩校でもない、私塾でもない、家塾でもない、きちんとしたコーポレーションにしようと決心した。この十年間のうち、さっき申しましたように万延元年（一八六〇）はアメリカへ行った、その翌々年はヨーロッパへ行ってほとんど帰ってこない、またその次アメリカへ出かけていく。そもそものときに残された塾はきちんとやっていたのだろうか、代行が立っていたのか、自習でもさせていたのかどうか、まだ形がつかなかった時代だろうと思います。ですからきちんと形がついて、そして小幡以下優秀な学生を中津からスカウトしてきて基礎を固めた。そしてまた慶応三年のアメリカ行きのときに大量の教科書を持ち帰り、カリキュラムを整えて慶應義塾という名称をつけて出発した、これが第二のスタートであろうと思います。

そして第三のスタートというのは明治三十四年（一九〇一）、福澤先生亡きあとの慶應義塾の存続を決意したとき、これが第三の出発であり、ある意味では福澤なき慶應義塾の出発です。その前は何といっても福澤先生の慶應義塾で、あれは福澤塾だと言われていた。それが「慶應義塾社中の慶應義塾」というものが本当にできた。

いままでは大学部を創ったけれどもどうもうまくいかない。まあ福澤先生が何とかしてくれるだろう。何とか決めてくれるだろう。何か大きなことが起きると福澤先生に聞いてみなければ決められない。何事も福澤依存であったのが、われわれ自身が本当に自分たちでやらなければならないのだという自覚をもって本当の義塾になったのは、この一九〇一年の「福澤先生没せらる、慶應義塾もともに葬るべきか。否、われわれはこれを葬るに忍びざるなり」というあの独立宣言が、ある意味では本当の慶應義塾の出発点であります。そうしますと、本年は福澤先生の一〇〇回目のご命日と言って先生の遺徳を偲ぶ年であるとともに、慶應義塾が一〇〇年前に真のスタートをした、その一〇〇年祭なのだと考えますと、たいへんこれはまた意義深い年であるということも申せるかと存じます。

これで私の話を終わらせていただきます、ご清聴ありがとうございました。

（本稿は、二〇〇一年二月三日に三田キャンパス北館ホールにて行われた「福澤先生没後一〇〇年記念の会」の講演をもとに構成　「三田評論」二〇〇一年五月号）

福澤諭吉かるた

まえがき

このかるたは、福澤諭吉の一生を「い」から「京」までの四十八枚にまとめたものです。福澤の活動範囲は極めて広く、著作の数も相当多いので、四十八枚ではなかなかそれらをカバーしきれませんでした。今回〝選に洩れた〟番外の予備札三枚をここにご紹介いたします。

く　苦心の名著『文明論之概略』
と　とんだ巻き添え十四年の政変
て　手厚く世話した朝鮮留学生

『文明論之概略』は明治八年に刊行されました。明治十四年の政変は伊藤博文一派が大隈重信を閣外に追放した事件で、福澤も大隈の同類と疑われ、その巻き添えで慶應出身者の多くが官界から追われました。また、当時の朝鮮国が早く近代化することを熱望した福澤は、明治十四年から十六年にかけて朝鮮留学生数十名を慶應に受け入れ、手厚く世話しています。

福澤諭吉に対して抱く皆さんの親近感が、福澤諭吉かるたを楽しむことによって、ますます深まることを期待いたします。

「福澤諭吉かるた」

い　一月十日は生誕記念日

天保五年十二月十二日の生まれですが、福澤没後に「福澤先生　生誕記念日」を設定する際、太陽暦に換算して、一月十日を記念日と定めました。それ以来、毎年、慶應義塾では一月十日に記念行事を催しています。

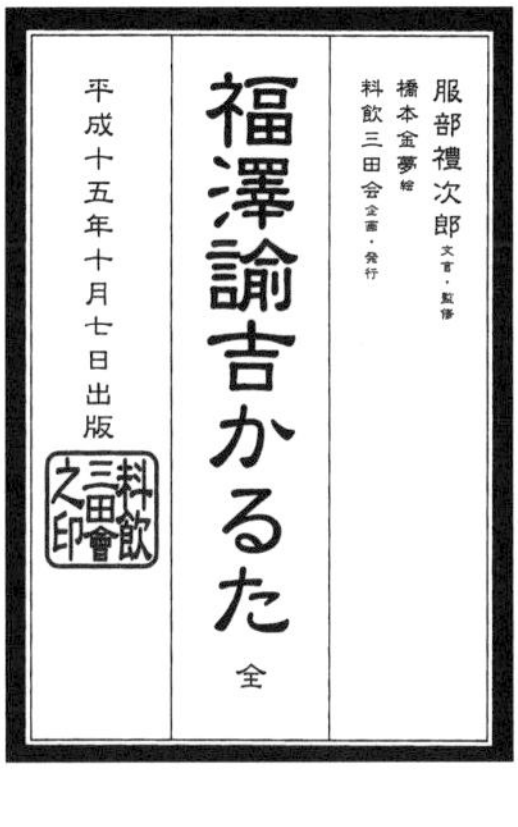

ろ　ロンドン・パリーをつぶさに視察

文久元年十二月から翌年末まで（一八六一～一八六二）、幕府の遣欧使節団の一員としてヨーロッパ各国を視察し、ことに英仏二国にはそれぞれ一ヵ月以上滞在し、西洋の事情を探求しました。

は　母・兄一人・姉三人

満一歳半のときに父を失い、中津の小さな家で、母を中心に八歳年長の兄を家長として姉たちとともに育ちました。

に　二月三日は諭吉の命日

明治三十四年（一九〇一）二月三日、脳溢血のため満六十六歳で逝去しました。毎年ご命日には東京港区の善福寺境内にある福澤の墓に慶應の学生はじめ多数の人がおまいりしています。

ほ　本拠さだめた三田山上

明治四年（一八七一）、慶應義塾を新銭座から三田に移し、自分も一緒に転居しました。以来、三田は慶應の象徴となり、福澤も終生、三田山上に住んでいました。

へ　平易な文章　福澤の特技

文書を書くとき、むずかしいわかりにくい文字を使うことを避け、誰にでもわかるような諺《ことわざ》や、たとえ話を入れ、読んで口調がよく、意味がよく通る文をつくることに努力し、それに成功しています。

と　飛ぶように売れた『学問のすゝめ』

明治五年（一八七二）から明治九年（一八七六）にかけて、『学問のすゝめ』十七篇を次々に出版しました。初篇のはじめにある「天は人の上に人を造らず、人の下に人を造らずと云《い》えり」の一文は、あまりにも有名です。

ち　父の敵《かたき》は門閥《もんばつ》制度《せいど》

世襲の下級武士の家に生まれた悲しさ、一生その才能を伸ばすことができずに死んだ亡父百助の境遇に悲哀と憤りを感じ、「門閥制度は親の敵《かたき》でござる」とさけんでいます。

り　理学の手ほどき『窮理図解《きゅうりずかい》』

明治元年（一八六八）に、まだ西洋嫌いの風潮の強かったなかで、西洋の便利な科学技術の良さを説くため、その基礎となる物理・化学の入門書を挿し絵入りで出版しました。

ぬ　沼の争い千葉県長沼《ながぬま》

沼の使用権、境界線などの問題で千葉県庁の役人と争っていた長沼村の村民に同情し、さまざまな支援助言を行いました。この紛争は明治七年（一八七四）から二十五年かかって、ようやく解決しました。成田市長沼には、福澤に対する感謝の記念碑が建てられています。

る　留守居町《るすいまち》は中津の旧居

福澤諭吉が、幼少年期を過ごしたのは中津城下の留守居町というところでした。旧宅は「史蹟福澤諭吉旧居」として中津市に保存され、記念館も建てられています。

を　踊り長唄、家族と楽しむ

晩年、歌舞伎を好むとともに、長唄三味線など邦楽を楽しみ、子供たちにも日本舞踊を習わせて、客を招いて家庭のなかで演奏を聴くのを喜びとしていました。

わ　若手を集めて演説の練習

西洋で普及している「スピーチ（演説）」「ディベート（討論）」の導入をはかり、その実験・練習の会場として、明治八年（一八七五）、三田山上に「三田演説館」をつくりました。この建物はいまも立派に保存されています。

か　咸臨丸《かんりんまる》でアメリカへ

福澤諭吉は、万延元年（一八六〇）、軍艦奉行木村摂津守の従僕という資格で、幕府の軍艦咸臨丸に乗り込み、サンフランシスコに五十日滞在、ハワイ経由で帰国しました。これが福澤のはじめての海外体験でした。

よ　読む人驚く『西洋事情』

ヨーロッパ諸国での調査をもとに、欧米諸国の政治・税制・国債・紙幣・民間会社・外交・軍事・教育・新聞など二十五項目の文物制度を、『西洋事情』と題して、慶応二年（一八六六）から明治三年（一八七〇）にかけて出版しました。読者は、西洋文明の実態を知らされ驚嘆しました。

た　たびたび出かける箱根の湯治《とうじ》

明治三年（一八七〇）ごろから箱根塔ノ沢（または湯本）の福住旅館へたびたび湯治に出かけています。あるときは年老いた母をともない、あるときは恩人木村喜毅《よしたけ》（旧摂津守）をさそい、家族大勢を引きつれて滞在しています。

れ　連続執筆『民権論《みんけんろん》』『国権論《こくけんろん》』

自由民権論の流行するなかで、民権論の正しいあり方を説くために「通俗民権論」を執筆しましたが、その発刊の直前に、国家の統治、外交軍備の重要性を説く「通俗国権論」を急遽執筆し、明治十一年（一八七八）、二冊同時に刊行しました。

そ　そっと記した『丁丑公論《ていちゅうこうろん》』

明治十年（一八七七）、西南戦争が起きたとき、維新の功臣《こうしん》西郷隆盛を賊として討伐することをやめるよう建白書を起草しています。そして西郷の死後、その立場を弁護する一文を記し、「明治十年丁丑公論」と題して手許に置いていました。はじめて発表されたのは、明治三十四年のことでした。

つ　築地　鉄砲洲《てっぽうず》で蘭学を教える

安政五年（一八五八）、江戸築地鉄砲洲の奥平藩邸内の蘭学塾で、はじめて蘭学を教えました。これが慶應義塾のはじまりで、中央区明石町の聖路加国際病院の近くに、記念碑が建てられています。

ね　年中こまめに手紙を書く

福澤諭吉は、若いときから最晩年まで、よく手紙を書く人でした。平成十五年に完結した『福澤諭吉書簡集　全九巻』には最近発見されたものをふくめて二、五六四通の福澤書簡が収められています。

な　中津を飛び出し長崎で蘭学

安政元年（一八五四）、十九歳三ヵ月のとき、兄のすすめで長崎へ蘭学修業に出かけます。封建門閥制度のきびしい窮屈さがいやでたまらなかった中津から飛び出した福澤は「今日こそいい心地《こころもち》だ」と喜びました。

ら　蘭学やめて英語と取り組む

江戸へ出て蘭学を教えはじめた翌年、安政六年（一八五九）のある日、開港場としては開けたばかりの横浜へ見物に出かけたとき、居留地でオランダ語が一向に役に立たず、英語が通用していることを体験し、「これからは英語だ」とさとり、早速英語の勉強にとりかかりました。

む　昔の藩主のお世話に努める

福澤諭吉は、中津藩の下級武士でしたが、洋学者として有名になると、藩のほうから、何かにつけて福澤に相談をもちかけるようになりました。明治になってからも、福澤は旧藩主のアメリカ留学のお世話、奥平家の財政管理などに努め旧藩主一家には終生、礼を尽くしています。

う　生まれは大阪　天保五年

天保五年十二月十二日（一八三五年一月十日）、大阪の中津藩蔵屋敷に勤番していた福澤百助の次男として生まれました。いま、大阪の中之島、玉江橋北詰《たまえばしきたづめ》の朝日放送ビル前の一角に「生誕記念碑」が建てられています。

ゐ　居合《ゐあい》、米つき、かかさぬ運動

福澤諭吉は、中年のころから、運動として米つき、薪割《まきわり》に身を入れ、また、若いときに中津で教わったことのある居合術を健康法として実行していました。しかし晩年には医師の忠告で、このような過激な運動は次第に減らしたようです。

の　残したおしえ「修身要領《しゅうしんようりょう》」

病後の最晩年に、主だった門弟たちを集めて、「国民道徳の指針」ともいうべき二十九ヵ条の「修身要領」を編纂《へんさん》させました。福澤自身は筆を執っていませんが、「独立自尊」の考え方を中心に、福澤の平生の主張が盛り込まれています。

お　男を叱る『新女大学《しんおんなだいがく》』

若いころから、貝原益軒の「女大学」という徹底した男尊女卑の書物が普及していることに憤慨していました。そして晩年「女大学評論」「新女大学」を著し、男性の横暴、一夫多妻の不品行をきびしく戒め、男女平等、婦権向上を説いています。

繰り返し説く官民調和

過激な民権論者の暴走と、過酷な政府の言論弾圧、民間人圧迫を戒め、つねに官民の調和を説いていました。そしてこれを岩倉具視や大久保利通にも建言し、のちに「時事新報」の社説のなかでも強調しています。

『瘦我慢《やせがまん》の説《せつ》』で勝《かつ》に挑戦

勝海舟や、多くの部下を戦死させたあと降伏した榎本武揚らが、それぞれ明治政府の高官となり栄爵を受け得々としている態度に釈然とせず、『瘦我慢の説』を執筆して、勝たちに送付しています。のちに世に発表されたとき、旧幕臣たちはこれを読んで大いに共鳴したそうです。

ま　先ず著した『華英通語《かえいつうご》』

咸臨丸でアメリカから帰った直後、サンフランシスコで手に入れた、中国人向けに出版した「英会話辞典」のようなものを日本人向けに漢文（中国語）の部分を日本語に直し、英語の部分にフリガナをつけて『増訂　華英通語』として万延元年（一八六〇）八月に出版しました。これが、福澤の著した最初の出版物です。

け　慶應義塾は新銭座で命名

慶応四年（一八六八）四月、鉄砲洲から新銭座に塾を移し、時の年号をとって慶應義塾と命名し、中津藩から独立した公共の学校として新発足させました。港区浜松町一丁目に記念碑が建っています。

ふ　『福翁自伝《ふくおうじでん》』は自叙伝中の傑作

明治三十年（一八九七）、ふと思い立って幼時から老後までの経歴を速記者に口述し、その筆記を修正し、さらに書きおろしの部分を加え、口語体の〝自伝〟を完成させました。その内容といい、語り口といい、優れた自叙伝として、いまも読み継がれています。

こ　子供に与えた「ひゞのをしへ」

福澤諭吉は、明治四年（一八七一）十月、そのころ、八歳と六歳だった長男一太郎・次男捨次郎に、やさしい平がなの文章で「うそをいうべからず」「ものをもらうべからず」「人のうわさかたくむよう」など子供の心得ともいうべき「ひゞのをしへ」を書き与えています。

え　江戸へ出たのは安政五年

安政五年（一八五八）、大阪の適塾で蘭学の勉強を続けている最中に、江戸の中津藩邸から、「江戸に出てきて邸内の蘭学塾の教師を務めるように」との命令を受けとりました。東海道五十三次を歩いて無事江戸へ入ったのは十月中旬のことでした。

て　適塾で受けた緒方洪庵の学恩

大阪の適塾で緒方洪庵から蘭学を学びました。洪庵の学恩、洪庵夫妻から受けた深切《しんせつ》恩恵について福澤は限りない感謝をささげています。ただ、残念なことに、洪庵は福澤の大成を見ることなく、文久三年（一八六三）江戸で没しました。

あ　朝の散歩は晩年の日課

晩年は夜は早く寝て朝は早く起き、朝食の前に若い塾員・塾生を十名あまり引きつれ六キロほど野外を散歩するのを日課としていました。散歩のコースは三田を起点として天現寺、白金、麻布古川あたりでした。

さ　再度の渡米はアメリカ東部

慶応三年（一八六七）、幕府の軍艦受取役の一行に加わり、コロラド号という商船でふたたびアメリカに渡り、ワシントン、ニューヨーク、フィラデルフィアなど東部の大都市を訪問し、学校用の教科書・参考書などをたくさん購入して帰国しました。

き　北里博士を賞讃・応援

医学博士北里柴三郎がドイツで細菌学を修めて大きな研究成果をあげて帰国したのに対し、日本の官界学界が極めて冷淡な態度をとったことに憤慨し、「時事新報」などで北里の業績を賞讃し、伝染病研究所の設立等に尽力しました。

ゆ　諭吉は子福者《こぶくしゃ》　四男五女

福澤諭吉と妻錦《きん》とのあいだには四人の男子、五人の女子が生まれ、一家睦まじく暮らしていました。親が実子に対しても嫁に向かっても、また兄姉が弟妹に対しても、決して名を呼びすてにせず、友だちのように交わるのが家風だったそうです。

め　**召されて幕府に出仕《しゅつし》する**

咸臨丸でアメリカから帰ったあと、万延元年（一八六〇）、幕府の外国方（外務省）に雇われ、さらに元治元年（一八六四）には正式に旗本として召し抱えられました。外交上の機密文書の翻訳などがその仕事でした。

み　**みずから実践「独立自尊」**

若いころから自尊自重、独立独歩、言行をすべて他人に依存せず、心身の独立をはかり、世を終えるまでそれを躬行実践《きゅうこうじっせん》しています。

し　**終生つらぬく民間人の姿勢**

官尊民卑、官権万能の明治時代に生きながら、明治政府の召命に応ぜず、勲章等の栄典を避け、民間人としてのプライドを一生堅持し続けました。

ゑ　円熟の境地『福翁百話』『百余話』

特に『福翁百余話』(八)「智徳の独立」(明治三十四年＝一九〇一出版)のなかで、はじめて「独立自尊」の四文字について解説を加え「独立自尊の本心は百行の源泉にして、源泉滾々《こんこん》到らざる所なし」と説いています。

ひ　ひとびと集まる交詢社《こうじゅんしゃ》

「紳士の健全な交際機関」をめざして、明治十三年(一八八〇)交詢社を設立させました。設立当初から、東京、各地方の学者・官吏・銀行家・農村地主、さまざまな業種の人びとが入会しています。

も　門下に育った多数の人材

門下生を育成して社会の各方面に送り出しています。福澤山脈という言葉ができたように、実業界・政界・教育界・新聞界等々に福澤門下生がパイオニア的に進出し活躍しています。

せ　世論《せろん》をみちびく「時事新報《じじしんぽう》」

明治十五年（一八八二）、日刊紙「時事新報」を創刊しました。福澤自身も社説を執筆し、政府寄りの御用新聞でもなく政府攻撃の野党新聞でもなく、不偏不党《ふへんふとう》の立場で世論を指導しました。

す　好きなお酒も次第に減らす

福澤諭吉は、若いときから大の酒好きで、三十歳ごろからは、朝・昼・晩、酒を欠かさぬようになりました。しかし、あるとき「これではいけない」と自覚し、朝酒をやめ、昼酒をよして、最後に夜の酒もぐっと減らして節酒に成功しました。

京　京都にひらく義塾の分校

明治七年（一八七四）から数年の間、大阪・京都・徳島に、慶應義塾の分校を設けたことがあります。京都府庁の構内には、「京都慶應義塾跡」と刻まれた記念碑が建てられています。

『福翁百話』・『福翁百余話』について

人間の欲に際限なし

福澤諭吉の数多い著作のなかで、『福翁百話』『福翁百余話』は、『福翁自伝』とともにいずれも福澤が自ら「翁」と称して老成円熟の境地に入った晩年に、執筆刊行して世に残したものである。

『福翁百話』において福澤は、それまで胸中におさめていて一部の人びとと語り合うのみで、あまり公表しなかった宇宙観、宗教観、人生観に類するような命題について、綿密巨細《こさい》にわたって語り出している。また福澤は、さまざまな問題についての持論を、角度を変え表現を改めて繰り返し展開している。さらに当面の課題として、当時の日本のいわゆる一部の上流家庭の実態、紳士の不品行等についてきびしい批判を加え、女子の地位向上、家父権の排除を説き、円満な家庭生活、家庭教育の重要性を訴えている。

『福翁百余話』は体裁上は『百話』の余談続編の形をとっているが、内容的には『百話』とはひと味違っており、「独立の大義」「自尊自重」「根本的自尊独立の主義」「独立自尊の本心」等の語句が各所に散見され、それらの語句の含蓄するところについて懇切な解説や暗示的なコ

福澤夫妻（明治33年５月）
福澤研究センター所蔵

メントが展開されている。

『百話』は百篇それぞれ独立したエッセイではあるが、一応「百篇」で完結している。これに対し、『百余話』のほうは、十九篇で途切れている。『百余話』の完結について福澤がどのような構想を持っていたかは知る由もないが、さまざまな推測が可能であろう。

福澤は『自伝』のなかで自身の生い立ちから説き起こし、時代背景の激変するなかで成長活動する〝福澤諭吉像〟を自ら鮮やかに描き出し、終章では幸福感に満ちた晩年の心境を淡々と語っている。しかし、その末尾に「人間の欲に際限なし」の項を設け「左《さ》れば私は自身の既往を顧みれば遺憾なきのみか愉快なことばかりであるが、扨《さて》人間の慾《よく》には際限のないもので、不平を云《い》わすればマダ〳〵幾らもある。外国交際又は内国の憲法政治などに就《つい》て其《そ》れ是《こ》れと云う議論は政治家の事として差置《さしお》き、私の生涯の中《うち》に出来《でか》して見たいと思う所は、全国男女の気品を次第々々に高尚に導いて真実文明の名に愧《はず》かしくないようにする事と、仏法にても耶蘇《ヤソ》教にても孰《いず》れにても宜《よろ》しい、之《これ》を引き立てゝ多数の民心を和《やわ》らげるようにする事と、大《おおい》に金を投じて有形無形、高尚なる学理を研究させるようにする事と、凡《およ》そこの三ヵ条です。人は老しても無病なる限りは唯《ただ》安閑としては居られず、私も今の通りに健全なる間は身に叶う丈《だ》けの力を尽す積《つもり》です」と老後の抱負を述べている。この抱負はやがて『百余話』の延長線上にある「修身要領」の編纂につながるものかもしれない。

『百余話』と「修身要領」の要「独立自尊」

明治三十年（一八九七）七月に『百余話』十九篇を脱稿した福澤は、『自伝』の口述にとりかかり、翌三十一年（一八九八）五月一日にその添削を完了した。そしてその年の九月二十六日に脳溢血の発作に見舞われ、以後、文筆活動に戻ることはなかった。しかし、福澤には、まだ二年四カ月の〝残年〟があった。一時は危篤とまで言われていた症状がやや快方に向かうと、福澤が第一に手がけたことは、門弟を集めて文明社会の男女の指針となるべき「修身処世の書」を編纂させることであった。のちに「修身要領」（Fukuzawa's moral code）と呼ばれるものがこれである。門弟中で最も福澤の信頼を受けていた日原昌造《ひのはらしょうぞう》は、一貫した福澤の言行を端的に表す語句として「独立自尊」の四文字を選び、これを「修身要領」の要《かなめ》に据えることを提案して容れられた。福澤が『百余話』のなかで述べた独立自尊の主義が、「修身要領」に伝えられたということもできよう。

「修身要領」が発表されてから、福澤はその全文を絹地に丁寧に書き上げ、揮毫を求められれば、しばしば「独立自尊」または「独立自尊是修身」の語句を選んでいる。また「修身要領」の宣布活動のためには資金の提供も行っている。

福澤は『百余話』の「智徳の独立」（第八話）のなかで「独立」「自尊」の主義を説いて余す

ところがない。しかし、福澤はその主義がなかなか理解されず、ややもすれば誤解されやすく、世に行われることが難しいことを述べ、「仮令《たと》い或《あるい》は絶倫の大人が根本的自尊独立の主義を仄《ほの》かに洩《も》らし」たとしても、「後世の学者輩は多くはその真意を解すること」ができず、「世教に伝わる所には殆《ほと》んど」自尊独立あるいは独立自尊の存在は消えてしまうかもしれないと嘆じている。『百余話』のなかで、独立自尊主義の確立に悲観的な嘆声を洩らしていた福澤は、「修身要領」の作成宣布によってその晩年の望みを後世に託そうとしたのであろうか。「修身要領」が発表されてから一年も経たない明治三十四年（一九〇一）二月三日、福澤は世を去っている。

「無形の物」を重視すべし

『福翁百話』を「時事新報」に連載するにあたって、福澤は明治二十九年（一八九六）二月十五日の紙上に「序言」を寄せている。

そのなかで福澤は開国以来四十年、その間に我が国の文明は大いに進歩し変化したと皆喜んでいる。これは、汽車・汽船・道路・港湾・建築など「有形の物」が立派な西洋式になったことを喜んでいるのであろう。しかし、文明の本意は、そのような「有形の物」のみでなく「国民全体の智徳」という「無形の物」が、これに伴って進歩してこそ、はじめて「立国の根本を堅固にする」ことができるのであって、自分は常にその問題を念頭に置いている。自分は元来、客を悦び交わる所も頗る広い。客との話のなかで、このあたりの問題に言及したことも「幾千百回」になるかわからない。しかし「客散ずれば一時の雑話」としてこれを意に留めることもなかったが「左《さ》りとは残念なりと心付き……嘗《かつ》て人に語りしその話を記憶のまゝ夫《そ》れ是《こ》れと取り集めて文に綴り」、いまおよそ百題に達した。「依《よっ》てこれを福翁百話と名《なづ》け」新聞に掲載することとした。もし読者が「この漫筆」を見て私の「微意のある所を知り」、「無形の智徳、以《もっ》て居家処世の道を滑《なめらか》にし、一身一家の独立能《よ》く一国の基礎たるを得る」に至ったならば「望外の幸甚」である、という趣旨を述べている。

こんにち戦後六十年、世界中の開発途上国のなかには経済援助、軍事支援などを受けることによって「有形の物」であるインフラは整備され、高層建築を林立させることには成功しても、「無形の物」である国民の意識・モラル向上がこれに伴わず、「立国の根本を堅固にする」ことができずに苦慮しているケースが少なくない。

『百話』執筆当時の日本は開国以来四十年、有形のインフラはようやく整備され、立憲政体議会制度、司法制度、法典編纂、条約改正等も一つ一つ近代化へ向けて成功しつつあるかに見えたが、「無形の物」をも重視する福澤は、まだまだ多くの〝憂うべきこと〟〝変えなければならないこと〟が日本のなかに、日本人のモラルのなかに潜んでいることを見抜いていたのであろう。

山田一郎の「福翁百話を読む」

『福翁百話』『福翁百余話』が、発表、刊行された当時どのように読まれていたかについては考えさせられるものがある。

現在、福澤の代表作の一つである『学問のすゝめ』をはじめて読む人のなかには、初編冒頭の「天は人の上に人を造らず、人の下に人を造らずと云《い》えり」という強烈なキャッチフレーズにまず圧倒され、そのあとはわずか数頁を読んだだけで巻を閉じてしまう人も少なくないと思われる。

『福翁百話』をその刊行当時に読んだ人は、「宇宙は誰れかに造られたるものか、又は自然に出来たるものか」に始まる第一話を読み始めただけで、福澤がそれまであまり触れることのなかった宇宙・宗教・人生等の命題に正面から取り組んでいる姿に大きな驚きと意外性を覚え、あるいは矛盾を感じ、『百話』のなかの〝福澤の哲学〟という側面にばかり心を奪われ、『百話』の他の諸篇や『百余話』には、あまり注目しなかったかもしれない。そのなかで、鳥谷部《とやべ》春汀《しゅんてい》（慶応元年＝一八六五〜明治四十一年＝一九〇八）、綱島梁川《つなしまりょうせん》（明治六年＝一八七三〜明治四十年＝一九〇七）、山田（愛川）一郎（万延元年＝一八六〇〜明治三十八年＝一九〇五）といった同時代人が、『福翁百話』を取り上げて真面目に評論していることは記憶するに値するであろう。

その三人のなかから、ここでは山田だけを選んで紹介することとする。山田一郎は万延元年の生まれで明治十五年（一八八二）に東京大学を卒業している。三宅雪嶺《みやけせつれい》、坪内逍遥《つぼうちしょうよう》、高田早苗《たかださなえ》などと同期である。新聞界に活躍して「天下の記者」と言われた奇人であった。福澤より二十五歳も年下の山田は、『百余話』の発表前に『福翁百話』を通読し、丁重ではあるが〝消極的な〟批評「福翁百話を読む」を二十章にわたって「読売新聞」に掲げている。山田はこの書評を「会心の作」であるとして坪内逍遥に送ってコメントを求めている。福澤が没したとき山田は「大常識家福澤翁の逝去」と題する弔文を「近江新聞」および「芸備日々新聞」に寄せている。そして福澤逝去のわずか四年後、明治三十八年（一九〇五）五月、山田は不遇のうちに四十六歳で没した。大正五年（一九一六）、高田早苗は亡友、山田一郎を偲んで「君は久しく不遇の境涯にあったとは云え、未だ嘗《かつ》て独立自重の精神を失ったことは無かった。この独立自重の精神が余りに強烈に過ぎたが為に吾輩のみならず君の親友が君を比較的得意の地位に移し能わなかったのを今日に至っても吾輩は深く悲しまざることを得ないのである」と嘆じている。

多くの版を重ねた『百話』『百余話』

『福翁百話』の各篇は、明治二十六年（一八九三）から同二十八年（一八九五）ごろにかけて執筆されたと言われている。百篇完終後、明治三十年（一八九七）三月から「時事新報」に連載され、同年七月、連載完了後、直ちに『福翁百話　全』定価上装一円、並装三十五銭、三八五頁の単行本として時事新報社から刊行され、その年のうちに早くも何回か重版されている。

『福翁百余話』のほうは、十九篇全部が明治三十年中に執筆されたことが判明しているが、「時事新報」への掲載は甚だ不規則不連続であった。第一話から第十四話までは明治三十年九月から翌三十一年（一八九八）一月にかけて、第十五話から末尾の第十九話までは一年おいて福澤病後の明治三十三年（一九〇〇）一月から二月にかけて、それぞれ間をおいて紙面に現れるという始末であった。

これは明治三十年秋ごろから、福澤が『百余話』の執筆を中止して『福翁自伝』の口述に取りかかったこと、翌年『自伝』完成後は『女大学評論』『新女大学』を起草し、その直後に発病したこと、それに明治三十一年七月から翌年二月までは「時事新報」の紙面が『福翁自伝』の連載にあてられたことなどの事情によるものらしい。

『福翁百余話』が単行本というよりも小冊子の形で、九八頁、定価十五銭で時事新報社から刊行されたのは、福澤没後の明治三十四年（一九〇一）四月のことであった。福澤健在のときに久しぶりの福澤の新著として華やかに登場した『百話』にくらべ、『百余話』は連載・刊行のはじめからこのように何となく地味に取り扱われた。したがって世間からの注目度も、当然低かったことと思われる。しかし、やがて、『百話』『百余話』の合冊本も時事新報社から刊行され、これは昭和初期の同社解散のときまで重版が続けられた模様である。

続いて、明治四十二年（一九〇九）九月には、『ポッケット福翁百話（附 福翁百余話）』革表紙変型文庫型一〇四頁、定価一円というものが時事新報社から刊行された。序言によれば「……発行以来百話はすでに四十六版を重ね、百余話もまた十四版を出し、又別に両書を合冊して読者の便覧に供した」が「世間には啻《ただ》にこれを坐右机辺の珍とするに止めず、旅行漫遊等の際にもチョット携帯して閲覧の便を得るよう致したし」との希望者も少なくないので、「今回この辺の便利を図り」ポケット判を刊行したとのことである。その当時「一版」とは何部のことを指していたのかは明らかでないが、『百話』『百余話』に対する需要がかなり高かったことを示すものであろう。なお、大正十五年（一九二六）刊行の『福澤全集』（全十巻）にはその第八巻に『百話』『百余話』が収められている。

戦時下の校訂者の苦悩

昭和十五年（一九四〇）、戦時的思想言論統制がきびしくなりかけたころに、改造社文庫、第一部第二百三十五篇、『福翁百話・百余話』福澤諭吉著、定価六十銭が富田正文の校訂で刊行された。当時の時局にあってなぜ福澤の著書が改造社文庫に加えられたのかは知るところがない。富田はその校訂後記のなかで福澤の「百話」執筆の由来を堂々と記述しているが、終りのほうで「今度本文庫に収めるに当っては、時勢の変遷により今日に於《おい》てはやゝ適切ならずと思われる数篇を削」ったが「削除に就《つい》ての責は総《すべ》て校訂者の負ふところである」と記している。

それでは、校訂者が検閲発禁などを顧慮して自ら削除した数篇とは『百話』『百余話』中のどの篇なのであろうか。『百話』のうちでは「天道人に可なり」（第九十三話）、「政論」（第九十四話）、「史論」（第三話）、「政府は国民の公心を代表するものなり」（第九十六話）、「人事に絶対の美なし」（第百話）の五篇、『百余話』では「独立の忠」（第九話）、「独立の孝」（第十話）、「立国」（第十一話）の三篇で合計八篇である。いま、これら八篇の本文を読んでみると、「時勢の変遷」に対処した校訂者の苦悩が察せられる。それとともに、平成・二十一世紀の日本の「時勢」において、『百話』『百余話』のどの篇が、どのように受け取られるかを想像してみることも興味深いことであろう。

戦後、再び脚光を浴びる

第二次大戦を境にして、福澤の著作の出版課題、福澤研究全般の事情は一変した。福澤の著作のなかで戦前あまり取り上げられなかった『百話』『百余話』にもようやく光があてられるようになった。戦後間もない昭和二十二年（一九四七）、「国家学会雑誌」に発表された論文「福沢諭吉の哲学――とくにその時事批判との関連」（のち岩波文庫、丸山眞男著・松沢弘陽編

『福沢諭吉の哲学　他六篇』に収録）のなかで、丸山眞男は福澤の思想を解明するにあたって、その資料として『福翁百話』を縦横に駆使している。

刊本としては昭和二十六年（一九五一）に創元文庫、昆野和七校訂『福翁百話・百余話（復元版）』が刊行され、同じ版が昭和二十八年（一九五三）に角川文庫本として刊行され、のちに新かな・当用漢字の改訂版が現れた。

昭和二十七年（一九五二）、『福澤諭吉選集』（全八巻、岩波書店刊）の第七巻に『百話』『百余話』が収録され、家永三郎の解題を付して刊行された。家永はその冒頭で、『百話』『百余話』のなかに現われた「哲学的思想の最も重要なものを取り上げ、それが日本思想史の大勢の中で如何《いか》なる意義を有するかを考え、以《もっ》て哲人福澤の歴史的地位を明にすることに問題の焦点を定めて、筆を進めようと思う」と述べている。

昭和三十四年（一九五九）、『福澤諭吉全集』（全二十一巻、別巻一巻、岩波書店刊）の第六巻に『百話』『百余話』が収められ、さらに昭和五十六年（一九八一）、『福澤諭吉選集』（全十四巻、岩波書店刊）の第十一巻に、小泉仰の解題を付して『百話』『百余話』が収録された。小泉は、平常実学的で説得的な議論を展開している「福澤の正面像」と、『百話』『百余話』に現れる「福澤の裏面像」とを対比させ、さらに『百話』『百余話』の間にも「奇妙なコントラスト」が見出されることを指摘し、解題の筆をすすめている。なお同氏はこの問題をさらに深く掘り下げ、平成十四年（二〇〇二）、『福澤諭吉の宗教観』（慶應義塾大学出版会刊）を著している。

平成十三年（二〇〇一）、福澤没後一〇〇年にあたって、口語訳『福翁百話』（日本経営合理化協会出版局刊）が、福澤武監修、清水龍瑩解説によって刊行された。その編集は、『百話』から二十一、二十五、二十九、三十四、三十八、三十九、四十四、四十八、五十四、七十四、七十七、八十五、八十六、九十の十四話、『百余話』から三、四、八、九、十の五話を除いた百篇を選んで口語体に訳し、これを「一、思想・人生観、二、処世術・人間関係、三、学問・教育、四、夫婦・家族・健康、五、自立・政治・国家」のカテゴリーに分類配列した、きわめてユニークな方式によるものである。また、平成十四年（二〇〇二）十一月には岩松研吉郎現代語訳による『福翁百話』（三笠書房刊）が刊行されている。こちらも『百話』より四十四話を、『百余話』より十三話を選び、テーマごとに六章に分けて配列したものとなっている。これからも、『百話』『百余話』が、次々と新しい形式で紹介されていくことが期待される。

「独立自尊」の意義を見逃すな

『福翁百話』も『百余話』も、それぞれ福澤の「微意のあるところ」を表した漫筆、エッセイであるから、第一話から順序だてて読まなくても、どの篇から読み始めても自由である。しかし前にも述べたように、多くの先人の批評や解題は、『百話』のほうにその対象が片寄っているように思われる。これは『百話』の百篇と『百余話』の十九篇という分量の差からも致し方ないかもしれない。

しかし、『百余話』のなかで福澤がはじめて仄《ほの》めかし、じわじわと表面に出しかかっているのである。「独立自尊」の意義に関する数話（第一、三、四、八話）を、読者が見逃さないことを望むものである。「独立自尊の本心は百行《ひゃっこう》の源泉にして、源泉滾々《こんこん》到らざる所なし。是《こ》れぞ智徳の基礎の堅固《けんご》なるものにして、君子の言行は他動に非《あら》ず都《すべ》て自発なりと知るべし」（『百余話』第八話）。この一節はそれら諸篇の要約ともいえよう。

（『福澤諭吉著作集』第十一巻解説　二〇〇三年）

福澤書簡の楽しみ
――手紙は着流しで家人と談笑する如し

福澤諭吉は数多くの著作・論説・詩文等とともに、きわめて大量の書簡を世に残している。福澤を知り福澤を研究することは、明治時代を知り明治史を研究することだと言われているが、われわれは福澤書簡を読んでいると、幕末から明治の日本における社会情勢の鮮明な描写に出会うことがしばしばある。そしてあるときは、いままでわれわれが気がつかなかったことを福澤書簡のなかに見出して驚くことがある。

慶応二年（一八六六）のことである。この年徳川幕府は、幕臣の子弟を選んでイギリスに留学させることを決定した。そのころ幕府の外国方に出仕していた福澤諭吉は、門下生で同藩の中津藩士和田慎次郎を福澤英之助と名乗らせ、これを弟として届けを出し、英之助は留学生の一員として渡英した。渡英留学生の監督者は川路太郎と中村敬輔の二人であった。川路は幕末の俊傑川路聖謨の孫であり、中村はのちの中村正直（敬宇）である。留学生一行がロンドンに到着したころを見計って、福澤は川路・中村に宛てて丁重な手紙を送り、英之助が船中で病気にかかり川路等の厄介になったことの礼を厚く述べ、「實以《もって》難有恐縮の至奉存候」と記している。ここまでが手紙の用件であるが、福澤はそのあと続けて、「此度は仏蘭西博覧会御使節として、徳川民部様差し遣わされ、本月十一日頃御出帆、且又、各国公使、坂城（大坂城）え御招待、公方様御直《じきじき》に御待遇相成るべき由、未曾有の御盛挙感激に堪えず、有り難き御時勢に御座候。此模様にては文明開化、日を期して企望すべく、既に此節にても大名同盟論などは何となく痕跡を消し申候」（送りがな筆者）と書き送っている（『福澤諭吉書簡集』第一巻四一）。書簡の日付は慶応三年（一八六七）一月七日である。そして、同じ年の十月十四日、徳川慶喜は大政奉還を上表し、同月二十四日には征夷大将軍を辞任した。

いまこの福澤書簡を読んで少しく意外に思うのは、書簡発信の時点では、福澤が、希望的観測であったのかも知れないが、幕府の存続、幕府の開明政策の成功を信じていたらしいことである。そして、「文明開化」というキーワードが、誰の造語だか、幕末当時すでに用いられていたことにも驚きを禁じ得ない。「一寸《いっすん》先のことは分らない」「歴史に切れ目区切り目はない」ということを、あらためて思い知らされる書簡である。

それから二十年ほど経過した、明治十七年（一八八四）のことである。日本には、いわゆる松方デフレ政策によって不景気の風が吹きまくっていた。この年福澤は、当時アメリカに留学中であった長男一太郎に宛てた手紙のなかで、「日本は商況不景気にして物価下落、道中の旅籠《はたご》も安く、人力車も安し。静岡辺は一里の人力二銭五厘、旅籠の最下等は唯の三銭なりという」と記し（『福澤諭吉書簡集』第四巻八八三）、また十一月四日付の手紙では、「昨日は天長節にて、日比谷操練所は壮観なり。また共同競馬会社出来《しゅったい》、上野不忍池《しのばず》の周囲に道を作り、本月一二三の三日間興行、中々の賑なり。近来は世間不景気にて市中の人に職業なし。故に見物とあれば何でも出掛ける訳なれども、本《も》と無商売無聊にて出ることなれば銭を費す見物は甚だ淋し。操練なり花火なり又競馬なり、ひやかしは群集してお金のかかる芝居抔《など》は甚だ不繁昌なりという。是も一奇談なり」と報じている（『福澤諭吉書簡集』第四巻九〇七）。

現在の不況と重ね合せながらこの書簡を読むと、さまざまな感興が湧いてくるであろう。しかし、福澤書簡の持つ意味は、単に書簡の執筆当時の世相を知る面白さのみにあるのではない。明治の巨人である福澤という人物を知るためには、その著作とともに、その書簡を閲読することがきわめて重要である。それ故に今回の書簡集出版の意義が大きいのである。

福澤諭吉が没してからまだ間もないころ、その門下生の一人鈴木梅四郎（旧姓小林）が、福澤の手紙を収録することを思い立った。福澤がその生前、きわめて筆まめに手紙を書き、各地に散っている旧門下生たちに対し、その情況に応じ、指示・誘導、訓戒・叱責・賞讃、激励・慰問等の書簡を送っていることは、門下生のあいだでもよく知られていたのである。また、福澤が郷里中津の親戚故旧にも幸便に託して常に安否を問い続け、緒方塾以来の友人たちとも文通を怠らず、さらにあるときは、学者政治家にも手紙を通じて率直な意見を伝え、一方では数日間の旅行先からも留守宅に書信を送り、長男・次男が留学中は、便船のあるごとに長文の手紙を送っていたことも、福澤の側近にいた鈴木は聞き知っていたのであろう。

鈴木は、知人友人に依頼してそれぞれが所有する福澤書簡を次々に借覧し筆録し、十五年の時間をかけて、ついに二百五十四通の福澤書簡を集録することができた。原本のうち二通は鈴木自身が所有する鈴木宛の福澤書簡であったが、ほかは鈴木の知友百人から根気よく借覧したものであった。

福澤没後十七年を経た大正七年（一九一八）、鈴木の悲願はようやく成就し、『修養実訓 福澤先生の手紙』が発刊された。今回の『福澤諭吉書簡集』全九巻とは比較にもならない程の小規模なものであるが、当時としては苦心の労作であったと思われる。この出版にあたって、同じく福澤門下生であった犬養毅は、これに序文を寄せ、そのなかで次のように述べている。

「人の本来面目を睹《み》るは、日常の手紙が最もよい。譬《たと》えば著書は正装して客に接する様なものであるが、手紙は着流しで家人と談笑する如く、性情感興を赤裸々に露《あらわ》すのである。」「天真爛漫の四字は先師（福澤）一代の言行を一語に尽したもので、すべて言いたい事を言い、為したいことを為し、」「縦横無礙《むげ》の言行は一面から見れば傍若無人であるが」「他の一面では極めて無邪気で親切で慈愛の溢るる温情が恰ものどかなる春日春風に包まるるが如き心地にして厳師ではなく慈母の様に思われ師弟の間が一家族の様に感じた。」「先師の簡札はその性情両面の発露で、言々句々すべて真摯の誠より出でたもので、これを読む毎に先師の面目躍々として紙上に浮び出る想がある。」

福澤書簡の文体・内容は犬養の言うとおり、まことに家人と談笑するごとき趣きがある。しかし本来、手紙はパーソナルなものだけに、適切な注がないと、第三者にとっては当時の背景、前後の事情、人名地名など理解しがたいことが多い。また、福澤の文章は平易だと言われていたが、なにぶん一世紀をへだてた幕末・明治時代に書かれた候文の書簡は、これまた解説がないと、いまの読者には近づきにくいであろう。幸い、今回の『福澤諭吉書簡集』全九巻は、学識豊かな練達の編集委員八氏によってそれぞれ周到な校訂が行われ、また詳細懇切な注釈・解説がほどこされている。読者はこれらの助けによって、福澤の書簡に親しみ、人間福澤の思想人格に迫ることができよう。

福澤諭吉没後一〇〇年。福澤の思想は世紀をこえてなおも活き続け、いまも多くの人びとの関心を集めている。今回の書簡集出版を機に、福澤への関心が一層高まり、福澤研究がさらに推進されることが期待されるのである。

（『福澤諭吉書簡集』第一巻月報一　二〇〇一年）

II　福澤精神を継いで

講演

小幡篤次郎没後一〇〇年

——諭吉を支えた第一人者

慶應義塾では、昭和三十一年、奥井復太郎塾長のときに、五月十五日を「福澤先生ウェーランド経済書講述記念日」と定め、毎年この日に演説館で講演会がひらかれております。ただ五月十五日が日曜にあたるときは、翌日の十六日月曜日に順延するということになっておりますので、きょうの月曜日に、この催しがひらかれているわけであります。

実は、当時の旧暦の慶応四年五月十五日は現代の表記でいいますと一八六八年七月四日、ちょうどアメリカの独立記念日の日であり、気候からいうともっと暑い、また、むしむしする日であったようです。

アメリカの東海岸ロードアイランド州、この小さな州のプロビデンスに、ブラウン・ユニバーシティーという大学があります。当時、フランシス・ウェーランドは日本風にいうとキリスト教の牧師さんとか聖職者ということになりますが、そういう立場でブラウン大学の総長を務めた人で非常に多くの著書あるいは編纂書を出した人であります。

この人はブラウン大学の改革に手を染めたのでありますが、不幸にしてそれは大学の容れるところとならず、彼の目指した大学改革は、のちの時代に移されたのであります。そのような先を見ることのあった人でありまして、福澤諭吉はそのウェーランドの書いた『ポリティカル・エコノミー』と『モラルサイエンス入門書』をたいへん共鳴をもって読みこなしたと伝えられております。

福澤諭吉ウェーランド経済書講述図
安田靫彦画　福澤研究センター所蔵

本日は、そのウェーランドの『エレメンツ・オブ・ポリティカル・エコノミー』という著書を中心に、福澤が彰義隊の戦争の日に講義をしたという、そういう意義深い日でございます。その記念日にこのように大勢の皆様の前でお話をさせていただき、まことに光栄に存じております。

小幡篤次郎の略伝

さて、小幡篤次郎先生は、福澤諭吉先生を支えた第一人者ということですが、小幡は福澤より八歳年下であります。福澤諭吉は天保五年午年の生まれ、小幡篤次郎は天保十三年の六月、寅年であります。午年と寅年ですから八歳開いております。しかし、先程の五月十五日が七月四日でありましたように、福澤は天保五年の十二月十二日生まれなので、新暦では一八三五年一月十日生まれということになる。したがいまして小幡の生まれた西暦と比較すると、七歳年下ですが、午年と寅年ですから八歳違いというのが普通かと思います。

いずれにしてもパートナーを組むとき、支える第一人者が、支えられる人と同い年であったり、あるいは一つ違いであったり、逆に年上であったりした場合は、なかなかしっくりいかない。どっちが兄貴分だかわからないというようになりますが、この八歳の差があったのは、福澤にとっても、また小幡にとってもたいへん幸せなコンビであったと思われます。

それから第二に、小幡は中津藩の藩士でありまして、福澤も中津藩の藩士、しかし小幡は馬廻格家禄二百石という小幡家の生まれであり、福澤家は『福翁自伝』の最初のところで、足軽よりは数等よろしいが下級の家柄であったと書いております。福澤は、幕藩時代には藩士としては重きをなすことができない。小幡家のほうは幕藩時代にすでに重きをなしている家で、中津におけるいわゆる人望を得た家柄であります。

明治維新後になりまして家禄制はなくなる。福澤は、そのときはもう洋学者として頭角を現していたので家柄などにとらわれないで、中津の藩は廃藩後こうあるべきだというようなことを勝手に言える。しかし、中津で福澤が学校を創ろうとか、士族間の金融を扱う銀行のようなものの世話をしようとか、前の殿様の奥平家のお世話をしようというとき、洋学者としては天下の福澤であっても、国へ帰ると「あれは何だ」ということになりかねない。そのときにパートナーの小幡が、土地の名望家として中津のほうのとりまとめを、あるいは福澤との仲介をしてくれた。これもたいへん理想的なコンビであったと思われます。

さらに性格的に言いますと、福澤はいわゆる才気

小幡篤次郎　福澤研究センター所蔵

煥発というのか、あるいは、もっと言えば口も八丁、手も八丁とか、口から先へ生まれたと言われるようなところがありますが、小幡は非常に重厚かつ温厚な人格者で、どっしりしておられる。片方は才気煥発、片方はどっしりしている、これもたいへん絶妙なコンビであったと言えると思います。これはお二人にとって、また、慶應義塾にとっても社会全般にとっても、こういうコンビを持つことができたのは幸せであったと思います。

それでは資料に基づきまして、まず小幡の略歴を振り返ってみたいと思います。

福澤諭吉は二十世紀の第一年目、一九〇一年、明治三十四年に数え年六十八で亡くなりますが、明治三十八年（一九〇五）四月十六日、福澤より遅れること四年で小幡も六十四歳、福澤よりは若くして亡くなられました。その直後に、慶應義塾の機関誌「慶應義塾学報」に、略歴が載っております。

「故小幡篤次郎氏は旧中津藩士小幡篤蔵氏の二男にして、馬廻格家禄二百石小幡孫兵衛の弟なり、天保十三年六月八日を以て中津に生れ、幼時は父より四書五経の句読を受け、既にして藩儒野本武三野本三太郎の両氏及び藩士古宇田姑山に就きて漢書を学び、十六歳より二十三歳まで藩黌《はんこう》進修館に入りて句読、塾頭、館務の職に任じ、又文久元年には新当流剣術並に立身当流抜合を相伝したり、元治元年進修館々務を辞し、江戸に来りて福澤先生の門に入り、英書を学び、慶応二年より明治元年まで慶應義塾々頭を嘱託され、慶応二年より同四年まで旧幕府開成校の助教授に任じ、初め十人扶持を給せられ、後ち二十人扶持に増給せらる、明治九年中学師範学校（後高等師範学校）創立の際校務に与《あずか》る、明治十年欧州を歴遊し米国を経て帰朝す〔筆者註・正しくは、まず米国に赴き、亡弟仁（甚）三郎の墓に詣で、欧州に渡り、中上川彦次郎と同道で、英国からインド洋経由帰国〕、明治十二年東京学士会院会員に選ばれ、十四年之を辞す、明治十三年交詢社の創立に与りて其幹事に選ばれ、明治十五年時事新報の創刊に際し尽力する所あり、明治二十三年慶應義塾々長の嘱託を受く、同年貴族院令第一条四項に依り貴族院議員に任ず、明治三十年慶應義塾長を辞し、同年同塾副社頭に、明治三十四年同塾社頭に推撰せらる、尚第七回帝国議会召集の際励精の廉《かど》を以て明治二十九年三月二十九日銀杯一組を賜わり、又貨幣制度調査委員として貨幣法改正に与り勲労少なからずとて明治三十二年十月二十四日銀杯一組を賜わる、氏生前、博物新編補遺、英氏経済論、宗教三論、小学歴史、天変地異、リチャードセンネット氏舶用汽機新書、生産道案内等の著訳あり」

（「故小幡先生の略歴」「慶應義塾学報」第九十号　明治三十八年五月十五日）

小幡の略歴はほぼこれで言い尽くされていますが、明治六年（一八七三）、明六社が結成されたとき、福澤とともに小幡もこれに参加していることが略されています。

そして小幡の著書として「学報」に載っておりましたのが、『博物新編補遺』、『英氏経済論』

これはウェーランドの経済論、英氏というのはウェーランドのことでありますが、ウェーランドの『ポリティカル・エコノミー』の翻訳書、それから『宗教三論』これはジョン・スチュアート・ミルの『宗教論』、それから『小学歴史』、『天変地異』、『リチャードセンネット氏船用汽機新書』、『生産道案内』、いろいろな著書があるということが書いてあります。

これが小幡の表面に現れた活動の概要で、亡くなられた直後に掲載された記事でございます。

小幡と福澤の出会い

それでは福澤諭吉とどこで出会ったのか、「福澤に従って江戸にきた」とあっさり書いてありましたが、福澤諭吉は安政五年に江戸の築地鉄砲洲で塾を開いて、それからいろいろ塾の内部のいわば充実を図っておりますうちに、どうも自分が一人で教えても手が回らない、自分の本当に信頼できる、学識、人格、それから事務能力に長けた人々を自分の手元で養成し、自分の後継者を仕立てていかなければ、この自分の塾は永続しないだろう。それには自分がいちばんよく知っている中津藩から優秀な子弟をスカウトして、鉄砲洲の塾の充実を図りたいということで、『福翁自伝』にはあっさりと、

「元治元年私が中津に行って小幡篤次郎兄弟（兄弟というのは先ほどの仁〈甚〉三郎でありますが）をはじめ同藩の子弟七、八名に洋学修業を勧めて共に出府するとき……」

と言っておりますが、小幡自身はこのときの出会いを、後年、病没する数カ月前にとり行われた福澤の追悼会のときに、振り返っておりまして次のように回顧しております。

「余が初めて江戸に出でて福澤先生の門に入りしは今より四十四年前即ち二十三歳の時なるが余の伯父が先生と交際ありしより余は腹掛一枚を着けたりし四、五歳の時より先生の知を辱《かたじけの》うせしを以て西洋事情の如きもその上木前に閲覧するの栄を得たり長じて後先生たまま帰省せられし時余は一家の事情にて上京し難かりしかば努めて先生に面会するを避けしが、伯母の宅にて図らず先生に邂逅《かいこう》し江戸にて書生の餓死せるを聴かずとて強て勧めらるる儘《まま》に即ち初めて東上し爾来絶えず先生の眷遇《けんぐう》を蒙りたり……」

（「慶應義塾学報」第八十七号　明治三十八年二月十五日）

福澤は、このスカウトによって、将来〝福澤を支えた第一人者〟となる小幡篤次郎を側近に迎えることができたのです。

小幡篤次郎、仁（甚）三郎は江戸に出て福澤門下生のなかで頭角を現し、慶応二年（一八六六）には、兄弟二人とも幕府の洋学校である開成所の教官として英語を教えることとなりました。当時開成所の教官には幕府の直参が任命されることが多く、小幡兄弟のような陪臣の任官は稀でありましたが、ここでも小幡兄弟はその実力を発揮しております。このころの小幡は弟とともに開成所に出講するかたわら、すでに福澤の片腕となって福澤の塾を支えていたのであります。

新銭座慶應義塾と小幡兄弟

　慶応三年（一八六七）、築地鉄砲洲一帯が外国人居留地に指定され、奥平藩中屋敷も幕府から上地《あげち》を命ぜられました。福澤はこれに対応し同年末、芝新銭座に地所を購入して住居、校舎、宿舎の新築にとりかかり、翌慶応四年四月、建築の落成とともに、福澤は〝奥平藩〟からも独立し、福澤の家塾からも脱皮した新しい塾を、同志の結成するコーポレーションによって設立することを宣言し、このコーポレーションを「慶應義塾」と命名したのであります。

　この宣言書は「慶應義塾之記」と題され「今爰《ここ》に会社を立て義塾を創め、同志諸子相共に講究切磋し……」で始まる大文章であります。この文章はその文体といい用字といい、調子といい、福澤調というよりは小幡調でありまして、この宣言書は小幡の執筆ではないか、あるいはよほど小幡の筆が入っているのではないかということは富田正文氏も語っておられます。

　さて、ウェーランド記念日の由来となった慶応四年五月十五日（一八六八年七月四日）、上野の彰義隊の戦争をよそ目に見ながら、福澤諭吉がウェーランドの経済書を平常通り講義していたというエピソードについて、小幡とのつながりを見てみましょう。

「慶應義塾之記」付録の表によると、当時の新生慶應義塾では、早くも曜日制を導入してお

慶応4年　新銭座慶應義塾　時間表

<table>
<tr><th></th><th>9：00～10：00</th><th>10：00～</th><th>1：00～4：00</th></tr>
<tr><td>月</td><td rowspan="6">村上辰次郎
窮理素読
永島貞次郎
歴史素読
小幡篤次郎
地理学素読
小幡甚三郎
松山棟庵
小泉信吉
文典素読</td><td>小幡篤次郎
合衆国歴史講義</td><td>松山棟庵
コヲミング人身窮理会読
村上辰次郎
カッケンボス窮理書講義</td></tr>
<tr><td>火</td><td>福澤諭吉
経済書講義</td><td>小幡甚三郎
パーレー万国史会読</td></tr>
<tr><td>水</td><td>小幡篤次郎
合衆国歴史講義</td><td>永島貞次郎
カッケンボス窮理書会読</td></tr>
<tr><td>木</td><td>福澤諭吉
経済書講義</td><td>松山棟庵
コヲミング人身窮理会読
村上辰次郎
カッケンボス窮理書講義</td></tr>
<tr><td>金</td><td>小幡篤次郎
合衆国歴史講義</td><td>小幡甚三郎
パーレー万国史会読</td></tr>
<tr><td>土</td><td>福澤諭吉
経済書講義</td><td>永島貞次郎
カッケンボス窮理書会読</td></tr>
</table>

福澤諭吉：Francis Wayland, late President of Brown University, and Professor of moral philosopy
“The Elements of Political Economy-fortieth thousand,” 1866

小幡篤次郎：George Peine Quakenbos
“Elementary History of the United States”

小幡甚三郎：Parley's “Common School History of the World”

り、一週間の授業時間割、課目担当教員、使用教科書が印刷配布されていた模様で、毎日、午前九時から午後四時まで授業があり、日曜日は休み。これを一表にすれば前頁のとおりです。

この表で見る限り、福澤、小幡を含めて教員の数は七人で、生徒の数は不明でありますが『福翁自伝』には「慶応三年と四年の境が一番諸方に散じて仕舞《しまっ》て、残った者は僅かに十八人、それから四月になった所が段々帰って来て追々塾の姿を成して次第に盛になる」と記されていますから、塾生は数十名程度であったかと思われます。

さて、彰義隊の戦争も終わり、福澤は幕府を退身して帰農し、奥平家の扶持も辞退しております。小幡兄弟の進退も同様であったと思われます。「ウェーランド講義」から数カ月を経た九月か十月の某日、小幡の開成所時代の知人、永田健介（梧堂）が久しぶりに小幡を新銭座の慶應義塾に訪ねております。のちに永田は慶應義塾の教員となるのですが、後年そのときの印象を次のように語っています。

「余が驚いた一事は、小幡君の風采が、前に開成所で知遇の頃と、全く替りて居たのである、何ぜなれば、前には、大髻《おおたぶさ》の髪に、黒紋付の羽織袴出立ちの、厳然たる武士であったのが、今は前額の月代《さかやき》を、広く剃り拡げて、所謂『ちょんまげ』に、唐綫縞《とうざんしま》の揃い衣服で、純然たる素町人姿で、あったからである。〔筆者註・当時士人の衣服は、大体無地紋付の綿服であった〕其の後入塾した時、福澤先生に謁したところが、先生の出立ちも塾長小幡君と同様であって、決して武士とは見えなかった。抑《そも》も、之れで福澤先生が、四民同等即ち平民主義を鼓吹した標榜であると、後で、思うたが、我々大髻帯刀者流は、初め、異様に感じた。実に此標榜こそ吾々塾生は勿論、当時の武断専制社会に、幾多の感動を与えたか、測り知れぬ。」
（「慶應義塾学報」第百一号　明治三十九年三月十五日）

小幡はそののちも一生、質素な身なり、簡素な生活、いわゆる粗衣粗食に甘んじていたと伝えられております。

小幡篤次郎の著作

小幡の著作で最も早いものは、慶応四年戊辰三月尚古堂発兌《はつだ》の『小幡篤次郎同甚三郎纂輯《さんしゅう》英文熟語集』でありましょう。その序文の書き出しは、

「方今英書ヲ読ムモノ日一日ヨリ多シ　然ルニ世、字典ニ欠乏ス　英和対訳袖珍《しゅうちん》辞書ナルモノハ世人ノ能ク知ル所ニシテ初学必要ノ書ナリ　此ヲ除ク外ハ絶テ捜字ニ供スルモノナケレバ英書ヲ読ムモノ所謂《いわゆる》前詞付キノ動辞　組立ノ副辞等ナルモノニ至テ頗《すこぶ》ル困苦ス……」

となっています。

明治二年己巳初春には『福澤諭吉　小幡篤次郎　小幡甚三郎合訳　洋兵名鑑』が、同じく明治二年の初冬には『小幡篤次郎訳西洋各国　銭穀出納表』全一冊がともに尚古堂発兌として世

に送られています。前者はアメリカの兵書『サマリー・オブ・ゼ・アート・オブ・ウオー』の訳書であり、後者はイギリスの年鑑一八六九年版『ステーツマンズ・イヤー・ブック』の訳書であります。小幡の著作のなかで最も世に行われたのは、『天変地異』、『博物新編補遺』全三冊、『生産道案内』でありましょう。

はじめの二書は通俗的な自然科学入門書、あとの一書はこれも入門書的な経済学書で、いずれも英米各書からの訳です。また最も大きな労作はウェーランドの経済書の翻訳で『英氏経済論　明治四年新刻』がそれであります。この翻訳は明治十年に至って完成しています。なお、小幡は福澤のあとを受けて、明治二年から「ウェーランド経済書」の講義を受け持っておりました。

小幡の著訳書としては福澤、小泉信吉と合訳の『会議弁』などのほか『弥児《ミル》氏宗教三論』（明治十年、十一年）、『小学歴史全三巻』（明治二十年）、前記「略歴」に載せられている『船用汽機新書』（明治十九年）が挙げられます。これまた小幡の著作活動の幅の広さを示すものです。また、「交詢雑誌」その他に掲げられた論文評論、さらに他人の著書に寄せられた序文も多数にのぼっています。

小幡はいろいろな書物を出しておりますが、それは自分で、一人で翻訳したのもありますし、福澤諭吉との共著、同著、あるいは弟仁（甚）三郎との共著、福澤や小泉信吉との共著、いろいろなものがあります。それらを通じて言いますと、福澤先生のような一世の注目をひくような、非常に刺激的なスタイルではなく、小幡先生の文章は、あるいは論の進め方は、非常に堅実なスタイルのものであったと思われます。

なお、小幡先生は福澤に代わって、他人の書物に序文を寄せることも多かったように思います。福澤先生はよく「自分の書物に人の序文なんかもらう気がしない。だから人の書物にも序文なんか書かない」と威張っております。若干例外はあるようですが、そういうときに「じゃあ小幡先生にお願いしたら」ということがたくさんあったようです。

ここで資料をご覧いただきたいと思います。

福澤諭吉
小幡篤次郎　合訳
小幡甚三郎

洋兵明鑑

これは軍事書のようなものでありますが、明治二年のものであります。

小幡篤次郎訳
西洋各国　銭　穀　出　納　表全一冊
明治二年

これはやはり小幡が訳したのでありますが、西洋各国の統計表のようなもので、西洋の各国の動きを数量的に把握して翻訳したというようなものであります。

小幡篤次郎訳述
生　産　道　案　内

これは明治三年でございますが、これも訳となっておりますが、この序文がございます。これは英語の本からの翻訳であります。

小幡篤次郎訳
英　氏　経　済　論
明治四年

これは大部なものでございます。
それから、有名な『学問のすゝめ』の初編には、

福澤諭吉
小幡篤次郎　同著

とあり、これは有名な「天は人の上に人を造らず、人の下に人を造らずと云えり」という文章で始まるわけであります。

それからこの演説館に所縁のある『会議弁』、日本でスピーチとかディベートとかディスカッションというものが行われていない。それを奨励するためということで、福澤先生はこの演説館もつくりましたが、その手引書として、

福澤諭吉
小幡篤次郎　合著
小泉信吉

会議弁

明治十、十一年

ということで、『会議弁』というのが世に送られております。「日本ニテハ昔ノ時代ヨリ物事ノ相談ニ付キ人ノ集リテ話ヲスル」そういう体裁がいままでにないということを言っております。

次は、「民間雑誌」という明治七年に出し始めた一種の雑誌であります。これは号によって違いますが、この明治七年二月の第一編は、福澤諭吉、小幡篤次郎著ということで出ております。

小幡篤次郎先生序

宮川　四郎君　述

通俗　選挙人心得　完

一名国民必読

明治廿三年六月発行

こういうように人の著作に小幡先生の序が載っている。そしてそれをこのように表紙に刷り込むというのは、その本にとって重みがある、その権威になるということで、小幡先生にこのように序文をもらう人が多かったようであります。

それから小幡先生は貴族院議員になります。第一回帝国議会のときに『国会議員百首』が出まして、この百人のなかに小幡の俳句も載っております。

「雪打ちをする児おもわず雪の後」

「雪打ち」というのはいわゆる雪を投げる雪合戦のようなことを言うそうでありますが、そういうことに夢中になっている子供たちは、雪が融けたあとこれどうなるのだろうということは考えてないだろうと。それは「爰《ここ》に掲る俳句は蓋し議員の挙動を評したる意ならん」と書いてありまして、小幡の肖像、これはあまり似ているかどうかわかりませんが、そういうものが出ているということで、世間で小幡というものがいろいろ注目を浴びるような場にいたということを申し上げたいわけであります。

いま望まれることは、『小幡篤次郎著作集』の編纂刊行であり、併せて、漢詩、俳句、書簡の類がこれに収録されることも望まれます。これによって、小幡篤次郎研究に多くの人びとが参加することが可能となり、その研究成果が広く世に送られることを期待いたします。

小幡の一側面

小幡は、福澤をサポートしながら、福澤とともに歩み、社中はもちろん、社会一般からも重んぜられていましたが、同時代の人からはどのように見られていたのでしょうか。一般には、小幡は福澤のかげに隠れがちですが、学識の高い温厚な大人であると見られていたようで、特異な一例を次に掲げます。

「氏は政治界に於て声もなく臭もなきが如しと雖も冥々《めいめい》裡に世潮を左右するの氏と云うべし方今政治界に立ち随分喧《かまび》すしく論談する者ありと雖も多くは軽躁浮薄に失し易く未だ以って真の政治者と云うべき者は蓋し鮮《すくな》し　而して氏は之に異なり其外見は宛《あたか》も政治界の外に立つ者の如しと雖も今日政治界にあって有名の士は多く三田慶應義塾よりして出《い》づ　而して此の慶應義塾は福澤氏の塾と云うと雖も氏の力与って決して少々にあらざるなり

氏は福澤氏と郷を同うし早く洋学を修めたり　故に福澤氏と共に該塾を開く　抑々福澤氏は能く計る者なり　猶《なお》創業の臣の如し　氏は能く遂ぐる者なり　猶お守成の臣の如し　是に於て慶應義塾の名天下に高く学生にして東京に出で其門を通過せざれば殆ど人間に歯《よわ》いせられざるの勢いあるに至れり　故に今日世間に立ちて侃々《かんかん》民権を唱え諤々《がくがく》自由を論ずる者大概

氏の薫陶に依りて成りし者なり　然らば則ち政治界の人物にして世事を是非するは氏の説を受けて之を為すなり　必竟《ひっきょう》するに今日氏の黙して云わずと雖も其世上に発表したる者は多く氏の思想の発表したる者なり　故に黙して云わず而して天下政治界の名士と称せらるるも宜《むべ》なるかな　嗚呼実に近世に有りて氏の如きは其比《たぐ》い稀なる者と云うべきなり　且又福澤氏にして此人と交わりある　また福澤氏の最大の幸福と云うべきなり

氏は近年専ら慶應義塾を担任し福澤氏は多く時事新報に従事すると言う内外実に其将を得たりと云うべし」

（血涙居士著『志士壮士　民間人物論』明治二十一年刊）

これまた小幡の一側面であったと言えるでしょう。

各方面で福澤をサポートした小幡

小幡は福澤を支え、社中の信望を集めて慶應義塾の塾長、副社頭を務め、福澤没後は社頭として社中の中心となりました。また、明六社、東京学士会院の会員としては福澤と進退をともにし、福澤に代わって各方面との接渉にあたり、国会開設に当たっては、いわば福澤の身替りとして貴族院議員となりました。福澤の著作を助け、福澤に代わって求めに応じて各書に序文を寄せ、また郷里中津における小幡の門地信望を背景に、福澤の中津における支援活動の仲介役を務めています。中津市学校、天保義社、奥平家の家政問題などについての世話がその例であります。交詢社の設立については、表に立たない福澤に代わって設立業務に当たり、発足後は幹事を務めています。そして深い学識を備え前記のように多方面にわたる著作活動を行っています。これが小幡の実像と言えます。

小幡の豊富な文藻

小幡の文章力、文体が確実であったことは、福澤諭吉がその代表的な学問的著書と言われる『文明論之概略』（明治八年）の緒言の末尾に、「此書を著わすに当り、往々社友に謀《はかり》て或は其所見を問い、或は其嘗《かつ》て読たる書中の議論を聞て益を得ること少なからず、就中《なかんずく》小幡篤次郎君へは特に其閲見を煩わして正刪を乞い頗る理論の品価を増したるもの多し」と書いていることでも明らかであります。

先に、慶応四年の「慶應義塾之記」も小幡の筆ではないかと見る人もあることを述べましたが、あらたまった趣意書、祝詞、序文などを記すことは小幡の特技と見られていたようであります。明治九年十一月、慶應義塾構内に木造平屋の倶楽部風の集会所が設けられました。さてその命名について相談中、福澤のところに出入りしていた東京大学教授の井上良一が「宿屋や寄席などに〝千客万来〟と書いたものがあるから、〝万来舎〟はどうであろうか」と発言したところ、福澤は手を拍《う》って喜び、「それは面白い、万来舎にしよう。その趣意書は小幡さんに書いて貰おう」と言ったというエピソードがあります。

その「万来舎之記」は「舎を万来と名《なづ》けたるは衆客の来遊に備ふればなり。既に客と云えば主あるべきが、先ず来るの客を主とし、後れて来るの客を客とす。早く帰るの客は客にして、後れて留るの客は主なり」で始まる短文ですが、よくクラブ設立の趣旨を尽くしています。

また、福澤が支援した千葉県長沼村の村民の土地払い下げ問題について、小幡が村民の依頼によって記した「長沼村不動堂古額ノ記」（明治十二年三月五日）、三田演説館開館式に寄せた小幡の祝辞（明治八年）などは、いずれも小幡の識見と文才を充分に表している文章であります。

のちに慶應義塾経済学部教授、文部大臣等をつとめられた高橋誠一郎氏は、その随筆のなかで「私の入学当時（明治三十一年）慶應義塾内第一の詩人は副社頭の小幡篤次郎氏だった」と述べ、小幡氏の作詞による「青葉若葉の重なりて……」の歌を歌って行進した想い出を語っています（「三田評論」昭和四十一年三月号初掲、『随筆　慶應義塾』所収）。

この〝青葉若葉〟の歌は、明治三十三年（一九〇〇）五月十日、皇太子嘉仁親王（のちの大正天皇）と九条節子姫（のちの貞明皇后）とのご成婚式が行われたとき、小幡が作詞した奉祝歌であります。

出雲八重垣妻籠の八重垣造る九重の
御園の松は千代八千代青葉若葉の重りて
花咲き実る秋《とき》を待つ天つ日嗣《ひつぎ》の天地《あめつち》と
共に栄《さかゆ》る始とて靡《なび》く民草今日《きょう》の風

作詞者小幡の意味するところは皇孫ご誕生をいまから待望するということでありましょう。高橋誠一郎氏は式典前夜の五月九日夜、塾生のカンテラ行列に加って、

「進めよ進め　訓児《おしえご》よ　手に手に取れる　炬火《たいまつ》は　赤き心の　印なり（中略）　御園の松は
深緑《ふかみどり》　萩の色香も　麗わしく　天つ日嗣の数々を　拝まむ日こそ　待《また》るらむ」

と小幡の歌を歌ったのでありましょう。ただし、この歌詞がどのような曲で歌われたのか、知るところがないのです。

小幡が俳句をたしなんだことは、知人の間では知られていましたが、晩年（明治三十五年）夫人とともに関西地方を漫遊したときにつくった数句を次に掲げます。〃小旛〃は小幡をもじった俳名でありましょう。

「奈良に来て鐘に気のつく散桜　　小旛」
「古人我を欺かず花の吉野山」
「さてさてと肯く花の吉野山」

「嵐山《あらしやま》名にふさわしき雨の花」

小幡は漢詩も多く残していますが、いま紹介する資料が見当たらないのは残念です。

小幡の逝去

福澤没後四年を経た明治三十八年（一九〇五）四月十六日、小幡は胃がんのため、「花に負き雁と己とは旅寝かな」の一句を残して世を去りました。あとに残された家族は、はつ夫人（安井氏より嫁ぐ）、長男高次郎、次女映《えい》（鈴木恒三郎氏に嫁ぐ）、三女静《せい》（桜井信四郎氏に嫁ぐ）、四女郁《いく》（岩橋大六氏に嫁ぐ）、末女慶《けい》（鳥羽総治氏に嫁ぐ）でありました。なお小幡の母とし（奥平直記氏の次女）は当時九十二歳でなお健在であり、妹いとは、佐々木吉十郎氏に嫁いでいました。

慶應義塾社中では、小幡の没した直後、塾の機関誌に「弔小幡先生」と題する弔辞を掲げています。いまその後半をここに引用いたします。

「……今を去ること四年前、福澤先生の長逝せらるるや、吾人は小幡先生に於て猶其半身を有つを得、宛《あたか》も慈父遠く去て愛母猶堂に在るの思いを為しき。而して今や先生逝く、吾人慶應義塾社中の不幸知るべきなり……。

嗚呼我三田の丘上、吾人が旦夕に慣れ親みたる夫の温乎たる顔容と清高なる風姿とは、再び之を見んとするも能はざらんとす……」

（「慶應義塾報」第九十号　明治三十八年五月十五日）

小幡の葬儀は四月十九日「下渋谷村字広尾の祥雲寺」で執り行われ、いまもその墓所は同寺の境内にあります。墓石には「箕田菴寅直誠夫居士」の法号が刻まれています。葬儀の当日または後日に、大垣、金沢、長野、名古屋、函館、福岡などで、慶應の同窓生による、小幡先生追悼会、追悼法要、あるいは遥弔式が行われました。五月二十日の三十五日の忌日には慶應義塾において故小幡先生追悼会が開かれました。同じ五月に「小幡図書基金」の募金が始まり、それが基となって、中津の小幡旧邸に「小幡記念中津図書館」がつくられ、いまは移転して中津市片端町に「中津市小幡記念図書館」が現存します。

小幡への追慕

小幡没後十年の大正四年（一九一五）、慶應義塾では「小幡篤次郎遺品展覧会」を催し、その遺徳を偲び、記念として北村四海による大理石の〝小幡篤次郎像〟を慶應義塾図書館内に設置しました。

小幡没後二十五年の昭和五年（一九三〇）交詢社は創立五十年の祝賀会を催しました。その席上で、創立当時は小幡のもとで創立委員の一人でありました、八十一歳の矢野文雄は次のように述べています。

「私は今日迄多数の人に接しましたが、交詢社功労者の一人たる小幡篤次郎氏の如き人格者は無いと思います。小幡氏は誠に盛徳の士でありました。何卒当社創立満五十年の此機会に於て、私は小幡氏の伝記を編纂せられん事を希望致します」

（「交詢月報」第六巻四月号、『交詢社百年史』所収）

矢野の提案した伝記はつくられませんでしたが、それにかえて、小幡の姿をよく表した油絵肖像画が、岡精一画伯によって制作され、いまも交詢社のロビーに掲げられ、小幡を偲ぶよすがとなっております。

「小幡没後三十年の昭和十年（一九三五）、この肖像画が鎌田栄吉の肖像画とともに出来上がったとき、交詢社では十一月十一日の午餐会に遺族を招いて披露式があった。小幡家からは、小幡高次郎、桜井信四郎両氏が列席した」

（「交詢月報」第十一巻十二月号）

小幡没後五十四年の一九六九年（昭和四十四年）、高橋誠一郎氏は、「三田評論」に寄せた「塾長」と題する随筆のなかで、小幡について次のように記しています。

「私の入学した頃は、（小幡氏は）なおお達者で、三田の山の上に住んでおられたが、一般学生はただ、時折、三田演説館でお説を拝聴するに過ぎなかった。小幡氏が、慶應義塾長の職に在ると否とに拘らず、長く先生の女房役を勤めた人であることは、どなたにも御承知のことであろう。福澤先生が至って口達者で、饒舌多弁、談論風発の概《おもむき》があったのに反し、小幡氏は頗《すこぶ》る口の重い方で、その言は吶々《とつとつ》然として、思うことを十分に説き尽くし得ない憾《うら》みが多かったようである。しかし、私どもは同窓第一の先輩として、いつも有り難くその説に耳を傾けた。学生ばかりでなく、学校当局も、既に第一線から引退してはおられたが、氏に対して常に敬意を表し、福澤先生も、大事小事、何かにつけてその説を求めておられた。先生が晩年好んで揮毫された語に『独立自尊是修身』というのがある。先生は初めこの語に想到された時、『独立自尊唯是修身』と『独立自尊是修身』の二様の書を小幡家へ持参させ、どちらがいいかを問われた。そうして小幡氏の意見に基づいて『唯』の一字を除いたと聞いている」

「小幡氏の業績も、今では慶應義塾社中ですら忘れかけている。せめて、毎年五月十五日の『ウェーランド記念日』にだけでも、この『最初の塾長』と称されるべき大先輩を追想して頂きたい」

（「三田評論」一九六九年七月号、『随筆　慶應義塾　続』所収）

小幡没後一〇〇年

小幡没後一〇〇年の二〇〇五年（平成十七年）、慶應義塾では、高橋誠一郎氏の悲願に応えるかのように、ウェーランド記念日にあたって、「小幡篤次郎没後百年―福澤諭吉を支えた第一人者」を開催し、また、福澤研究センターの紀要『近代日本研究』二十一号を「小幡篤次郎没後百年特集」にあて、「小幡篤次郎とJ・S・ミルの『宗教三論』」（舩木恵子）、「小幡篤次郎の思想像」（住田孝太郎）、「中津出身者宛小幡篤次郎書簡」（西澤直子）、「小幡篤次郎著作目録」（住田孝太郎）、「小幡篤次郎略年譜」（西澤直子）を収録しております。

福澤、小幡によって創業の基礎が築かれた慶應義塾は、二〇〇八年には創立一五〇年を迎えます。小幡篤次郎の名は、慶應義塾一五〇年の歴史とともに、これからも長く後世に語り継がれることと存じます。

演説館開館式での祝辞

福澤先生ウェーランド経済書講述記念日のおかげで、私は重要文化財三田演説館の壇上にのぼることができ、前後二時間ほど館内にとどまって、客席二階席のありさまをゆっくり眺めることができました。

明治八年(一八七五)五月一日の夜、演説館の開館式が挙行されたとき、小幡は朝吹英二らとともに祝辞を述べています。その夜、この館に列席した「社員」は二十余名、聴衆およそ四百余名、学者あり、官員あり、書生あり、職人あり、老若男女おのおの席についたと記されています。「三田演説会会舎開館を祝する文　小幡篤次郎」(『福澤諭吉伝』第二巻)は「余輩昨明治七年六月二十六日の夜より、欧洲に行わるるところのデベイチングソサイエティに傚い」で始まり、演説館の外観・内装を描写し「木室瓦屋、間口五間入り十間、四壁は世に云う海鼠《なまこ》壁の造なり、其内に入れば、中央快豁、前面に半円型の高座を設け」「下段に七人を坐すべき長椅子を二行十五列に置て」「室の両側に高棚を架て社外聴衆の席と定む」と記し、最後に福澤諭吉が演説講習の業を推進するため「その観の美、その構の良、ふたつながら人意を快にするに欠る所なし」といえる立派な演説館を設けたことを讃え「嗚乎福澤諭吉君、既に其室を金玉にす。演説に此室に従事するもの、亦何ぞ其言を金玉にせざるべけんや。謹《つつしん》で祝す」と結んでいます。

これからもこの演説館で、小幡篤次郎の期待に応えるような〝金玉の演説〟が「半円の高座」から次々に階上階下の聴衆の耳に向けられることが期待されます。

(二〇〇五年五月十六日に三田演説館にて行われた「福澤先生ウェーランド経済書講述記念講演会」の講演をもとに構成　「三田評論」二〇〇五年七月号)

講演

小泉信三博士没後四〇年
――小泉信三博士と福澤研究

今日この小泉信三先生を記念する会で、お話しできるというのは誠に光栄なことであり、ことに今日は小泉先生のお嬢さんであられる小泉妙さんも来賓としてお見えになっていらっしゃいます。そのお身内の方の前で、小泉先生の思い出をお話し申し上げるのは、誠におこがましく恐縮このうえない次第です。

会場を見回したところ私より先輩の方もお出でになるかと思えば、塾生諸君もおられるということで、私の話はきわめて一般的な話になろうかと思います。

小泉先生と申し上げても、いまの塾生諸君にはスポーツを奨励した名塾長、あるいは小泉体育賞や小泉信三賞小論文コンテストなどにその名が記念されている人物だと、ただそう思っている方も多いのではないかと思います。

小泉先生は私が塾生のころ、塾長でいらっしゃったのですが、われわれは当時「先生」なんて申し上げなかったような気がいたします。「小泉さん、小泉さん」と言っておりまして、「今日神宮球場へ行ったら小泉さんが来ていた」とか、「三田通りを通ったら、向こうから小泉さんが歩いてきた」というように、非常に親しみある気持ちで先生に接しさせていただいておりました。

さて、それでは小泉先生のご略歴を皆さんとともに、まず振り返ってみたいと思います。

小泉信三先生の略歴――「私の自叙伝」「小泉信三伝」

小泉先生は明治二十一年（一八八八）のお生まれですが、まず先生のお父上はどういう方で、小泉先生はどのような家庭でお育ちになったのか。お父上の名は小泉信吉《のぶきち》といい、この方もまた慶應義塾の塾長を務められた方なのですが、嘉永二年（一八四九）、いわゆる幕末のころ、いまの和歌山県紀州藩の侍の子として生まれ、藩から派遣された留学生として福澤先生の塾に入られた。そして福澤先生の門弟として、幕末の戦火のなか、新銭座で慶應義塾が授業を続けていたときに、塾におられたうちのお一人であります。塾を卒業したあと教員もされ、大蔵省の仕事、横浜正金銀行の支配人、慶應義塾の塾長などをなさった。そういう方を小泉先生は父上に持っていらっしゃり、いわば典型的な侍の家庭、しかも福澤諭吉の高弟の家で生まれ育ったわけです。

この小泉信吉氏が比較的若くして亡くなられたとき、福澤先生はその死を非常に惜しんで、心のこもった弔文というか弔詞を捧げておられます。

小泉信吉君を弔す

旧和歌山藩士族小泉信吉《のぶきち》君、父は文庫、母は板谷氏。嘉永二年二月三日和歌山に生れ、慶応二年藩の留学生として江戸に来り慶應義塾に洋学を学ぶ。時に年十八歳なり。学業漸《ようや》く進み、明治四年官立の大学に入て教授に任じ、明治九年英国竜動《ロンドン》に留学、同十一年帰来、暫《しばら》く大蔵省に傭《やと》われ、同十二年、横浜正金銀行創立のときその副頭取に撰ばれ、同十四年、海外の経済事情を視《み》る為《た》め欧洲を巡回し、同十五年、大蔵省奏任御《ご》用掛《ようがかり》を命ぜられ、次《つい》で主税官に任じ、同二十二年〔二十年〕、慶應義塾同窓の議に由《よっ》て塾長に推され、同二十三年、日本銀行に入り、同二十五年、再び正金銀行の支配人に撰ばれたり。明治二十七年十二月一日、病に犯され、医薬効なく同月八日午前二時没す。享年四十

小泉信吉　福澤研究センター所蔵

六。内君林氏、一男二女あり、男信三家《しんぞう》を嗣《つ》ぐ。以上は単に人事生活上の履歴なり。更に君の学事に関する思想と伎倆《ぎりょう》とを記せば大《おおい》に記すべきものあり。君の天賦《てんぷ》文思に濃《こまやか》にして推理に精《くわ》し。洋書を読で五行並び下るは特得の長所にして、博学殆《ほと》んど究めざるものなし。殊《こと》に数学は師に依らずして高尚の点に達してその最も悦《よろこ》ぶ所なり。既《すで》に学林の一大家たるのみならず、その心事剛毅《ごうき》にして寡慾《かよく》、品行方正にして能《よ》く物を容《い》れ、言行温和にして自《みず》から他を敬畏せしむるは、正《まさ》しく日本士流の本色にして、蓋《けだ》し君の少小より家訓の然《しか》らしめたる所ならん。その学問を近時の洋学者にしてその心を元禄武士にする者は唯《ただ》君に於《おい》て見るべきのみ。我慶應義塾の就学生、前後一万に近きその中に、能《よ》く本塾の精神を代表して一般の模範たるべき人物は、君を措《おい》て他に甚《はなは》だ多からず。左《さ》れば前記の履歴に大蔵省の奉職、銀行の出入の如《ごと》き、唯是《こ》れ鶏《にわとり》を割《さ》くの牛刀にしてその利鈍を論ずるに足らず。今や我党の学界に一傑を喪《うし》なう。啻《ただ》に慶應義塾の不幸のみならず、天下文明の為《た》めに之を惜しむものなり。

明治二十七年十二月九日

福澤諭吉涙を払て誌す

（『福澤諭吉著作集』第五巻）

小泉先生が六歳のときに父上が亡くなったあと、そのご一家、つまり小泉先生のお母さん、お姉さんと妹さん、それに小泉先生ご自身は、福澤先生のお声がかりで、やがて三田の山にある福澤邸のなかに住居を移されました。したがって、小泉信三先生は幼いころ、まさに福澤諭吉の膝もとでお育ちになったわけです。その当時の幼いころの思い出については後年、いろいろな機会に書いておられます。「日本経済新聞」のいまもある「私の履歴書」という欄に、晩年先生が書き続けられた、いわば先生の「自叙伝」といっていい文章が、『小泉信三　私の履歴書』という一冊の本にまとめられ、出版されています。この本は小泉先生に非常に親しみを抱かせ、偉大さを感じさせるものであります。

小泉先生が慶應義塾の教授として活躍されていたのと同時期、当時、塾の双璧と言われた先生に高橋誠一郎という経済学者がおられました。この高橋先生が小泉先生が亡くなられたあと、この『私の履歴書』をご覧になってこう書いておられます。

「私は、急に亡くなられた小泉君に対する追慕の念にかられて、同君の遺著を書架から下ろして身辺に置いている。故人の思い出に耽りながら、堆《うずたか》く積まれたこれらの著書を紐解いている。いずれも感銘を深く読まれる。しかしこれらの著書にも増して興味深く読んだのは、この『私の履歴書』であった。故人を知るうえにこれに優るよすがはない。小泉父子二代の恩師福澤諭吉先生の『福翁自伝』に比せらるべきものであろう」

まさに小泉先生の一生がこの本に凝縮されているような感がいたします。

小泉先生は福澤先生のいわば膝下《しっか》で育ちました。実際に三田山上におられたのは一年ほどなのですが、その後もごく近くに住んでおられたこともあり、福澤先生の晩年をよくご存じで、一緒に散歩をしたことなども『私の履歴書』のなかに懐かしげに記しておられます。

このような環境で育った小泉先生は、やがて普通部生になり大学生になるのですが、ご自分で書いておられるものによりますと、はじめはもっぱらテニスの選手として活躍され、大学に入ってからは「勉強が好きになりテニスは弱くなった」と書いておられる。「テニス部の選手小泉」から、「慶應大学の秀才小泉」として知られるようになったわけです。

「慶應の小泉」から「日本の小泉」へ

やがて学者の道を選ばれヨーロッパに留学、帰国されてからは教授、研究者として社会思想史の研究を中心に経済学一般を深く研究なさいました。そして、昭和八年、小泉先生は塾長に就任されてからは、非常に幅広い活動を展開され、戦時中も大学の責任者として、大勢の塾生を導き、さまざまな社会的制約のもと、学問の独立と、学生の薫陶に力を注がれたことも皆様よくご存じのことと思います。また、スポーツにかかわる有名な言葉として「すべて練習は不可能を可能にする」があり、「フェアプレーの精神」を説いておられます。これは単なる学究肌の教授が塾長になったというのでなく、幅広く人格全般を陶冶する教育家としての小泉先生が塾長になられたことを、何よりもよく示していると言っていいでしょう。

昭和二十年、終戦を境に日本は大きく変わりました。そういうなか小泉先生も大きく変化され、その全人格の幅をさらに大きくお広げになった感じがいたします。終戦まで慶應義塾の責任者として慶應を中心に活動しておられた、いわば「慶應の小泉さん」であったのが、戦後は塾長を離れ、日本全体の指導者としての小泉先生に大きく変貌されておられます。戦時のきわめてきびしい世相のなか、教壇に立って学生に教えたり、研究者を育成したりするだけでなく、慶應義塾の規律の維持、塾風の高揚、学問の振興を図られてきました。その先生に各方面からさらにご活躍いただきたいとの依頼がきて、戦後は「日本の小泉先生」になられたわけです。

小泉信三　福澤研究センター所蔵

その一例をあげるなら、岸信介は総理になったとき、総理大臣と外務大臣を兼任していたのですが、小泉先生に「外務大臣をやってほしい」と要請しておられます。いまから考えると、何か不思議な話のように思われるかもしれませんが、当時の為政者にそれほど小泉先生の学識や、国際情勢に対する認識が高く評価されていたからこその懇請であろうと思います。また吉田内閣のときには文部大臣への就任を、芦田内閣のときには宮内庁の責任者として、宮廷改革という責務を果たしてほしいと懇請されてもおられます。

しかし、小泉先生はそれら政治的ポストについては一切就任を辞退しておられますが、皇太子のご教育、当時の肩書きでいえば東宮御教育常時参与、これだけは進んでお受けになっておられ、その職責を立派に果たされました。

そのように戦後の小泉先生は、広い意味での教育家、文筆家として活躍され、ご自分では「塾長を辞めて自分はライターになった」と書いておられますが、その先生が書かれた論文なり論説、あるいは著書はどのような方面にわたっていたのかと申しますと、その一つに、『共産主義批判の常識』という著書に代表される、一連の言論活動があります。

戦後、左翼運動が盛んになり、共産党活動が激しくなったとき、一般の人は、有識者も含めて恐怖感を抱いていても反論もできずにいました。そういうときに、マルキシズム、共産主義とは、こういうものである。どこにその危険があるかを、単にソ連体制を攻撃するだけでなく、啓蒙的に諄々《じゅんじゅん》と説いておられます。福澤先生が明治の日本国民に向かって日本の危機を訴え、啓蒙的言論活動を展開されたように、小泉先生は、戦後の混乱期に世論を喚起し世を戒める言論活動を展開されていたのです。

小泉信三先生独自の福澤研究

さて、その小泉先生が福澤先生にいつごろから惹かれていったのか、ということについて考えてみたいと思います。小泉先生は福澤に関する論文を非常にたくさん発表されています。また講演、放送、座談などいろいろな媒体を通じて福澤精神の普及に努めておられます。これは単に福澤の伝記を研究するというような狭い意味の研究でなく、福澤精神を探求し、現代における福澤精神の役割を諄々と説いた福澤研究であったと思います。

小泉先生の場合、お父様も福澤の弟子でしたし、幼いころ、自分も福澤邸内に居住し、福澤一家と親しくしていたばかりでなく、その門弟たちの家とも互いに家族ぐるみの交際があって、自然に福澤という人物を知り、親しみを覚えたということもあったと思うのですが、客観的な研究対象として、少し離れて福澤を見るようになったのは、いつごろからなのでしょうか。

小泉先生自身が書いておられるものによると、幼いころに明治の偉人である福澤という思想家の膝下にいながら、幼かったがゆえにその偉大さに気づくこともなく、ただ可愛がってくれて、親しみの持てる恩師として接していたにすぎなかった。福澤の役割を本当に眺め理解できるようになったのは、自分がいささか勉強をし、西洋にも行き、歴史上のいろいろな人物の伝記を読んだあとのことで、それらの人物と比較し、明治時代というのを大正の世から振り返りながら福澤の真の姿を見据えられるようになったのは、自分が教授になり、いろいろな思想史的研究をし、社会の動向や歴史の転換を把握することができるようになってからだと言っておられます。おそらく小泉先生が大正五年（一九一六）ヨーロッパ留学から帰国し、二十八歳で慶應義塾教授となり、学究として世に名を出されたころから、福澤を客観的に見ることができるようになられたのだろうと思います。

福澤研究の奨励に尽力

いま残されている小泉先生の福澤についての業績で、一番古いものは昭和のはじめに岩波文庫から出た『福澤撰集』という福澤が書いたもののセレクションと、これに小泉先生が書いておられる「解題」だろうと思います。岩波文庫は、昭和二年、当時岩波書店の店主であった岩波茂雄が、岩波文庫発刊にあたり、「読書子に寄す」という、何のために、どのような需要に応えて文庫を刊行するのかという宣言書を出しています。

「真理は万人によって求められることを自ら欲し、芸術は万人によって愛されることを自ら望む」

というのがその書き出しです。

岩波氏はその思想をもって岩波文庫を始める。はじめのころ出したのは、日本の古典では

『万葉集』、明治時代のものでは正岡子規の著作など、当時散逸してどこへいったら見られるかわからない子規の作品を探し出して文庫に収める。さらに西洋の古典もこれに収める、といった趣旨もこの宣言には込められているわけです。

その年、すでに岩波氏は小泉先生に相談されていたのだと思いますが、翌年の昭和三年一月、福澤先生の著作のうち、当時もう見ることができなくなっていた『学問のすゝめ』や『丁丑公論』『瘦我慢の説』など適切と思われるものを、小泉先生が選び出し、「福澤全集緒言」「帝室論」「女大学評論」あるいは「時事論集」などを加え三〇〇頁足らずの岩波文庫にまとめ、立派な「解題」を書いておられます。

ちなみに一般の人たちに普及させることが目的ですから、岩波文庫は、一〇〇頁当たり☆が一つついており、薄いのは☆一つ、三〇〇頁だと☆三つ、☆一つが二十銭ということでしたから、いまの物価に換算するといくらになるかわかりませんが、当時学生でも手に入れられるような普及版にし、福澤の作品が小泉先生によって選ばれ世に送り出されました。これは非常に意義ある大きな仕事であったと思うのです。

その後も小泉先生はご自分の手で、福澤の著書をいろいろ世に紹介し、あるいは奨励して出版させるという仕事をなさっていますが、その集大成となったのが慶應義塾創立一〇〇年記念に出版された『福澤諭吉全集』の発刊で、その監修を小泉先生がなさっています。小泉先生はご自身の研究もさることながら、福澤の著作が万人の目に届くよう集大成され、その抜粋を出し、「解題」をつける、という活動もなさっていたわけです。小泉先生は、福澤の全著作、書簡などが万人によって読まれることを期待されたわけです。

小泉信三先生による福澤精神の継承と実践

では小泉先生は、ただ学問の研究対象として福澤諭吉を取り上げたのかというと、そうではなく、やはり戦争中には戦争中の国際情勢、あるいは国内情勢に対応するために、福澤の思想や言論がいかに意味があり有用であるかを認識させるメッセージとして、世に届けるためのものであったろうと思うのです。

実際、戦時中に言論弾圧などが強かったとき、小泉先生は福澤諭吉の持論である「言論の自由」「独立自尊」を説き、世の中に福澤精神をアピールしておられます。また戦後、占領時代が続き、米ソ対立が続いていたとき、明治時代、西欧列強の侵略勢力がアジア一帯に進出し、阿片戦争によって中国もまた西欧列強のパワーに圧迫され、日本の独立も危ぶまれたとき、列強に対応するべく福澤が説いたあの「独立不羈の精神」の重要性を、小泉先生は戦後の日本になぞらえ、説いておられました。

小泉先生の福澤精神に対する解釈は一貫しているのですが、戦前戦後を境に小泉先生の福澤研究、あるいは福澤精神の強調の仕方、受け止め方というのは、やはり大きく変化し、深まり広がっているように思われます。

小泉先生が塾長を辞められたあと、ライターとして「文藝春秋」に「読書雑記」というのを書き始められました。そのなかで先生は森鷗外、夏目漱石、マルクス、アダム・スミスなど古今東西にわたる文芸を含め、先生ならではの論説を展開されているのですが、そこでも『福翁自伝』をあらためて取り上げています。小泉先生は『自伝』については、これまでにも再三書いているが、いまでも繰り返し読みつつある本の一つだから省くわけにはいかない、と断っておられます。戦前、小泉先生は『自伝』について、

「これほど明るい自叙伝はない。自分の努力と自国民の努力で、念願していた日本国の独立が確保され、いまやそれがさらに発展しようとしている。世界に自叙伝の数も多いが、著者が国民として及び一個人として、その一生の成績にこれほどの言葉で満足の意を表し得たものはおそらく他には求められないだろう」

と書いておられます。

ところが、終戦の翌々年、占領下の昭和二十二年八月号の「文藝春秋」に執筆された「福翁自伝」の末尾には、こうコメントしておられます。

「ただ今日（昭和二十二年）わが国現状の下にそれを憶起《おもいおこ》すことが、吾々に取って苦痛であ

小泉信三　大阪福澤諭吉誕生記念碑除幕式にて
（昭和29年11月４日）
福澤研究センター所蔵

ることを奈何《いかん》ともし難い」

これは当時の日本人すべてが共感し、共鳴するものであったと思います。

このように小泉先生は終始福澤の書物を紹介し、ある場合は少年に説き、ある場合には老成した社会の指導者たちに説いて、福澤精神を鼓舞しておられましたが、これは先生の経歴をたどってみますと、単に人に対して福澤精神を説いていただけでなく、小泉先生自身が福澤精神を体得し、実践しておられたのだという感を深くするのです。

小泉先生はあるとき、福澤のことを「類稀《たぐいまれ》な文運めでたき人」と表現しています。「武運長久」「文武両道」という言葉がありますが、なかでも福澤は文運に恵まれた「文運めでたき人」であると言っておられるわけです。もちろん福澤に反対した人もいたでしょうが、自分の書いた著書が多くの人に読まれ、共鳴され、影響を与え、なおかつ自らの思想が後世に残されていく。そして、その著書が『撰集』となり『全集』となってあとに残り、伝記評論も出て人びとに語り継がれていく、誠に文運めでたき人であったということです。

しかも福澤は両親にも家庭にも恵まれた、誠に幸せな人であった。もちろん福澤家にもいろいろなことがあったでしょう。福澤自身も幼いとき、父の顔も覚えず物心もつかないうちに父を失うという不幸を味わっています。また自分の身内にも不幸がありました。福澤の生涯のなかには「明治十四年の政変」とか、慶應義塾の財政的危機もありました。決して平坦な道ばかりではなかったのですが、それらを勘案しても、「福澤先生は、文運めでたく、よき父母の子として生まれ、家庭に恵まれ、よき師に交わることを得た幸福な人であった」と、小泉先生は福澤諭吉を総括しておられるのであります。

これを小泉先生に引き写してみると、先生もまた父母に恵まれ、立派な家庭にも恵まれました。小泉家にもさまざまなことがおありだったでしょうが、先生は大勢の人から慕われ、尊敬され、自ら書かれたもの、諭されたことはいまも伝えられています。小泉先生が福澤先生に捧げられた「文運めでたく、良き父母に恵まれ、良き友を持ち、良き弟子を持った」という言葉をそのまま、いまわれわれは「類稀に文運めでたく、師に恵まれ、家庭に恵まれ、友人知己に恵まれた小泉先生」と、言いかえて捧げることができると思うのです。

この四十年の月日を超えて小泉先生が、このように多くの方々から追慕の念を受けておられる意味を、私は本日ここにおられる皆様とともに、あらためて考えてみたいのです。

小泉先生が誕生されたのは一八八八年五月四日ですから、考えてみると再来年二〇〇八年が先生がお生まれになって、ちょうど一二〇年ということになります。再来年は慶應義塾創立一五〇年の年でもございますので、小泉先生生誕一二〇年のお祝いの集いを、今日のように小泉家の皆様をお招きし、ぜひ多くの皆さんとともに持ちたいものだと思っているところです。

ご清聴ありがとうございました。

（二〇〇六年五月十一日に三田演説館にて行われた「小泉信三博士没後四〇年記念講演会」の講演をもとに構成　「三田評論」二〇〇六年八・九月合併号）

講演

高橋誠一郎先生の足跡

その多彩な趣味と活動

私は戦前、戦争中の慶應義塾大学経済学部在学中に高橋誠一郎先生のゼミにおりましたので、学生時代はほかの先生よりも、深く高橋先生に接近することができたと存じております。

戦後になりまして、はじめて高橋先生にお目にかかりましたのは次のような状況でした。これは終戦の年であったと思いますが、あるとき、品川駅の改札口の切符売場のあたりに立っておりましたら、高橋先生からいきなり「服部君じゃないか」と声をかけていただいたことがあります。私が学生のときの高橋先生というのは、常に和服のお姿でありまして、袴をはいておられて端然としたお姿であります。ところがその昭和二十年の品川駅頭で久しぶりにお目にかかりましたときは、先生は、復員服のオーバーのようなものを着ておられまして、戦闘帽というのでしょうか、戦争中にみんなが被っていた、そういう帽子を被って、まあ情ない姿でいらっしゃいました。それで、声をかけていただきましたので、私はそのあと日を改めて大磯の先生のお宅にうかがいました。

うかがってみますと先生は、お家のなかでは端然とした和服姿でいらっしゃいました。学生時代と同じようなお姿で、お元気に話をしていただきました。私は東京から大磯まで出かけたのですが、お話をうかがっているうちに、話が弾みまして、帰ろうと思いましたらば、大磯の駅からもう普通の列車は出ない。しかし、貨物列車が出るから、それにお乗りなさいと言うので、貨物列車に乗って平塚あたりまでまいりまして、それからまた乗り継いで帰ってまいりました。これが先生と再会したころのことでございます。

その後、高橋先生は交詢社の理事長になられました。私のオフィスと近かったものですから、先生がいらっしゃる日を聞きまして、銀座の交詢社にうかがって、しばしばお目にかかることができました。そのうちに高橋先生のゼミのOB会というのが、だんだん盛大に行われるようになりました。世話人は何人かおられましたが、塾の先生としては気賀健三先生が主な世話人でいらっしゃいまして、外部のOBのご常連は、三菱銀行からのちに日本銀行総裁になられた宇佐美洵さんといった方々が高橋先生を囲む会を開くようになりました。先生はそういうときは、たいへん巧みな話術で、お得意のお話をされ、時の移るのも知らずにうかがったという時期がございました。

先生は晩年になられましても、交詢社にはよくお出でになっておられました。たいへん多趣味でいらっしゃいますから、あるとき歌舞伎座へお供をしたのでありますが、何幕目でしたか、先生は突然立ち上がるとそわそわして「それじゃあ」と言って、さっさとお帰りになってしまいました。もうそのとき相当お年でしたから、私は気分が悪くなられたのかと思って心配をしまして、どこへいらっしゃるのかなと思って、送ってきた運転手に聞きましたら、先生はこれから交詢社にいらっしゃってテレビで相撲を見る、四時すぎになるとそわそわなさって、どこへ行っても交詢社へ帰ってしまうのだとのことでした（笑）。

それから映倫という、映画のスクリーニングをする会の委員長をなさっておりまして、当時いわゆる問題になるような映画をそこで観たり、批評を聞いたりする役をなさっておられたのですが、そのときも、事務長の坂田さんが、延々とこの映画の趣旨はこうであって、もともと脚本はどうであったという説明をする。そして、委員長である高橋先生がそれによって結論を出されるということだったそうですが、これも相撲の季節になると、先生はせっかく事務長が説明しているのに、「まあ説明はそのくらいでいいでしょう。きょうはこれで散会」と言って散会してしまう。そして映倫の理事長室のテレビで相撲を見ているということだったそうです。

先生はご贔屓《ひいき》が決まっておりまして、必ず出羽海部屋系統でした。ある場合には三重ノ海で

高橋誠一郎　福澤研究センター所蔵

あったり、あるいは他の出羽一門の力士でした。それから甲子園の高校野球が好きで、必ずラジオで聴いていらっしゃいました。大磯にお住まいだったからでしょうか、神奈川県選出チームがご贔屓で、ラジオを聴いていらっしゃるときも、テレビを見ていらっしゃるときも、そばの私どもが何か相槌を打つようにお話しかけをしましても、まったく上の空で相手をしていただけない。終わるまでただそばにいた、という記憶が残っております。

先生はそういう方でいらっしゃいまして、私の心のなかにはいつまでも宿っていらっしゃる先生でありますが、先生が八十八歳のとき、これは数えであったのかもしれませんが、帝国ホテルであったかと思いますが、お祝いの会をなさいまして、一橋大学の中山伊知郎先生が代表で祝辞を述べていらしたのを記憶しております。そのことを高橋先生は、当時「三田評論」の「エピメーテウス」という題で毎号連載されているなかでこう書いておられます。

「先月はみんなが米寿のお祝いをしてくれた。そのときの世話人のなかでいちばん若いのはたぶん服部禮次郎君であったと思う。服部禮次郎君が米寿の祝宴をするときには、必ず自分もお祝いに駆けつける」（笑）。そうすると百何歳になってしまうわけでありましょうが、そういうことを冗談みたいに言われたのを懐かしく思っております。

三田山上に漬かりきりの学生生活

それでは「高橋先生の足跡」という題でございますので、一応足跡をこれからお話をいたします。足跡と申しましても、なにしろ九十五歳まで生きておられたのでたいへんでございます。これが樋口一葉の足跡なんていいますと、二十何年間たどればいいのですが（笑）、その四倍ほどでございます。

高橋先生は明治十七年（一八八四）の五月九日に、新潟の回船問屋津軽屋のひとり息子としてお生まれになったということでございます。天領であった新潟の港は北前船など、北回り航路でいろいろな物資の輸送をしたり、いわゆる貿易の要地でした。その新潟には当然のことながら、流通に携わる回船問屋というのが何軒かあったわけで、高橋先生の生家の津軽屋というのも、いまでいう大きな商社の一つであったそうです。

これは特権を付与された独占貿易の問屋ですから、当然また抜け荷であるとか、いろいろなトラブルもあり、明治になりますと交通輸送の大変革にさらされて、没落の道をたどっていったそうであります。それで高橋先生のお父さんにあたる高橋次太郎さんという方は、もう明治何年かに新潟をあきらめて、高橋先生が四つぐらいのとき、明治二十年ごろに横浜へ出てきたわけです。新潟は港として没落する、逆に貿易港としての横浜はどんどん伸びている。だから横浜で一旗揚げようというのが高橋先生のお父さんの志であったのでしょう。

横浜へ出てきて、結局独立した商売はなさらなかったようです。当時茂木という大きな商社が横浜にありました。ローカル財閥で生糸貿易、のちには銀行も経営していた茂木の支配人に高橋先生のお父さんはなられたということであります。この次太郎さんという人がどういうわけか、福澤諭吉に傾倒し非常に崇拝していました。自分の倅はぜひ福澤のところに入れたいというので、高橋先生が十四、五歳のときにどういう伝《つて》があったのかわかりませんが、東京へ連れてきて当時普通科と言っていた普通部の前身に、横浜の小学校の高等科を途中で辞めて、三田の山の上の寄宿舎に入れられました。土曜、日曜の休暇のときは、横浜の実家へ帰れたかもしれませんが、とにかくここの山の上で朝晩を過ごすという生活に入られたわけです。

その後、大学部を卒業するまでの間、ほとんどこの三田の山の上の寄宿舎におられたというのですから、われわれのように学校へ通っていたというよりは、高橋先生はもうどっぷりと三田に漬かりきっていたのだと思います。しかも、普通の人と違い、これは高橋先生にとってはラッキーだったわけですが、福澤先生の三男坊である福澤三八さんが高橋先生と同級だったか、仲間だったかということで、いわば三八さんのご学友という関係でした。そして、高橋先生は三八さんのあとについて、福澤家にどんどん入っていってしまう。縁側から入ったのか台所から入ったのか、とにかくお座敷のほうまで出入り自由みたいになって、福澤先生にそれこそ身近で接することができた。まことにそういう意味では三田の生え抜きでいらっしゃったということが言えると思います。したがいまして、同じころ、ただ慶應に学んだという同年代の人と比べて、慶應、あるいは福澤先生との密着度が比較にならないほど濃かったということであろうと思います。

また、高橋先生は在学中は文武両道の達人で、普通部のときから成績は抜群、一番、二番というところにしょっちゅう名前が出ておられますが、それだけではなく、水泳部でも大活躍していました。プールなんてないころですから、主に川で泳ぐか海で泳ぐ。夏になると葉山から相模湾を横断して江の島へ遠泳するとか、稲村が崎の沖のところでへたばって、船に這い上がったとか、そういう時代の水泳部ですが、そこでもリーダーぶりを発揮しました。しかも、のちの高橋先生とは非常に趣が違い、われわれにとって意外なのは、学生自治会のリーダーとか、あるいは学生の出している雑誌に「竹葉」というペンネームで健筆を振るわれたり、演説をしたり、早慶戦のときにアジテーションのようなことをしたり、と大活躍された塾生高橋誠一郎であったようであります。

転機になったイギリス留学

それから塾を卒業され、そのときはもう福澤先生は亡くなっていたわけですが、そのまま学校に残って、まず普通部の教員になられた。英語を教えていらっしゃったというのですが、どんな英語だったのでしょう。しかし、半年、一年、教鞭を執られたあと、明治の末年に、すぐにイギリスへ留学します。ところがこれはある意味で先生の転換期を迎えたということでしょうか、不幸にしてイギリスへ行って一年もたたないうちに結核にかかり、一年足らずで、ちょうど明治が終わるころに日本に帰ってこられます。

先生はそのころのことについても、いろいろなところに情景を書いておられます。自分はロンドンの郊外のサナトリウムに入っていた。もちろん明治天皇が病気になられたことは知っていたけれども、明治天皇が亡くなられたその翌朝、自分は何も知らないでサナトリウムの食堂へ行った。そのときに自分は少し寝坊して遅れて食堂へ入った。普通はそういうときには周りがみんな囃して、「おまえ寝坊しただろう」とか「夕べどうしたろう」ということでからかわれる。だから、遅れたのでからかわれるかと思ったら、定められたテーブルで、みんなが非常に粛然として自分を迎えてくれて、しかも見ると喪章などをつけている。自分は驚いて席に着くと、テーブルマスターが「おまえは知らないのか、おまえの国のエンペラーは夕べ亡くなったぞ」と言われて、お悔みを言われた。「あなたは異郷にいて喪章の準備もないだろうから」と言って、黒いネクタイ等を貸してくれたということを書いておられます。それは先生がまだ二十歳代のときでありましょう。

そして、先生は静養先から、シベリア鉄道を通って日本に帰ってこられ、ウラジオストックから船で敦賀に上陸した。明治天皇の御大葬に参列するために、スペインの皇族などが自分と同じ船で敦賀に着いたので、大勢の人に迎えられていた。自分は独り寂しく横浜の駅まで汽車で帰った、ということを書いておられます。そんな時代に先生は帰ってこられる。やがて元気になられたんでしょう。もともと体育会系でお丈夫な方でありますから、間もなく治られて、慶應義塾で教鞭を執られるようになったのが三十歳代の前半、大正時代のことです。

当時「大正デモクラシー」などと申しますが、いまでいう総合雑誌「中央公論」「解放」「改造」等、いまはない雑誌もありますが、学術論文を載せたりする雑誌がいくつかあったようです。その執筆者のなかに、高橋誠一郎、小泉信三が躍り出て、大正時代の総合雑誌の誌上で論陣を張りました。そのころから先生は慶應に「高橋、小泉あり」と言われるような論客になられたようであります。

先生のそのころ書かれた論文の内容というのは『協同主義への道』という本にまとめられておりまして、中道左派的な海外の論文を盛んに紹介しておられます。これらを読むと、のちのたします。

先生の論調から考えると、ずいぶん若いときは、激しいことも言っておられたなという気がい

浮世絵と経済学の二本立て

それで大正の末になりますと、大正の大震災というのがありまして、東京、横浜は壊滅するわけです。先生のお家は横浜の野毛でありますから、あのへんも全部焼けてしまいます。それから、その少し前、先生のお父様が勤めておられた茂木の銀行等は恐慌で破綻をきたし、先生のお父様も何か謹慎するような立場になられたということです。

高橋先生が書いておられるところによりますと、自分が野毛に住んでいた子供のころ、近所に絵草紙屋があって、錦絵や浮世絵などがぶら下がっている。それを飽きもしないで見ていた。そして欲しくなると小遣い銭をもらっていないので、お父さんに「あそこの家にこういう錦絵があったよ」と言うと、「そうか」というので翌日になると勤めの帰りに父親が浮世絵を買ってきて、丸めてそれを渡してくれたそうです。しかし、そういうものも震災で全部焼けてしまって、書画骨董若干あったものも全部なくなってしまいました。

そのときに、大震災の直後に何か手元にちょっと美術品のようなものでも、というので、のちに日本大学の総長になった呉文炳《くれふみあき》先生――慶應のご出身で、この方も浮世絵好きの方であり

ましたが——に誘われて丸ビルの二階にある浮世絵を売っている美術商で二、三買い求めたのがもとで病みつきになったそうです。そうすると、また先生はたいへんのめり込むほうですから、たちまちいろいろなものを集め、比較、研究し、系統立ててコレクションをします。それからわずか一〇年ほどで、昭和の初年になりますと、『浮世絵二百五十年』という大部の本を出されて、コレクションの解説をなされます。普通の浮世絵の本と違って、ここに載っている挿絵等は全部ご自分の所蔵品で、転載したものはないというくらいのコレクターであり、そういう浮世絵学者になられたのも、これまた先生の長い生涯のなかの一つの転換期のようなものかと思います。

しかし、ちょうど『浮世絵二百五十年』などを手がけられているころの少し前から「中央公論」等に書かれていた相当理論闘争的な論文は影を潜め、もっぱら若いときにロンドンで研究された、一八〇〇年前後の経済学の文献の解説、研究、考証に、これまたのめり込んでいかれたわけであります。あの時代のものを研究されて、『西洋経済書解説』とか、あるいは、『重商主義研究』という、いろいろな学術的な考証論文を発表されるようになります。

また一方、慶應義塾の学内では、小泉先生とともに経済学部のいわば花形教授、中心的な存在として活動をされ、ご自分のゼミから大勢の慶應義塾大学経済学部教授を輩出するようになりました。

最晩年まで多方面にわたって大活躍

その先生が、また次の転機を迎えられたのが、終戦を境にした時代です。先生は昭和十九年、私も卒業したあとですが、五十九歳のとき、まだ六十歳にもならないのに当時の慶應義塾はもう学生がいなくなるということで、まあ人員整理と言うと荒っぽいのですが、引退を余儀なくされました。これは先生にとってずうっと居たかった慶應義塾から退職を強いられた形です。名誉教授という称号は与えられたわけでありますが、そのときに慶應義塾から高橋先生に「このたび退職されて、長年の間功労を立てられ云々」というので、非常に形式的な、長い巻紙で、筆で書いた挨拶状というか、お礼状が当時の小泉塾長名で、いわば退職勧告書でもないのですが、そういうものが出ました。これは高橋先生にとってはたいへんいまいましかったのでしょう。先生の大磯のお宅の仏壇のいちばん上の抽出のなかにずうっと入っておりました。私は生前チラッと拝見したのですが、亡くなられたあとに行ってみましても、やはりそこに入っておりました。先生にとってはこれが一大転機だったのだろうと思います。

しかし、運命はわからないもので、終戦後また先生は慶應の講師に引っ張り出されるようになり、そして最晩年までこの三田の山の上で楽しく、嬉しく、そして懐かしく、ご自分の講義を続けておられ、まことにお幸せな方であったという気がいたします。先生と慶應義塾のおつながりというのは、本当に長く深く、大勢の若い人たちにまで、ご自分の姿というものを伝えておられました。まことに得がたい先生であったと申したく存じます。

先生は、戦後第一次吉田内閣の文部大臣に昭和二十二年に就任されました。そしてわずか四カ月後の五月二十四日に、ちょうど三田の焼け跡で、大ホールの残骸がまださらされていたあの広場で、創立九〇年祭が行われたとき、先生にとっては現職の文部大臣最後の日になりました。社会党が第一党を取って、吉田自由党は野に下った。ただ、社会党が、もたもたしていてまだ組閣までいかないという最後の日に先生は昭和天皇をお迎えした創立九〇年記念式典で文部大臣として祝辞を述べておられます。

先生はそのあと、文部大臣を経験されたこと、学識豊かであること、硬軟両方と言うとおかしゅうございますが、経済学のほうも、あるいは一般の社会科学のほうも造詣が深く、また、美術方面では浮世絵に象徴されますようにたいへんお詳しい。そしてまた邦楽、これは先生が三味線でござれ、清元でござれ、歌舞伎でござれ、新劇でござれ、何でも自分はそういうものに耽ったということを書いておられます。このようなことから、芸術院の院長も長くお務めになり、多方面なご活躍が最晩年まで続き、そしていろいろな形で先生のなさったことが、いまなお各方面に受け継がれております。慶應義塾の大勢の塾員、あるいは先生方のなかでも非常にユニークな得がたい存在の高橋先生であったと存じます。

先生没後二十五年、四半世紀が経過したということでございますが、今日のお集まりを通じまして、先生のことを思い出していただいて、そしてまたそれを受け継いでいただくということになれば、今日の催しがさらに有意義なものになるかと存じます。

以上をもちまして、「高橋誠一郎先生の足跡」という話にさせていただきます。ご清聴ありがとうございました。

（二〇〇七年六月八日三田キャンパス図書館旧館大会議室にて行われた「高橋誠一郎没後二五年記念講演会」の講演をもとに構成　「三田評論」二〇〇七年十月号）

III　福澤諭吉ゆかりの史蹟めぐり

福澤諭吉ゆかりの地を訪ねる　1

福澤先生と中津

終生こよなく愛した故郷中津

一九九八年七月十五日（水）午後七時から、中津市中殿《なかどの》の「ホテル・サンルート中津」を会場として、中津三田会（会員数六十名）の会合が開かれた。今回は私が中津を訪問する機会に「連合三田会会長歓迎会」として催され、皆様から温かい歓迎をいただき、ありがたく出席させていただいた。参加者は、中津三田会会員三十名に加えて、来訪三田会として、北九州三田会、大分県三田会の参加もあり盛大であった。

中津三田会は毎月第二月曜日に月例昼食会を開くほか、今回のようにたまたま来訪した塾員OBを迎えて臨時三田会を開き、あるいは季節に応じて納涼会を催すなど、その活動はきわめて活発である。さらに明後年（二〇〇〇年）には、〝福澤諭吉没後一〇〇年記念九州沖縄連合三田会中津大会〟の開催が計画され、さまざまな企画が進行中とのことである。

福澤諭吉旧居　　慶應義塾所蔵

中津市には「福澤旧邸保存会」という財団法人（理事長は中津市鈴木一郎氏、事務局長向本《むくもと》双美氏、いずれも当時）が設立されており、同市留守居《るすい》町に〃国指定文化財　史跡福澤諭吉旧居〃として、敷地一一五坪余のなかに建てられた、建坪三十一坪のかやぶき屋根の家一棟とほかに物置風の二階建ての土蔵が立派に保存され、公開されている。旧居に接して二階建の記念館が建てられ、福澤先生の遺墨遺品そのほか貴重な参考品が保存展覧され、さらにパネル、写真などによって、福澤先生の生涯の業績とその時代的背景が手際よく展示され多くの来館者を集めている。記念館および〃旧居〃の前は大きな広場となっており、バスの駐車場、胸像記念碑、土産物店などがひろびろと展開している。

JR九州日豊本線の中津駅を下りると、駅前には福澤先生の大きな銅像が立っている。町を歩けば〃福澤通り〃と名づけられた道路があり、〃旧居〃のほかにも〃独立自尊〃のオベリスク型記念塔、その他の記念物が見られる。土産物店には、〃福澤せんべい〃その他の福澤グッズがならんでいる。また、中津市寺町には明蓮寺という真宗のお寺があり、そこは福澤家代々の菩提寺であった。いまもその境内に小さな福澤家祖先の墓石があり、毎年二月三日、福澤先生のご命日には、中津三田会が中心となって明蓮寺の本堂で法要が営まれるとのことである。福澤先生がその故郷として終生こよなく愛した〝豊前中津〟は、慶應義塾社中にとっても、大切な縁故地である。

忘れがたき中津へ六回にわたる訪問

『福翁自伝』のなかで、先生は中津で過ごした少年時代のことを回顧して、十九歳で蘭学修業のため長崎に向けて中津を去ったときは、〝再び帰って来はしないぞ〟と心のなかでさけんだ、と記している。しかし実際は、先生はそののち六回も中津を訪れている。一回目は長崎から大阪に行き、緒方塾で修業中の安政三年（一八五六）、兄の病気などによる帰郷であったが、その年のうちに大阪再遊を果たしている。二回目は安政五年（一八五八）藩の命令で大阪を去って江戸に移るとき、母に暇乞《いとまごい》をするための一時帰郷であった。三回目は元治元年（一八六四）、拡大しつつある築地鉄砲洲の福澤塾の中核ともなるべき優秀な青年を、中津藩士の子弟のなかからスカウトするための中津行きであった。その結果、小幡篤次郎、仁（甚）三郎兄弟、浜野定四郎ら六人を同伴して江戸に戻った。小幡兄弟、浜野はそれぞれのちに塾長に就任している。

明治に入ってから、先生は三回、中津を訪れている。明治三年（一八七〇）先生は中津の旧居に残してきた母を東京へ迎えるため帰郷し、約一ヵ月滞在し、藩の重役の諮問に応じて中津藩の武備の全廃と、洋学校設立の必要を説いている。そして、母を奉じて中津を去るにあたって、「藩の青年に与える書」として「中津留別の書」を残している。その末段は次のとおりである。

「願わくは、わが旧里中津の士民も、今より活眼を開きて先ず洋学に従事し、自《みずか》ら労して自ら食い、人の自由を妨げずして我が自由を達し、脩徳開智、鄙吝《ひりん》の心を却掃《きゃくそう》し、家内安全天下富強の趣意を了解せらるべし。人誰か故郷を思わざらん、誰か旧人の幸福を祈らざる者あらん。発足の期近きにあり。匆々《そうそう》筆を執って西洋書中の大意を記し、他日諸君の考案に遺《のこ》すのみ。

明治三年庚午十一月二十七夜、中津留主居町の旧宅敗窓の下に記す　福澤諭吉」

これは先生が中津の青年を通して日本中の青年に呼びかける、中津発のメッセージであったと言えよう。

明治五年（一八七二）五月、先生はまたまた中津を訪れた。これは中津市学校の視察と旧知事奥平一家を奉じてその東京移住に随従するためであった。その年二月、『学問のすゝめ』の初編が発行された。この初編は、「福澤諭吉、小幡篤次郎同著」となっており、端書《はしがき》には、「此度余輩の故郷中津に学校を開くに付学問の趣意を記して旧《ふる》く交りたる同郷の友人へ示さんがため一冊を綴りしかば、或人これを見て云く、この冊子を独り中津の人へのみ示さんより、広く世間に布告せば其の益も亦広かるべしとの勧《すすめ》に由り、乃ち慶應義塾の活字版を以てこれを摺《す》り、同志の一覧に供うるなり」と記されている。

これによれば、「天は人の上に人を造らず……」で始まる『学問のすゝめ』初編も、はじめは先生の同郷故旧、中津人へのメッセージとして記されたのであった。また、『学問のすゝめ』の第九編、第十編（いずれも明治七年刊）は「中津の旧友に贈る文」という副題がつけられ、文中には「わが旧里」「中津の旧友」の文字が見られる。

このの後先生は、なかなか中津を訪れる機会がなかった。明治十九年（一八八六）、先生は全国漫遊を思い立ち、まず東海道を旅行し、関西方面に遊んだ。そしてその帰京のすぐあと、先生は中津に住む先生の長姉小田部禮《れい》宛に「私はこの後も度々旅行致し候積もりにて、其内には又々中津へ参り候儀もこれあるべく」と報じている（『福澤諭吉書簡集』第七巻一〇五一）。しかし、先生の全国漫遊はそののち余り続かず、中津行きも実現しなかった。

明治二十六年先生は中津行きを思い立ち、十月初旬出立の用意までしたが赤痢流行のため延期し、翌明治二十七年（一八九四）二月、一太郎、捨次郎の二子をつれて中津に行き墓参をしている。このとき、山口県豊浦（下関市）在住の愛弟子日原昌造も途中から一行に加わり一緒に耶馬渓《やばけい》に遊び、景勝地〝競秀峯〟が売物に出ていると聞き、景勝保存のためこれを買い取ることを決め、三月中旬中津を去った。これが先生最後の中津行きとなった。

しかし先生は、そののち中津行きの機会を待っていたようである。中津から帰京ののち、耶馬渓の山林買い入れの斡旋を依頼した中津の有力者（曾木円治）宛の手紙のなかで「老生もほんの一時の発意にて申し上げ候事なれど、折角思い立ち候上は事を成就いたしたく、且つかようのものがあれば、折々中津へ参る口実とも相成り、旁《かたがた》以て御願い申し上げ候……」と本音を述べている。

また、明治三十年（一八九七）九州の私鉄「豊州鉄道」が小倉―行橋間の路線を宇佐まで延伸し、中津にステーションができたとき、先生は翌年一月中津の小田部家宛の年始書状のなかで「……中津には鉄道出来《しゅったい》、自《おの》ずから旧面目を改め候こととならん。老生もそのうちには一見致し度く存じ居り候」と書き送っている。先生はいつまでも中津に対し、望郷の念をいだいておられたのであろう。

明治三十四年（一九〇一）福澤先生逝去のあとも、慶應義塾社中と中津との関係は、福澤旧邸保存事業、福澤祭その他の記念行事、あるいは福澤研究者の中津地域での史料採訪、中津三田会の活動などを通じて固く結ばれている。来る西暦二〇〇一年の〝福澤先生没後一〇〇年〟に向けて、義塾社中との中津のつながりが一層強くなることを心より願ってやまない。

『自伝』に記されている「望郷の念」

周知のように、福澤先生は豊前中津奥平藩の藩士の子として生まれた。父福澤百助《ひゃくすけ》が中津藩の大阪蔵屋敷在勤中に、その第五子として誕生した。八歳年長の兄も、六歳、四歳、二歳うえの姉三人も、先生自身も大阪生まれであるが、先生だけは父の顔も覚えぬうちに父の死に遭い、乳呑児の先生を含む福澤一家は母に連れられて中津に引き上げた。したがって、福澤先生が生まれたのは確かに大阪であるが、〝物心づいた〟のは中津である。先生がのちに大阪を〝第二の故郷〟と述べているのは、生まれたところとしての〝大阪〟ではなく、緒方洪庵の〝適塾〟で多感な青春期を送った〝大阪〟を指しているのであろう。福澤先生にとって、真の〝故郷〟はやはり〝父母の国〟中津、物心づいてから幼少年期を過ごした中津であった。

福澤先生は終生、故郷である豊前中津をこよなく愛し、郷土のためになにかと心を労し力を尽くしている。先生は晩年、『福翁自伝』のなかで少年期の中津を回想し、「窮屈なのが忌《いや》で〳〵で堪《たま》らぬ」「始終不平で堪《たま》らぬ」「如斯処《こんな》に誰が居るものか」と思ったと記し、安政元年（一八五四）十九歳三カ月で蘭学修業のため長崎へ出ることとなって中津を去ったときの心境を「故郷を去るに少しも未練はない」「一度出たらば鉄砲玉で、再び帰《かえっ》て来はしないぞ、今日こそ宜《い》い心持だと独り心で喜び、後向《うしろむい》て唾して颯々《さっさ》と足早にかけ出したのを今でも覚えて居る」と勇ましく述べている。

この部分だけを読むと、先生は一生中津がきらいで、飛び出したきり一ぺんも中津に足を踏み入れなかったように思われるかもしれない。先生は『自伝』のなかで、少年反抗期時代の自己をかえりみて、当時の中津の窮屈さを、おもしろおかしくズバズバと切り捨てている。しかしこれは、晩年になって故郷を想う念がますます強くなった先生が、血気盛んであった少年時代へのほほえましい懐かしさをこめて、ことさらに筆を強めて書き上げた〝望郷の詩《うた》〟であったと言えよう。

先生は〝再び来はしないぞ〟と思った故郷中津へそののち六回も帰っている。これはすでに述べたところである。

明治八年（一八七五）、中津の町に芝居・飲食・夜遊などが流行し風俗が乱れているとの風聞を耳にした先生は、先生が主唱して設立された中津市学校の生徒がその風俗に染まることを大いに恐れ、有力者島津復生に宛てた手紙のなかで次のような警告を発している。

「……学校の生徒読書に鬱《うつ》することあらば、その鬱を散らす場所には乏しからず。龍王の浜あり、高瀬川あり、大貞も可なり、宇佐羅漢もよし……」と述べている。高瀬川は山国川の中流、いまの市場橋のあたりであろうか。大貞《おおさだ》はいまの大貞公園のあたりであろうか。宇佐羅漢は宇佐市にある名所のことかと思われる。

明治二十三年（一八九〇）七月、先生は中津の有力者山口廣江宛の手紙のなかで、次のように述べている。

「小生も、一度中津へ参りたく存じ居り候。その用は、墓参に兼ねて椎屋の滝と羅漢寺を一見致すつもりなり。羅漢寺へは六、七歳のとき一度まいり帰路母におぶさり候ことをかすかに記憶するのみ。他はすべて夢の如し」

先生にとっては〝羅漢寺〟も、そして先に述べた〝龍王の浜〟も〝高瀬川〟も〝大貞〟も、懐かしい故郷の山であり川であったのであろう。〝一見致すつもり〟と述べられた〝椎屋の滝〟は宇佐郡安心院《あじむ》町の東椎屋《ひがししいや》の滝であろうか、それとも、宇佐郡院内《いんない》町と玖珠《くす》町にまたがる西椎屋《にししいや》の滝のことであろうか、定かでない。また先生は続けてその手紙のなかで、「毎度、人に面会、耶馬渓のことをたずねられ何も不案内にて申訳なし」と述べ、耶馬渓へ行きたい気持ちを述べている。ただし、このときの中津、耶馬渓行きは実現しなかった。

先生の最後の中津訪問は明治二十七年（一八九四）のことであった。このときは念願の耶馬渓ゆきも墓参も果たすことができた。しかしそののちも中津を訪ねたかったことは、故郷の親戚故旧に宛てた手紙のなかにもありありと示されている。明治三十一年（一八九八）七月、先生はすでに夫を失っていた末の姉、服部鐘《かね》が、老齢にもかかわらず、中津から神戸へ旅行したことを聞いて喜び、中津の知人に「老生ことも今一度中津へ参りたく、毎度思い立ちては中止、姉の方が却って元気宜《よろ》しく、赤面いたし候」と書き送っている。先生はいつまでも中津に対し、望郷の念をいだいておられたのであろう。

三人の姉

先生には三人の姉があった。次姉の婉《えん》は中上川《なかみがわ》彦次郎の母であるから、彦次郎が早くから東京へ呼び寄せた。旧中津藩士小田部《おたべ》武に嫁した長姉の禮《れい》は、小田部が篤実の士でありその家産も堅実であったから、一生中津に住んで幸福な生活を送ることができた。先生は中津にある先祖の墓の供養、年忌法要、親戚身内の災難病気の見舞い、中元歳暮の儀礼などには常に細かく配慮しているが、それらの送金伝達はほとんど毎回小田部の姉夫婦を煩わし、こまごまとした伝言などを依頼している。

先生が終生気にかけていたのは末姉の鐘の身の上であった。鐘は服部復城（先生の漢学の師服部五郎兵衛の弟）に嫁したが、その家庭生活は不幸であり、その生計は不如意であった。先生は絶え間なく慰めの手紙を届け、定期的に生活費を送り、援助の手を尽くしている。

三人の姉がそれぞれの境遇は異なったにせよ、三人揃って健在であることは先生にとって何よりの喜びであった。ところが東京で仕合せよく過ごしていた次姉の中上川婉が明治三十年（一八九七）一月二十二日病没した。先生は、直ちに中津の二人の姉にその訃を報じた。

「中上川御姉様御事……ついに今日午十二時五分御死去相なり候。誠に残念至極の御事……天命は致し方御座なく、御病中医薬の手当は残る所なく……外国医のベルッと申す人をも度々招待いたし候こともこれあり、すべて手落ちと申すは万々御座なく、……」と至情を述べたあと、署名に続いて、〃一月二十二日午後一時過〃とあるから、姉の臨終後一時間ほどで筆をとったのであろう（『福澤諭吉書簡集』第八巻二一二七）。

不幸は重ねて起こった。その年六月十九日、中津にあった長姉の小田部禮が病没した。先生は中津の服部鐘に、即日長文の手紙を書いた。そのごく一部だけを左に引用する。

「……ご同様に兄弟五人大阪に生まれて自《おのず》から中津人とは別《べつ》の者のように育ち、生来ただの一度も兄弟けんか致し候こともなく、母様の手になりたち候ところ、其の五人の兄弟は今は三人を失い、もはやおまえ様と私とさし向かい二人に相なり候。……今後ともおまえ様ご一身の事はたしかに御引受申上、何なりとも御世話仕《つかまつ》るべく、これは私が父上様母上様に代りて勤め候こと故、ご遠慮なく、さっさっと仰せ下されたく、ご生涯ご不自由はなきよう致すべく存じ候……」（『福澤諭吉書簡集』第八巻二一六五）

二人の姉を失ったとき、先生は六十四歳であった。そして、この翌年九月、先生は脳溢血症を発し、以来静養生活に入られた。病中の先生は、ようやく筆をとるまでに回復した明治三十二年八月、残された一人の姉（鐘）に自筆の手紙を送り、「……私事大病後次第によく相成候様御座候えども、人間百事知るが如く忘るるが如く、真に及ばざるもの御座候。今日病後はじめて筆にしるし申上候次第に御座候」と記している。先生は次第に健康を回復されたが、突然発作を起こして一時間ほど意識を失ったことがある。先生は鐘に宛てて「去る八月八日少々不快の処、幸によく相成り候間」ご安心下されたいと報じ、「明治三十三年十月十四日、服部御姉上様　人々御中」と結んでいる。これから僅か三ヵ月あまりで先生は逝去された。

先生の姉鐘は、先生没後も長らえて、大正二年（一九一三）一月に没した。鐘は先生在世中にギリシア正教（日本ハリスト正教会）に入信した。中津市龍王の墓地にある鐘の墓には十字架が刻まれ、「神婢徳露斐亜」という霊名が誌されている。小田部禮の墓は中津市寺町日蓮宗大法寺の境内にある。美しい墓石には「恭護院妙温日操大姉」の法名が刻まれている。東京青山霊園の中上川家墓域内にある「中上川婉之墓」には、その側面に「福澤百助女　中上川才蔵妻　中上川彦次郎母」と刻まれている。

「中津人にして中津人にあらず」にこめられた真情

先生は、旧幕・旧藩時代、明治初年の版籍奉還から廃藩置県までの時代、廃藩後の時代を通じ、中津についても深い関心を持ち続け、ことに廃藩置県後の〝豊前国下毛郡中津町〟の経済、旧奥平家の維持、旧藩士族の生活安定、人材の養成等については深い関心をはらい、助言、仲介、援助を惜しまなかった。

旧幕時代においても、先生は〝中津藩〟の盛衰存亡についても無関心ではいられなかった。『自伝』のなかで先生は藩に対して建白書など出したことがないと言い切っているが、それは自己の栄達を願うような〝売り込み〟や〝陳情〟をしなかったという意味であって、幕末の危機に際し、先生は藩の有力者に対して藩の進むべき道についていくたびか率直な意見を書面で述べている。先生は幕末の一時期、中津藩士ではありながら、幕府の外国方（外務省）に、いわば〝出向〟のような形で幕府（中央政府）の役人として勤務していたので、中津藩のおかれている危機的な位置を〝外側〟から客観的に観察することができた。その結果、先生は広い視野から〝親元〟の中津藩に対し、親身《しんみ》になってアドバイスを送ったのであろう。

明治になってからも廃藩置県になる前、先生は中津に帰省したおりに藩の重役一同列座の席に招かれ、意見を求められている。そのときの先生は、もはや中津藩の下級武士としてではなく、〝国際情勢〟〝国内政局〟について高度の情報と見識をもつ洋学界の権威、『西洋事情』などの著者としてその席に招かれたのである。

廃藩置県のあとも先生は旧藩主奥平家の安泰をはかるために力を尽くしている。明治の新時代の人材養成のためには旧藩主、旧士族の拠出した基金による中津市学校の設立に参画し、慶應義塾から有力な教員を派遣している。

明治十年（一八七七）六月、先生は西南戦争の影響を受けて動揺を続けていた中津の情況を憂慮し、中津の有力者鈴木間雲《かんうん》に手紙を出した。そのなかで先生は「戦争もなかなか片付き申さず、近日は豊後の方も騒がしく、就ては中津は如何、随分掛念《けねん》なきにあらず。何かと御心配の段、察し奉り候」と述べ、中津の動揺は旧藩以来の〝門閥の残夢〟によるものだと指摘し、〝中津の安全幸福〟のために、中津において徳望ある鈴木間雲に〝非常の英断を以て〟〝世間の残夢を驚破するのお考え〟はないか、是非奮起していただきたいと促している。そして「小生は中津人にして中津人にあらず、中津旧藩の盛衰も左まで心に関せず、奥平様の禍福もそれ程に頭痛に病まず、中津の学校も工業も等しくこれ人事の一小部分、浮世の外の細事とは思えども、折節物に触れ事に当りて、旧里の事はまるで棄て難きものなり、是また人生の至情ならん。ご推察下さるべく候」と真情を打ち明けている（『福澤諭吉書簡集』第二巻二〇六）。

中津の経済振興についても先生は、前記の鈴木間雲を中心とする金融機関〝天保義社《てんぽうぎしゃ》〟——旧藩時代から受け継いだ基金をもとに主として旧士族向けに設けられた一種の銀行——の運営に助力を惜しまなかった。

また、中津地方の道路改良を主唱し、明治八年（一八七五）、自ら「豊前豊後道普請《みちぶしん》の説」を起草し、率先して金一〇〇円を寄付した。そしてその道路の方角（路線）について議論がわかれていることを聞き「……敢えて遠方より嘴《くちばし》を入るべきにあらざれども、私どもは唯中津の便利を計るのみ……細《こまか》に論ずれば中津も中津、然も私の生育したる留主居町の便利と思う程の私欲偏心に候えども、此の留主居町を利せんとするには中津一般の利を謀《はか》らざれば叶い難きことゆえ中津のために道普請を祈るなり。豊前の国に道さえ出来れば満足と申す趣意には御座なく候……」と愛郷心を丸出しにして中津の先輩（島津復生）宛に訴えている。しかも、先生はそれに続けて、「概していえば今の世に当たり私心を去りて公利は起らざるものなり。ただ此の私心を拡げて公に及ぼすこと緊要なるのみ」と開き直っている（『福澤諭吉書簡集』第一巻一七九）。まことにみごとな愛郷心である。また〝公利〟についての鋭い指摘である。

先生は先生一流の姿勢を一流の表現で〝小生は中津人にして中津人にあらず〟〝中津の盛衰も左まで心に関せず〟と記しているけれども、中津は先生にとって愛する故郷であり、忘れられぬふるさとであった。病中最後の手紙を姉に送るときも、先生の脳裏には中津に関するさまざまな想いが去来したことであろう。

（「三田ジャーナル」一九九八年八月十五日号・一九九九年二月十五日号）

福澤諭吉ゆかりの地を訪ねる　2

長崎遊学

実り多かった大阪適塾での修業

福澤諭吉が、大阪の適塾で緒方洪庵の慈愛のもとに、全国の各藩から集まった好学の青年たちと活発自由に交わりながら、死物狂いでオランダ語を学び、オランダ語で書かれた〝原書〟を読み、いわゆる「蘭学」を身につけたことは、広く知られている。良師のもとで益友と交わり、当時の先端的な外国語をマスターし、読む人も少なかった自然科学系のオランダ書の解読に挑戦する、二年間の青春期は、諭吉の学問形成、人間的成長にとって実りの多いものであったことは明らかである。

しかし、大阪での二年間であれだけの大きな収穫をあげることができたのは、諭吉が大阪に移る前の一年間、すでに長崎でオランダ語のＡＢＣから始めて「無暗《むやみ》に勉強して蘭学もようやく方角の分かるように」(『福翁自伝』)なっていたからであろう。しかも、諭吉は長崎遊学の一年間、すでに長崎という特別な地で、親元、藩地を離れた自主生活を体験しているので、適塾で他人の集団に組み込まれたときも、すぐにこれにとけ込むことができたのであろう。

さらにさかのぼって、長崎留学前の諭吉は一体どのような〝諭吉〟であったのだろうか。

諭吉は大阪で生まれ、幼時に父を失い、母、兄、姉三人とともに藩地中津に帰り、十九歳三ヵ月のときに長崎に出るまで、封建的規範のきびしい城下町中津で幼少年期を過ごした。母、兄のもとで受けた武家の訓育と、儒者のもとで学習した漢学の素養が、諭吉一生の人格、学問形成の基盤になったことは間違いない。身分制、門閥制に強く反発し、迷信的習俗に反抗しながらも、諭吉は常に母の教え、父の遺訓、兄の指図にはすべておとなしく従い、漢籍、儒学の学習にも格別の疑問は起こさず、むしろ積極的に経書史伝の勉学に励んでいる。

光永寺の寄寓

ペリー来航の翌年、安政元年(一八五四)諭吉が十九歳のとき、兄三之助は諭吉に対し、「長崎へ行ってオランダ語を勉強してみないか」とすすめた。かねて中津の生活の窮屈さに堪えかねていた諭吉は即座に応諾し、兄に連れられて長崎に向かった。安政元年といえば、ペリーが浦賀久里浜に上陸した翌年である。中津藩も幕府の命令で長崎港の警固に加わるという時勢である。兄三之助は時勢を察し、弟諭吉の将来を考えて、長崎行きをすすめたのであろうか。

いま、長崎市の中心部に近い、同市桶屋町三十三番地の向陽山光永寺という浄土真宗大谷派の名刹の門前には、一九三七年に長崎三田会の手によって建てられた「福澤先生留学址　昭和十二丁丑年　小泉信三撰並書」と刻まれた石碑が建っている。長崎に到着した諭吉は、かねて光永寺に滞在して蘭学を勉強していた中津藩の奥平壱岐《いき》に懇願し、この寺に食客として身を寄せることとなったのである。現在、広大な書院のなかをご住職の案内によって拝観すると、その当時の模様がいまも残されていることがよくわかる。奥平壱岐は家老の子息であり、この寺の縁者でもあるので、身分の高い賓客の待遇を受け、一段高い、二間続きの広々とした座敷を占め、身分の低い食客の諭吉には一段低い鞘《さや》の間と呼ばれる畳廊下のようなところの一隅に座を与えられたようである。食客としての諭吉が寺の住職の従者をつとめたときのエピソードなどは『福翁自伝』にいきいきと描かれている。

山本家への住み込み

しばらく光永寺に身を寄せていた諭吉は、やがて、光永寺から程遠くない出来大工町《できだいくまち》（旧称大井手町または町司町《ちょうじまち》）の山本物次郎という砲術家の家に住み込むこととなった。ここでも食客の身分である。山本家の砲術家としての業務すなわち各藩から来訪する使者への蔵書や資料の貸出し、筆写、「出島《でじま》」見学の紹介状発行等はすべて諭吉の担当で、その一方、山本家の家事についても、朝夕の掃除はもちろん、先生が湯に入るときは背中を流し、先生の夫人が愛好する犬猫の世話、借金の言い延ばし、申し入れ、あらゆる雑事をマメマメしくこなしながら、しかも、長崎遊学の本来の目的である蘭学の修業については、蘭学医の家、和蘭通詞（日本人通訳官）の家を訪ねては「一意専心原書を学ぶ」生活がおよそ一年続いたのである。

町の性格、住民の気風

一方、町の性格、住民の構成、気風も、中津と長崎では大違いである。幕府の天領であった長崎には、お殿様もご家老様もいない。奉行所のすぐ下の海岸の「出島」にはオランダ人が住み、湾内にはオランダ船も唐船もやってくる。ときにはロシアやイギリスの軍艦も出入する。このような鎖国下の〝半国際都市〟で諭吉は蘭学を学んでいたが、ふとした中津藩身分制が生んだトラブルで、諭吉の長崎遊学はわずか一年で終わったのである。このトラブルについては、『福翁自伝』の長崎遊学の項に詳しく述べられている。

長崎三田会

現在、光永寺の福澤ゆかりの座敷は立派に維持保存されており、門前の「福澤先生留学址」

の標識も手入れがいきとどいている。しかし、山本物次郎の旧家は残念ながら現在あとかたもない。ただ幸いなことに、山本旧宅の向かい側と思われるところに「福澤先生使用之井戸」というものが古くから保存されており、ここにも長崎三田会の手によって石の標識が建てられて

光永寺の門前の「福澤先生留学址」

「福澤先生使用之井」の標識

石造の福澤諭吉像

いる。ところが、この場所は表通りから一本後ろの細い道路の道ばたなので、見る人も知る人も少なく、しかも、この井戸と標識とが存在する出来大工町四十四番地の土地が、市有地なのか民有地なのかはっきりせず、したがって保存管理はまったくできていないのが現状である。これから長崎市観光振興課が調査に乗り出すということなので、その結果が期待される。

なお、市の中心にある諏訪神社の境内、石段を登る左側の「祓戸神社」の向かい側に、平成十年（一九九八）、長崎三田会の手によって、石造の福澤諭吉の全身像が建てられ、「福澤先生像　慶應義塾塾長　鳥居泰彦」の銘文が付せられている。壮年期の福澤の姿がよく現されている。

このように、長崎三田会では、長年にわたって、福澤史跡の標識設置、あるいは立派な福澤先生像の制作など、福澤先生の顕彰に努めておられる。「福澤諭吉長崎留学の意義」を問い直すにあたって、長崎三田会の松田皜一会長（昭和二十一年経卒）はじめ会員各位に対し、深く敬意を表するものである。

（二〇〇三年八月十一日の長崎訪問にあたって記す　「三田ジャーナル」二〇〇三年八月十五日号）

追記　「福澤先生使用之井戸」は、そののち長崎市の伊藤一長市長のご配慮により立派に保存整備された。その伊藤市長は平成十九年四月兇弾に倒れられた。謹んでご冥福をお祈りいたします。

福澤諭吉ゆかりの地を訪ねる　3

大阪

福澤諭吉誕生の地記念碑

福澤諭吉は、天保五年十二月十二日（一八三五年一月十日）に、大阪の堂島川玉江橋《たまえばし》際にあった中津藩蔵屋敷のなかで生まれた。父福澤百助が元締役として勤番中のことで、兄一人姉三人もここで生まれた。諭吉が一歳半のとき父百助は病没したので、一家は中津に引き上げた。

この生誕地に記念碑を建てることは、福澤没後の翌明治三十五年（一九〇二）、早くも大阪在住の義塾社中の間で計画されたが、直ちには実現せず、結局、昭和四年（一九二九）十一月、鋳銅製の「福澤先生誕生地」（犬養毅筆）と刻された記念碑が建てられた。しかしこの碑は戦時中の金属供出によって失われた。戦後、昭和二十九年（一九五四）、現在の石製の記念碑（題字・小泉信三、撰文・高橋誠一郎、書・西川寧）が建てられ、さらに昭和六十年（一九八五）、これが五十メートルほど西方向の現位置に移され、新しく「学問ノススメ」の碑（石川忠雄筆）「豊前国中津藩蔵屋舗之跡　大阪堂島　玉江橋北詰」の碑が加えられた。

大阪慶應義塾跡

慶應義塾は、明治四年（一八七一）、新銭座から三田へ移転したあと、明治六年から七年にかけて、大阪、京都、徳島にそれぞれ分校を設けた時期があった。結果としては、これらの分校はいずれも成功せず一、二年で撤退している。大阪の場合は、明治六年十月「安堂寺橋通り三丁目」の丸善の「控宅（分室）」を校舎にして開かれ、翌年「北浜二丁目小寺篤兵衛の家」に移ったとされている。現在この小寺家跡には「小寺ビル」が建っている。なお、「大阪慶應義塾」は明治八年七月閉鎖され、四国の徳島に移され「徳島慶應義塾」となった。

緒方洪庵と適塾

緒方洪庵および適塾はあまりにも有名で、『福翁自伝』を通して、おなじみが深いと思われる。

洪庵は文化七年（一八一〇）、備中足守《あしもり》（いまの岡山市内）の藩士の三男に生まれた。洪庵の父が大阪蔵屋敷詰になったのに従って、十六歳のときに大阪に出て、中天游《なかてんゆう》という蘭学者の門

緒方洪庵旧宅及塾　大阪大学所蔵

人となり、長崎、江戸にも出てオランダ医学を学び、天保九年（一八三八）、大阪で蘭方医として開業し、適塾という家塾を開いて門弟に蘭学を教えた。

弘化二年（一八四五）、適塾は現在地に移り、洪庵が大阪を去ったあとも緒方家によって管理され、いまは「緒方洪庵旧宅及塾」としての史跡指定に加えて、「旧緒方洪庵住宅」として、国の重要文化財の指定を受け大阪大学に移管され、「適塾記念会」によって運営されている。

東京と大阪、二つの緒方洪庵夫妻の墓所

緒方洪庵夫妻のお墓は、東京と大阪、二カ所にある。文久二年（一八六二）、五十三歳の洪庵は、幕府の命により大阪を去って江戸に移り、奥医師（将軍の侍医）に任ぜられ、続いて西洋医学所頭取兼務となった。翌年、家族を大阪から呼び寄せ、下谷御徒町《したやおかちまち》の医学所頭取役宅に住んでいたが、六月十二日（一八六三年七月二十七日）突然の大喀血で急死した。『福翁自伝』には、「……緒方先生が、急病で大層吐血したという急使《きゅうつか》いに、私は実に胆《きも》を潰した。その二、三日前に先生の処《ところ》へ行《いっ》てチャント様子を知《しっ》ているのに、急病とは何事であろうと、取るものも取敢《とりあ》えず即刻宅《うち》を駈出して、その時分には人力車も何もありはしないから、新銭座から下谷《したや》まで駈《かけ》詰《づめ》で緒方の内に飛び込んだ所が、もう綷切《ことき》れて仕舞た跡。……今夜は先《ま》ずお通夜として皆起きて居る。……その時は恐ろしい暑い時節で、座敷から玄関から台所まで一杯人が詰て……」と描かれている。洪庵の遺骸は駒込の高林寺（文京区向丘二丁目）に葬られたが、遺髪は大阪の龍海寺（大阪市北区同心一丁目）に葬られた。

洪庵の夫人八重はしばらくのち江戸を去って大阪に戻り、明治十九年二月七日、大阪で六十五歳で亡くなられた。天王寺での盛大な葬儀のあと、夫人の遺骸は大阪の龍海寺に葬られたが、その遺志によって遺髪は東京に送られ高林寺の洪庵の墓に納められた。

福澤諭吉の大阪墓参

福澤諭吉は、洪庵夫人のことを『自伝』に「私は阿母《おっか》さんのようにしている恩人である」と述べ、洪庵没後も「ソコデ大阪に行けば何時でも緒方の家を訪問しないことはない。故《こ》先生はいないでも未亡人が私を子のように愛してくれるから、大阪に着くととりあえず緒方に行って……」と述べている。

福澤諭吉は緒方夫人の没した翌月、京阪地方に旅行したが、その目的の一つは龍海寺の緒方洪庵夫妻の墓に詣でることであったという。石河幹明の『福澤諭吉伝』には、

「……着阪匆々《そうそう》第一に緒方家の墓地に行って先ず老夫人の墓を拝し、それから旧師（洪庵）の墓を拝するとき、随行していた塾員の酒井良明に『酒井さん、手桶に水を汲んで来て下さい』といわるゝので、酒井が命の通りにすると、先生は袖をくくり、裾をからげて縄をたわしにして墓石を洗い始めた。酒井が『私がやりましょう』というと『これは私のすることだ』というて手を付けさせず、綺麗に洗い上げて拝をされたという」

と記されている。

ちなみに、この龍海寺には洪庵の西洋医学の恩師中天游《なかてんゆう》の墓もある。

（福澤諭吉協会第三十九回福澤史蹟見学会大阪訪問にあたって記す　二〇〇四年十月二十九日）

追記　平成二十一年（二〇〇九）一月十一日、小寺ビルオーナー小寺良和氏のご厚意により、小寺ビル敷地内に「大阪慶應義塾跡記念碑」が建立された。

福澤諭吉ゆかりの地を訪ねる　4

銀座・築地・鉄砲洲・新銭座・三田・善福寺

二〇〇五年五月七日、朝九時半すぎ、小雨模様のなかを会員とその家族四十七名が銀座六丁目交詢ビルの交詢社メンバー専用入口に集合、直ちにエレベーターで九階の交詢社占有フロアーに入り、交詢社事務局長飯田一登氏（協会会員）の出迎えを受け、サロンに落ち着いた。今回（福澤諭吉協会第十六回一日史蹟見学会）の参加者は、東京周辺在住のご常連の方も多かったが、石川県金沢から大窪孝司さんが馳せ参じたほか、最近、大分県中津市の福澤旧邸保存会（福澤記念館）の事務局長に就任したばかりの青木憲行氏が、わざわざ上京して一行に加わり、歓迎の拍手を浴びた。

交詢ビルは、昨年再建されたばかりであるが、現在の敷地は、福澤諭吉、小幡篤次郎のもとで、明治十三年（一八八〇）一月二十五日に創立された交詢社の最初の社屋の所在地であり、しかも時事新報社も、明治二十年（一八八七）にこの敷地内に移り、交詢社とは建物の内部でつながるようになっていたと言われる。福澤諭吉は、三田から交詢社にやってきて、来客に面会し、時事新報社の社員も、ここに呼びつけて指図していたことと思われる。

その福澤とのゆかりを偲ぶものとして、いま、交詢社のロビー、談話室などには、次の記念物が陳列されている。

一、福澤諭吉　油絵肖像画（二世五姓田《ごせだ》芳柳画）
二、福澤諭吉　胸像（柴田佳石作）
三、福澤諭吉　自筆書簡（明治十二年十月八日付、宮崎県延岡　原時行宛。交詢社への入会を勧誘する内容）
四、福澤諭吉　自筆演説草稿（明治十三年四月二十五日　交詢社第一回大会にあたり、中村楼で演説した草稿、岡本貞烋《さだよし》旧蔵）
五、その他、福澤揮毫の「戯去戯来」の四字を彫刻した木製扁額など。

なお、交詢社には交詢社の創立、運営に功労のあった人物として、福澤諭吉の肖像画とならんで、次の五氏の肖像油絵画が掲げられている。いずれも福澤諭吉の愛弟子か、親友である。
①小幡篤次郎（一八四二～一九〇五）（岡　精一筆）
②鎌田栄吉（一八五七～一九三四）（二世五姓田芳柳画）
③門野幾之進（一八五六～一九三八）（鹿子木孟郎画）

④宇都宮三郎（一八三四〜一九〇二）（伊原宇三郎画）

⑤波多野承五郎（一八五八〜一九二九）（和田英作画）

福澤は『福翁自伝』のなかで、「波多野承五郎などは小供の時から英書ばかり勉強して居たので、日本の手紙が読めなかったが、生れ付き文才があり気力のある少年だから、英学の跡《あと》で漢書を学べば造作《ぞうさ》もなく漢学が出来て、今では彼《あ》の通り何でも不自由なく立派な学者に成って居ます」と述べている。波多野は、新聞界、経済界で活躍、交詢社では長く常議員、理事を務め、ことに関東大震災で交詢社の最初の社屋が焼失したあと、交詢ビルの建設に多大の功労があった。

なお、交詢社の歴史などについては、『交詢社百年史』『交詢社の一二五年』『交詢社現代史』等を参照願いたい。

築地鉄砲洲〝慶應義塾発祥の地〟記念碑

交詢社の見学を終え、バス二台に分乗して、築地明石町、聖路加国際病院前の小公園に向かう。ここには「慶應義塾の起原は一八五八年福沢諭吉が中津藩奥平家の中屋敷に開いた蘭学の家塾に由来する。その場所はこれより北、聖路加国際病院の構内に当る……」と刻まれた、谷口吉郎氏設計による立派な記念碑が据えられ、裏面には「創立百年を記念して昭和三十三年慶應義塾これを建つ」と彫られている。このすぐ脇に、「蘭学の泉ここに」の碑があり、前野良沢、杉田玄白らが、同じ奥平中屋敷で、福澤より八十七年前にオランダ語の解剖書「ターフェル・アナトミア」の解読に苦心した事績を伝えている。広大な聖路加国際病院の建物前に立つと、昔の奥平中屋敷の面影を偲ぶよすがもない。また、福澤諭吉は、『自伝』のなかで、諭吉が塾を構えていた「奥平の屋敷は外国人の居留地になるので幕府から上地を命ぜられ……(新銭座に)移るや否や鉄砲洲は居留地になり……」と記しているが、その居留地の面影も、いまの明石町にはほとんど残っていない。

「慶應義塾発祥の地」の記念碑　　慶應義塾所蔵

浜離宮

浜離宮は徳川時代には「御浜御殿」と呼ばれ将軍が保養のために訪れる広大な名園であった。ここを管理する役人は浜御殿奉行と呼ばれていた。咸臨丸がアメリカ渡航のときの軍艦奉行で、福澤が従僕として仕えた木村摂津守は、この浜御殿奉行を務める家柄に生まれた人である。明治以降は「浜離宮」として皇室の外国賓客接待用に用いられ、のちに東京府（都）に下賜されたものである。晴天のもと、一同楽しく庭園を散策したが八重桜がちょうど散り終わって、藤の花が満開であった。

新銭座慶應義塾跡

新銭座の慶應義塾跡は、いま訪れてみると、狭い道路に面した神明小学校（いまは廃校となる）の表門前に「都旧跡福澤近藤両翁学塾跡」という標識が建っているだけで、上野の彰義隊戦争の日に、福澤が「ウェーランドの経済書」をいつもどおり講じていたというエピソードの舞台となった「芝新銭座慶應義塾」の跡を偲ぶものは何も残っていない。ちなみに〝近藤翁〟というのは、慶應義塾の三田移転のあと校舎敷地を譲り受けた攻玉社の近藤眞琴翁のことである。

「新銭座慶應義塾跡」の碑
浜松町１丁目再開発により整備されてからの写真
慶應義塾所蔵

築地鉄砲洲には、あのように立派な〃慶應義塾発祥の地〃の記念碑が建っているのに、慶応四年に新築竣工の校舎で、「今爰《ここ》に会社を立て義塾を創《はじ》め」時の年号を取って慶應義塾と名づけた由緒あるところにしてはお粗末な記念碑である。

慶應義塾構内にある福澤史蹟

増上寺の脇を抜けて三田通りに入り、バスは三田山上の慶應義塾キャンパスに入った。すでに正午を少し過ぎていたので、キャフェテリアで昼食をとりながら歓談。続いて「三田演説館」に入る。ここは「重要文化財」なので、平生は管理が厳重であるが、今日は協会の見学であるから、館の内外くまなく見学できた。一同着席して、本協会理事の松崎欣一先生から、福澤の〃演説ことはじめ〃、演説館の由来などをうかがい感銘を受けた。キャンパス内を散策して、「福澤記念公園」「福澤諭吉終焉之地記念碑」などを見学し、バスに乗って三田の山を下った。

慶應義塾が新銭座から三田に移ったのは明治四年（一八七一）というから、福澤諭吉は明治三十四年（一九〇一）に没するまで、三十年間この三田山上に住んでいたわけである。なお、福澤は六十六年一カ月の生涯のうち、出生から一年半は大阪の蔵屋敷に、幼少年期の十八年あまりを中津で、それから一年間を長崎で、ついで大阪の適塾に前後約四年半、江戸鉄砲洲と芝新銭座で合わせて十三年を過ごしたあと、三田で三十年を送った勘定になる。したがって、三田は文字通り「福澤史蹟」と言ってよいであろう。

福澤家の墓がある善福寺

三田通りから赤羽橋に出て左に曲り、一の橋から二の橋へ出て善福寺に向かう。これは、福澤諭吉が没したときその葬列が善福寺に向かったのと同じ径路である。山門の手前で下車、墓地に向かう。福澤家の墓所は、

正面に「福澤諭吉妻阿錦《おきん》之墓」と刻んだ石碑が建っている。福澤夫人の〝お錦《きん》さん〟は同藩土岐太郎八の娘である。墓石の両側面には、それぞれ、

「天保五年十二月十二日　生於大阪　明治三十四年二月三日　没於東京　大観院独立自尊居士　齢六十八歳」

「弘化二年五月十九日　生於江戸　大正十三年六月二日　没於東京　齢八十歳」

と刻まれている。

右側には「福澤百助之妻阿順之墓」が建ち、その背面には、

「明治七年五月八日死　齢六十九歳七ヶ月　橋本浜右衛門之女　福澤百助之妻
福澤三之助

小田部阿禮
中上川阿婉
服部阿鐘
之母」
福澤諭吉

と刻まれている。

向かって左側には「福澤氏記念之碑」が建っている。「福澤氏ノ先祖ハ信州福澤（地名）ノ人ナリ」で始まるこの碑文は全文約五百四十字の長文で、元禄宝永年間福澤の祖先が中津に移り住んで以来の家系、墓所を詳細に記し、「……三之助死スルニ及デ諭吉福澤ノ家ヲ續《っ》ギ安政五年ヨ

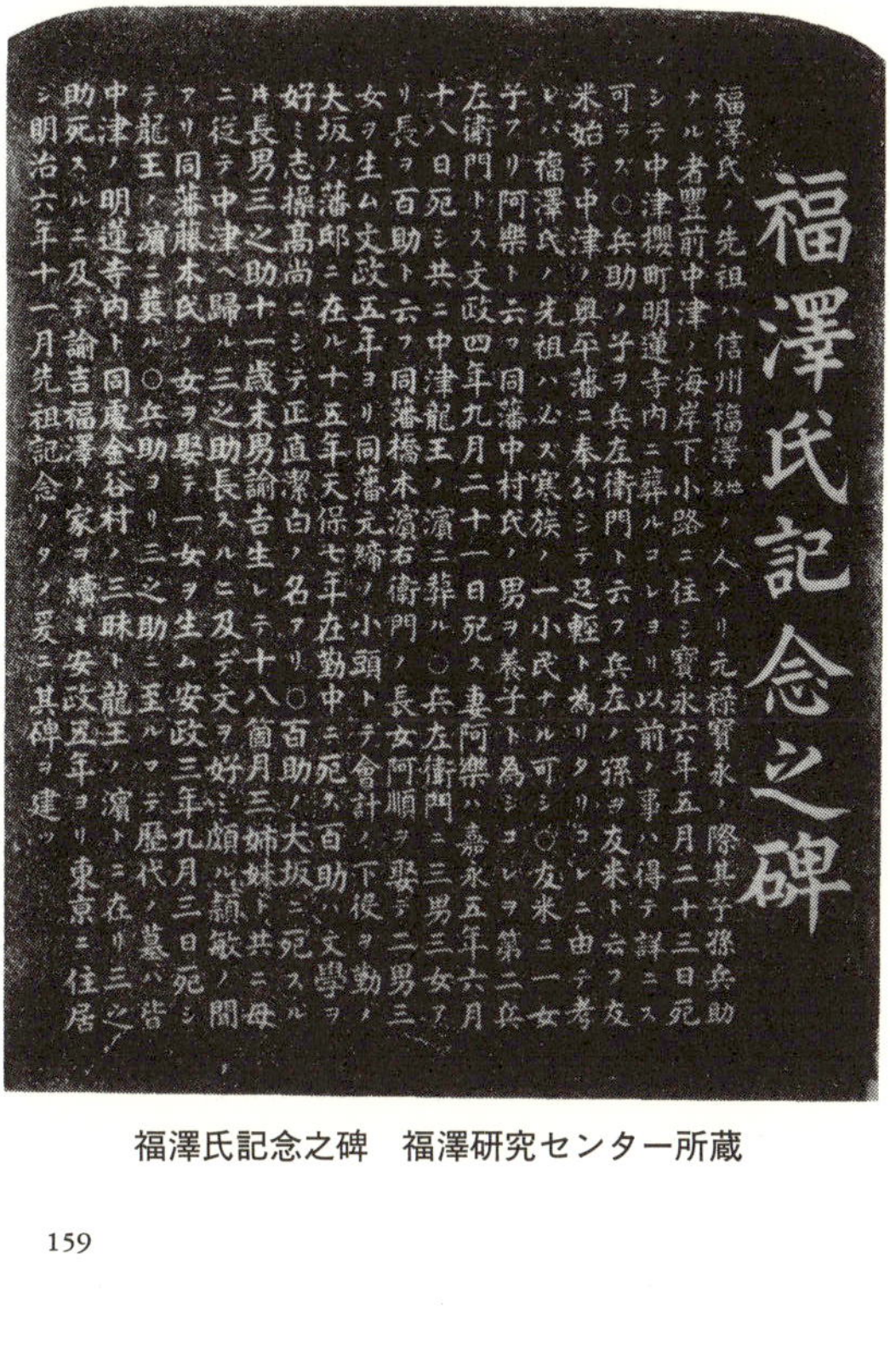

福澤氏記念之碑

福澤氏ノ先祖ハ信州福澤邨ノ人ナリ元禄寶永ノ際其子孫兵助ナル者豊前中津ノ海岸下小路ニ住シ寶永六年五月二十三日死シテ中津櫻町明蓮寺内ニ葬ルコレヨリ以前ノ事ハ得テ詳ニス可ラズ○兵助ノ子ヲ兵左衛門ト云フ兵左ノ孫ヲ友米ト云フ友米始テ中津ノ奥平藩ニ奉公シテ足輕ト爲リタリコレニ由テ考レバ福澤氏ノ先祖ハ必ズ寒族ノ一小民ナル可シ○友米ニ一女アリ阿樂ト云フ同藩中村氏ノ男ヲ養子ト爲シコレヲ第二兵左衛門トス文政四年九月二十一日死ス妻阿樂ハ嘉永五年六月十八日死シ共ニ中津龍王ノ濱ニ葬ル○兵左衛門ニ三男三女アリ長ヲ百助ト云フ同藩橋本濱右衛門ノ長女阿順ヲ娶テ二男三女ヲ生ム文政五年ヨリ同藩元締ノ小頭トシテ會計ノ下役ヲ勤メ大坂ノ藩邸ニ在ル十五年天保七年在勤中ニ死ス百助ハ文學ヲ好ミ志操高尚ニシテ正直潔白ノ名アリ○百助ノ大坂ニ死スルト長男三之助十一歳末男諭吉生レテ十八箇月三姉妹ト共ニ母ニ從テ中津ヘ歸ル三之助長スルニ及デ文ヲ好ミ頗ル穎敏ノ聞アリ同藩藤本氏ノ女ヲ娶テ一女ヲ生ム安政三年九月三日死シテ龍王ノ濱ニ葬ル○兵助ヨリ三之助ニ至ルマテ歴代ノ墓ハ皆中津ノ明蓮寺内ト同處金谷村ノ三昧ト龍王ノ濱トニ在リ三之助死スルニ及デ諭吉福澤ノ家ヲ續キ安政五年ヨリ東京ニ住居シ明治六年十一月先祖記念ノタメ爰ニ其碑ヲ建ツ

福澤氏記念之碑　福澤研究センター所蔵

リ東京ニ住居シ明治六年十一月先祖記念ノタメ爰《ここ》ニ其碑ヲ建ツ」で終っている。

毎年福澤の命日二月三日には多くの人が福澤の墓に詣でているが、当日は墓所いっぱい香花《こうげ》が捧げられているので、このような碑文をゆっくり読むこともできないのが実情であろう。建碑後百年以上も経つこれらの石碑が、破損せず、末永く大切に護られるように、何か特別の管理方法を考えるべきだと思われる。なお、福澤の墓は、はじめは上大崎の本願寺墓地（のちに他宗の常光寺墓地となる）に設けられたが、昭和五十二年（一九七七）五月、あらためて善福寺に移された。

お墓まいりをすませたあと、お坊さんの案内で、靴をぬいで本堂にあがりご本尊を拝み、広い畳敷きの上で、善福寺の由来などを聴聞した。再び境内に出て、安政五年から明治八年まで善福寺内にアメリカの仮公使館がおかれ、下田から移ったタウンゼント・ハリスは文久二年（一八六二）に帰国するまでここに居住していたことを記した記念碑を見学、最後に一同で記念撮影をして午後四時解散した。

（福澤諭吉協会第十六回一日史蹟見学会にあたって記す　二〇〇五年五月八日）

追記　浜松町一丁目十三番地、平成七年（一九九五）廃校となった神明小学校跡地に、平成二十年（二〇〇八）港区住宅公社による「シティハイツ神明」がオープンし、その一角に「福澤・近藤両翁学塾跡の碑」が移設整備された。

福澤諭吉の足跡をたどる　1

品川・横浜

（1）浄土宗　正福山常光寺　品川区上大崎一―一〇―三〇

1.「福澤諭吉先生永眠之地」記念碑

JR山手線目黒駅から東の方向、都心寄りに広がる起伏の多い白金の台地丘陵地帯には、今も仏教各宗派の寺院墓地が数多く各所にある。現在の地名表記でいえば、品川区上大崎、港区白金、白金台、高輪と呼ばれる地域であるが、このあたり一円には、福澤門下生の墓が多く見受けられる。そして、福澤諭吉自身の墓も、戦後福澤家菩提寺の麻布善福寺に改葬されるまでは、本日の見学先である上大崎常光寺の墓地内にあった。

現在、常光寺境内には、谷口吉郎氏の設計による三枚の御影石をつらねた屏風型の端正な記念碑が建てられている。

中央の銘盤には「福澤諭吉先生永眠之地」、両側に生年、没年が記され、右側の一枚石には「明治三十四年二月福澤諭吉永眠のとき此處に埋葬せらる　先生の生前自ら選定し置かれし墓地なり　昭和五十二年五月福澤家の意向により同家の菩提寺麻布山善福寺に改葬せらる　よって最初の塋域を記念するため之を建つ　昭和五十三年五月十四日」と建碑の趣意が記され、左側の一枚石には単に「慶應義塾」と書かれている。そして「この記念碑は福澤先生夫妻の柩の上に埋められてあった銘板をモチーフとして谷口吉郎君により設計されたものである」と書かれている。

毎年二月三日のご命日には、塾社中の人びとを中心として多くの人が、複雑な細路をたどって福澤の墓に詣でていた。しかし、諸般の事情が重なり、福澤家では、各方面とも協議の上、昭和五十二年には福澤家の墓を、福澤家菩提寺の麻布善福寺に移すことを決定した。そして五月二十五日に法要を営んだうえ、柩を茶毘に付し、善福寺内の現在地に改めて埋葬したのである。「福澤百助妻阿順之墓」も「福澤氏記念之碑」も、ともに移された。その間の詳細な経緯については、中村仙一郎氏の『聞き書き・福澤諭吉の思い出——長女里が語った、父の一面』

「福澤諭吉先生永眠之地」記念碑
福澤研究センター所蔵

に詳しく記されている。

2．和田義郎墓誌

紀州出身で慶應義塾幼稚舎の創立者和田義郎（一八四〇～一八九二）が明治二十五年一月十五日に五十三歳で没したとき、葬儀は一月十七日芝の増上寺で行われ、柩はこの常光寺の墓地に葬られた。和田の墓は常光寺の墓地入口すぐの所に北向きに建てられていたが、平成十五年、青山霊園に改葬された。そして、福澤が和田と同郷の小泉信吉の所望に応じて書いた墓誌は墓石からはずされ、少し場所を移して今も常光寺の境内に立派に残されている。

3．鎌田栄吉墓

福澤諭吉、小泉信吉、中村貞吉、和田義郎の墓は、いまでは常光寺から消えてしまっているが、二十五年間慶應義塾長を務めた鎌田栄吉（一八五七～一九三四）の墓は、埋葬された昭和九年五月のまま、いまも常光寺の墓域の奥に佇んでいる。

（2）臨済宗　清光院　品川区南品川四―二―三五

ＪＲ大崎駅から山手通りを品川方面に向う一帯（北品川、南品川）は、寛永十五年（一六三八）徳川幕府三代将軍徳川家光から沢庵和尚が寺領五〇〇石、境内四万七千坪を賜って開いた寺院である東海寺およびその塔頭の寺院が点在している。

その東海寺の塔頭の一つである清光院は、明治以後独立した。その墓域の左手奥に中津藩主奥平家墓所がある。

周囲を瓦積みの土塀で囲み、入口には石門のある約五五〇平方メートルに及ぶ墓域には、福澤の主家である豊前中津十万石奥平大膳太夫歴代の、八十九基の五輪塔や笠塔婆型の墓碑が林立している。都内所在の大名家墓地でこれほど多くが現存しているのはこの清光院だけと言われており、「品川区指定史跡」となっている。

特に、二代藩主家昌（法名「六通院殿天眼道高大禅定門」慶長十九年＝一六一四没）とその正室（法名「法明院殿恵光正円大禅定尼」）と姉「雲松院」の五輪塔は、高さ三メートルをこえる見事なものである。

七代藩主昌鹿《まさか》（法名「興隆院殿悟渓道本大居士」）は、賀茂真淵に国学を学び、和歌にもすぐれ、藩医で蘭学者の前野良沢を援助し、蘭学の研究を助けた名君として知られている。

八代藩主昌服《まさもと》は、福澤が中津にいたころの殿様で、その養子昌邁《まさゆき》に家督を譲ったあとは「ご隠居様」と呼ばれ、晩年は東京の二本榎の奥平邸に住み「二本榎様」とも呼ばれ、福澤は終生ご機嫌伺いを怠らなかった。明治三十四年二月二十七日に没した。

六代藩主昌暢の正室「芳蓮院」（徳川國子）は、一橋家からお輿入れされた貴婦人で、福澤が信頼を受け、東京移住後は福澤の三田邸内に住んだこともある。明治十九年九月二十四日に没した。

最後の殿様奥平昌邁（安政二～明治十七年）は、宇和島の伊達家から養子に入った。明治初年、福澤の愛弟子小幡甚三郎を随えてアメリカに留学したこともある。伯爵を授けられ、芝区長などを務めたが、三十歳で病没した。

（3）横浜開港資料館　横浜市中区日本大通三

昭和五十六年（一九八一）六月二日の開港記念日に、日米和親条約が締結された由緒ある地（館内中庭にある玉楠の木の近くにペリー一行を迎えた応接所があったと伝えられている）に開設された「横浜開港資料館」では、通常の企画展を見学するとともに、資料館所蔵の以下の資料を特別に閲覧した。

「木村芥舟・木村浩吉資料」（木村家寄託）中の

1「福澤諭吉のロシアからの書状　文久二年」

2「福澤諭吉の木村浩吉宛て書状　明治十二年」

3「晩年の福澤諭吉写真　明治三十三年撮影」

「木村芥舟・木村浩吉資料」（木村家寄託）は、万延元年に咸臨丸の司令官であった軍艦奉行木村喜毅（芥舟、一八三〇～一九〇一）とその嗣子、海軍少将木村浩吉（一八六一～一九四〇）の資料である。浩吉の子孫に伝えられているもので、芥舟の幕臣時代の出仕命令書、および咸臨丸渡米時の写真・記念品等がある。

（福澤諭吉協会第十七回一日史蹟見学会にあたって記す　二〇〇六年六月三日）

福澤諭吉の足跡をたどる 2

久里浜・浦賀――ペリー来航一五〇年

ペリーの第一次来航

ペリー提督（Commodore Matthew Calbraith Perry）は、日本へ二回来航している。第一回のときは、ペリーは日本の開国、アメリカとの国交を求めるアメリカ合衆国大統領フィルモア（Millard Fillmore）の日本国皇帝宛の親書を携え、旗艦サスケハナ号（Susquehanna）に乗り、四隻の軍艦（うち二隻は蒸気船、他の二隻は帆船）、約三〇〇人の乗組員を従えて、嘉永六年六月三日（一八五三年七月八日）、江戸湾の入口に近い相模国浦賀の沖にやってきた。

江戸湾の入口を警固する浦賀奉行所では、異国船の来航を江戸に早船で急報、このニュースは幕府当局者はもちろん、江戸全体に大ショックを与えた。いわゆる〝黒船騒動〟である。

一方、浦賀奉行所では、与力中島三郎助がオランダ語通詞堀達之助を伴い、小舟に乗って旗

ペリー上陸記念碑

艦に近づいた。堀が英語で、"I can speak Dutch." とさけんだところ乗艦を許されたが、ペリーは、「自分と同じランクの高官でなければ面会せぬ」と主張し、代理の士官がオランダ語の通訳官を伴って、中島・堀に応対した。中島は、「日本の国法では、浦賀沖では外国船を受け入れることができないので、長崎へ行ってもらいたい」と談判したが、アメリカ側はまったくこの申し出を受け付けず、しかも、中島よりも一層高いランクの責任者との面談を強く要望した。日本側は、翌日、中島より少し上席の、しかし、実際は同じ与力仲間の一人である香山栄左衛門に美しい衣裳を着せ、〝浦賀副奉行〟ということに仕立ててサスケハナ号を訪問させ、同じように「長崎へ行け」と談判したが、もちろんアメリカ側には受け付けられず、結局江戸に伺いを立て、香山は翌日再び軍艦を訪れ、「それでは、祖法に反することではあるが、浦賀に近い久里浜に応接所を設け、江戸から二名の奉行が来るので、そこで大統領の親書を受領したい」と回答し、アメリカ側もこれを了承した。

そして、約束どおり、いま「ペリー上陸記念碑」の建てられているあたりに、急ごしらえの応接所が完成し、嘉永六年六月九日（一八五三年七月十四日）国書受領式が行われた。日本側からは、本物の浦賀奉行が出席した。当時の浦賀奉行は二人制だったので、浦賀在勤の戸田伊豆守と江戸詰の井戸石見守の二人が国書受領の日本側全権ということで列席、多数の侍たちが警固にあたった。アメリカ側は、ペリーをはじめ主だった人々が、多数の武装した海軍士官、水兵、海兵隊、そして音楽隊、医師団を従えて列席、短時間のうちに国書の受け渡しが行われた。日本側は黙って国書を受け取り、アメリカ側は「今回は、数日中に浦賀を出航して沖縄・広東に移動するが、来年春に、回答を受け取りに来る」と述べて、全員、軍艦に退去し、六月十二日（一八五三年七月十七日）旗艦サスケハナ号はじめ四隻は浦賀から消え去った。

〝サスケハナ〟というのは奇妙な名であるが、ニューヨーク州を流れる有名な川の名だそうである。多分、インディアンがつけた名であろう。

ペリーが案外あっさりと退去したので、日本人はホッとしたであろうが、黒船がはじめてやってきたときは江戸中大騒ぎであった。浦賀に集まった大勢の野次馬に混じって、真面目な人たちも黒船の視察にやってきた。佐久間象山、その門弟の津田真道、そして吉田松蔭などがその人たちである。

第二次来航と神奈川条約

翌嘉永七年一月（一八五四年二月）、ペリーは再び日本へやってきた。そして今度は、江戸湾にいきなり入り込み、いまの金沢・追浜あたりの沖合いに軍艦八隻が碇をおろした。驚いた幕府側はいろいろ交渉した挙句、神奈川で応対することとなり、三月三日（一八五四年三月三十一日）、ここで「日米和親条約」（Treaty of Peace and Amity between USA and the Empire of Japan）が調印された。

その内容は、1　箱館、下田の港をアメリカに開き、アメリカ船に食料・石炭・必要品を供給すること、2　アメリカの下田領事館設置を認めること、3　アメリカの漂流民を保護すること、などであった。通商、関税などには触れていない。

調印のあと、ペリーの艦隊は、下田に移って下田港を検分し、箱館に回航して箱館の様子を調査し、再び下田に戻って、幕府の代表者と条約の追加規定を交渉調印している。このペリーの第一回下田寄港の際、吉田松蔭がアメリカ軍艦に小舟でこぎつけて「アメリカへ連れて行ってくれ」と嘆願したのに対し、アメリカ側は「日本政府の出国許可をもたない日本人を乗せるわけにはいかない」と拒絶したというエピソードは有名である。

そのころの福澤

ペリー来航のころ、福澤諭吉はどこにいたのであろうか。当時、福澤は、まだ少年のころで、母・兄・姉とともに中津にいたが、ペリーが二度目に来航した嘉永七年（安政元＝一八五四）には、オランダ語を学ぶために中津を去って長崎に行く。『福翁自伝』には、「それから長崎に出掛けた。頃は安政元年二月、即ち私の年二十一歳（正味十九歳三ヵ月）の時である。その時分には、中津の藩地に横文字を」「見たものもなかった」。「ところが、その頃は丁度ペルリの来た時で、アメリカの軍艦が江戸に来たということは田舎でもみな知って、同時に砲術ということが大変喧しくなって来て、ソコデ砲術を学ぶものは皆オランダ流に就て学ぶので……」と書かれている。

ハリスの下田来着と日米修好通商条約

ペリーの来日以降、幕末の内政・外交は急テンポで動く。幕藩体制、幕府の権威がゆらぐなかで、ペリーの去った翌々年（安政三年七月＝一八五六年八月）、日米和親条約第十一条を根拠に、早速アメリカのタウンゼント・ハリス（Townsend Harris）がオランダ人通訳ヒュースケン

(Henry Heusken)を連れて下田に現われ、すぐ領事館を開く。幕府の下田奉行はあわてて阻止しようとしたが、結局玉泉寺を領事館の建物として提供する。例の「唐人お吉ものがたり」の舞台である。ハリスは、すぐに活動を始め、幕府に迫って江戸に乗り込み、将軍にも面会し、老中堀田正睦に通商条約締結の必要を述べ説得を試み成功する。そして、安政四年十二月から安政五年一月にかけて条約交渉が行われ、安政五年一月十二日(一八五八年二月二十五日)、「日米修好通商条約十四カ条、貿易章程七カ条」が妥結した。幕府は条約の調印延期をアメリカに要請し、その間に京都の朝廷から条約締結の勅許を得ようとしたが失敗し、結局、勅許のないまま、六月十九日(一八五八年七月二十九日)に、神奈川沖の米艦ポーハタン号上で条約の調印が行われた。

福澤の江戸出府と英学への転向

安政五年の日米修好通商条約の締結に続いて、英・仏・露・蘭の四カ国も日本と条約を結び、いわゆる「安政の五カ国条約」が出揃った。この安政五年の秋、大阪の適塾にいた二十五歳の福澤のところへ「江戸の奥平の邸から、御用があるから来いといって、私を呼びに来た」と『自伝』に書いてある。「少々寒かったが小春の時節、一日も川止などいう災難に遇わず、滞りなく江戸に着いい」たとも記されている。それはちょうど井伊大老による政治的弾圧、安政の大獄が始まり、福澤にとっては適塾の先輩である橋本左内が逮捕されたころであった。

さて、幕府ではハリスと結んだ条約に基づいて、横浜開港のための大工事に着手した。箱館、下田はもともと港町で港湾施設も生活インフラもあったが、神奈川在の横浜はさびしい漁村で、港ではない。幕府は莫大な予算を投じて、波止場、運上所（税関）、外国人居留地、日本人居住地、さらに遊郭まで大急ぎでつくらなければならなかった。

『自伝』には、次のように記されている。

「私が江戸に来たその翌年、即ち安政六年、五国条約というものが発布になったので、横浜は正《まさ》しく開けたばかりのところ、ソコデ私は横浜に見物に行った。その時の横浜というものは外国人がチラホラ来ているだけで、堀立小屋見たような家が諸方にチョイチョイ出来て、外国人が其処に住んで店を出している。其処へ行ってみたところが一寸《ちょい》とも言葉が通じない……」「英語だか仏語だか一向分からない……」。福澤は、ここで、オランダ語の通用範囲が意外に狭いことを悟り、英語の勉強にとりかかる。蘭学から英学への転向である。

条約の批准交換と咸臨丸の渡航

「日米修好通商条約」の交渉の最中に、幕府側から、「批准書の交換は、日本から使節団をアメリカに出してワシントンで行いたい」と申し出て、ハリスを喜ばせた。そして、新見豊前守一行のアメリカ軍艦でのアメリカ渡航、その護衛艦としての咸臨丸のサンフランシスコ派遣が決まり、福澤諭吉は木村摂津守の従僕として一行に加わった。咸臨丸は、安政七年一月十三日（一八六〇年二月四日）品川沖を出航し、浦賀に寄航する。

『自伝』には、「咸臨丸の出帆は万延元年（安政七年）の正月で、品川沖を出てまず浦賀に行った。同時に日本からアメリカに使節が立って行くので、アメリカからその使節の迎船が来た。ポーハタン（Pawhattan）というその軍艦に乗って行くのであるが、そのポーハタンは後から来ることになって、咸臨丸は先に出帆して、まず浦賀に泊まった。浦賀にいて面白い事がある。船に乗込んでいる人はみな若い人で、〝もうこれが日本の訣別《おわかれ》であるから浦賀に上陸して酒を飲もうではないか〟といい出した者がある。何れも同説で、それから陸《おか》に上がって茶屋みたようなところに行って、散々酒を飲んでサア船に帰るという時に、誠に手癖の悪い話で、その茶屋の廊下の棚の上に嗽《うがい》茶椀が一つあった……。一寸《ちょい》と私がそれを盗んで来た。……航海中は誠に調法」したとあり、「程経て聞けばその浦賀で上陸して飲食いしたところは遊女屋だという。「あの大きな茶椀は女郎の嗽茶椀であったろう」と書かれている。

この茶屋だか遊女屋は浦賀のどこにあったのか。見学コースには入っていないが、ここも「福澤史蹟」と言えるであろう。

咸臨丸は一月十九日（一八六〇年二月十日）浦賀を出航、激浪にもまれながら三十七日かかってサンフランシスコに到着。滞在五十三日、閏三月十九日（同五月八日）サンフランシスコを出航、ハワイ経由で、五月五日（同六月二十三日）浦賀に帰ってきた。そのときのことを『自伝』では、「浦賀には是非、錨を卸すというのがお極りで」「小舟に乗って陸《おか》に着くと」「木村の家来に島安太郎という用人がある、ソレが海岸まで迎いに来て……」「島に遇って〝イヤ誠にお久振り、時に何か日本に変った事はないか〟と尋ねたところ」「〝イヤあったともあったとも大変な事が日本にあった〟という。その時、〝……私が中《あ》てて見せよう、大変といえば何でもこれは水戸の浪人が掃部《かもん》様《さま》の邸に暴れ込んだというような事ではないか〟……」と記されている。これは三月三日（同三月二十四日）に桜田門外で井伊大老が水戸浪士に暗殺されたことを福澤が言い当てたというエピソードである。

咸臨丸出港之碑

福澤の遣欧使節団随行

幕府の使節団がアメリカの軍艦に乗ってアメリカに渡り大統領に謁見し、ワシントン、ニューヨークなどで大歓迎を受けたというニュースを聞いて、イギリス、フランスの当局者は黙ってみているわけにはいかない。早速、幕府がヨーロッパ諸国と兵庫・新潟の開港延期交渉を希望しているのをチャンスに、ヨーロッパ諸国へ使節団を出させることを承諾させ、イギリスの軍艦オージン号（Odin）が迎えにきた。竹内下野守を正使とする遣欧使節団は、文久元年（一八六一）十二月日本を発ち、香港、スエズ、エジプトを経てヨーロッパに入り、英・仏・オランダ・プロシア・ロシアのペテルスブルク、ポルトガルの六カ国を廻り、文久二年の暮れ、日本に帰ってきた。この使節団に福澤諭吉は「翻訳方」として同行した。

このときの出航地はどこだったのであろうか。福澤たちは「芝、田町の乗船所」から小舟に乗り、品川沖に碇泊していたオージン号に乗り込み、帰りも品川沖に帰着し、そこから上陸している。浦賀には立ち寄らなかった。

唐人往来

安政五ヵ国条約に引続き、その他のヨーロッパ諸国と次々に通商条約が結ばれ、横浜も外国人が増えて賑やかになり、生糸の輸出が盛んになると、生糸の品不足・価格上昇につれて、一般物価も上昇気味になり、あれも開国のせい、これも外国人の仕業ということで、政治的攘夷論鎖国論とともに一般民衆のあいだにも、排外的風潮が出てきた。

福澤は、この風潮を心配し、一般向けの啓蒙メッセージとして、『唐人往来』というものを文久年間に書き上げ、写本として知人に流している。

明治三十年「福澤全集緒言」のなかで、「文久年間(一八六一〜一八六四)のことと覚ゆ。唐人往来とて余が記したる一小冊子あり」と述べ、その全文を掲げている。そのはじめに、「先年アメリカ合衆国よりペルリといえる船大将を江戸へ差遣し、日本は昔より外国と附合なき国なれども、斯く国を鎖して世間と交らざるは天理人情に戻ることなれば、古来の法を替え外国と親しく交を結びて互に国の難渋を救い、漂流人などある節は何れの国にても厚く之を取扱う様致し度く、且つ平生国産の品をも双方町人同士互に交易売買するを許し度き趣を公儀へ申出、引続きイギリス、フランス等の国々よりも追々使節渡来して条約を取結び、且つ又右の如く両国の間柄親しくなる上は色々掛合事もあるに付きその取扱を為すため、彼国々より留守居(外国の言葉にてミニストルという。又日本にては公使ともいう。)一人ずつを江戸へ勤番致させ、又双方売買の取締として横浜、長崎、箱館等へコンシュルと云える役人一人ずつ勤番に差置くよう取極たり。」と書かれている。

福澤の再渡来と浦賀与力中島三郎助の戦死

福澤は、もう一度アメリカへ行く。『自伝』に、「それから慶応三年になってまた私はアメリカに行った。これで三度目の外国行。慶応三年の正月二十三日に横浜を出帆して……」「コロラドという船で、その船に乗り込む……」とある通りで、幕府の軍艦受取りのための一行に加わったのであった。サンフランシスコ、パナマ、ニューヨーク、ワシントンを廻って使命を果たし、「サアそれから江戸に帰ったところが、前にもいう通り私は幕府の外務省に出て翻訳をしていたのであるが、外国奉行から咎められた。〝ドウも貴様はアメリカの御用中不都合があるから引込んで謹慎せよ〟という。勿論幕府の引込めというのは誠に楽なもので、外に出るのは一向構わぬ。ただ役所に出さえしなければ宜しいのであるから……」「却て暇になって有難いくらい……」と呑気なことを言っている。しかし謹慎処分が三ヵ月も続いたのだからありがたいわけはない。それを救ってくれたのは、あのペリーが最初に浦賀にやってきたとき、真っ先にペリーの船に乗り込んだ浦賀奉行所与力の中島三郎助であった。『自伝』ではそのことを「ある日、中嶋（島）三郎助という人が私のところに来て、〝ドウして引込んでいるか〟〝こういう次第で引込んでいる〟〝ソリャアどうも飛んだ事だ……〟〝宜しい、拙者がすぐに出してやる〟といって、それからその時に稲葉美濃守という老中があって、ソコへ中嶋（島）が行って福澤を」「出すようにしたら宜かろうというような事になって、それから再び出ることになった」と書かれている。

このように、福澤は、いつのころからか、中島三郎助とは話の合う間柄になっていたようである。『自伝』では続けて、「中嶋(島)三郎助は旧浦賀の与力、箱館の戦争に父子共に討死した立派な武士で、その碑は今、浦賀の公園に立《たっ》てある」と記している。福澤の言うとおり、中島三郎助は、戊辰戦争のとき、榎本武揚に従って函館の五稜郭に砲兵隊を率いて立てこもり、明治二年五月十六日(一八六九年六月二十五日)五稜郭の南南西一キロの千代ヶ岡津軽陣屋跡で官軍と奮戦し、恒太郎、房次郎の二子とともに戦死してしまった。福澤が上野の戦争の砲声を聞きながら、新銭座の塾でウェーランドの経済書を講じたというのは慶応四年(明治元年)五月十五日であるから、中島父子の戦死はウェーランド講義のちょうど一年後だったわけである。なお、中島一家戦死の翌々日、五月十八日に榎本武揚は官軍に降参し、一年半続いた戊辰戦争は終わった。

中島三郎助の記念碑が浦賀の公園に建てられたのは明治二十四年のことであるが、福澤は咸臨丸での帰航以後、浦賀を訪問したことはなかったようである。なお、中島三郎助の記念碑は、函館市中島町にも建っている。

福澤とペルリ―ペリー教授の着任

福澤はその著書のなかで、「ペリー来航」についてたびたび触れている。『自伝』『唐人往来』だけでなく『文明論之概略』『通俗国権論』『時事小言』『実業論』、その他福澤が執筆したと推定される「時事新報」の社説にも、「ペルリ来航」の文字がしばしば出てくる。あれほど長く続いた幕藩体制が何のキッカケであのように急に崩れ落ちたのか、それは明治の近代体制にどのような教訓を与えるのか。この問題を注意深く検証していた福澤にとって、ペリーの来航は大きな課題だったのであろう。なお福澤は「ペリー」のことを必ず「ペルリ」と表記している。

福澤の書いたもののなかで、ペリーの名が現われる最後は、明治三十一年五月九日付の大隈重信宛の書簡である。この書簡は鎌田栄吉の塾長就任を披露する園遊会への案内状であるが、このなかに「本塾大学部教授として招聘致し候米国文学者ペルリ氏」を紹介したいと記され、「なお、本文ペルリ氏は有名なるコモドールペルリの従孫にて我国には深き因縁もこれあり候につき……」と附記されている。この「ペルリ氏」は、ハーバード大学を卒業して母校の講師をつとめた Thomas Sergent Perry のことで、慶應義塾では約三年間、英米文学、英米文学史、修辞学等を教えたそうである。従孫というのはどういう続柄かわからないが、ペリー提督と同じ、ロードアイランド州ニューポートの出身であるから、同族なのであろう。

今年（二〇〇三）はペリー提督の浦賀来航から一五〇年であるが、ペリーの従孫トーマス・サージェント・ペリー教授の義塾着任からは一〇五年になる。福澤先生がペリー教授を紹介した園遊会は、明治三十一年五月十六日、芝区三光町福澤別邸（旧狸そば）で、数百名を集めてひらかれた。そのパーティーには伊藤博文、井上馨、大隈重信らも出席していたそうであるが、その人たちは、ペリー教授とどのような会話をかわしただろうか。また、福澤先生はどのような感慨をいだかれただろうか。

なお、ペリー提督（一七九四〜一八五八）は二度目の日本来航のあと、香港に引き返して艦隊を解散し、自分もここで退役し、故国アメリカに帰って引退生活に入った。そしてハリスが江戸に乗り込んで日米修好通商条約の交渉をすすめてようやく合意に達したころ、一八五八年三月四日早朝、ニューヨークの自邸で世を去っている。それは福澤がまだ大阪の緒方塾にいたときのことであった。

（福澤諭吉協会第十四回一日史蹟見学会にあたって記す　二〇〇三年五月二十四日）

福澤諭吉の足跡をたどる　3

名塩・有馬・三田・京都

名塩──蘭学通りのある洪庵夫人八重の出生地

二〇〇四年十月二十九日～三十一日、大阪市内の見学に引き続いてバス旅行を行った。名塩《なじお》はあまり聞きなれない地名だが、「緒方洪庵」関係史蹟の飛び地のようなもので、宝塚市に近いところにあり、現在は西宮市に編入され（西宮市塩瀬町名塩）、大阪のベッドタウンのようになっているが、古くは〝紙〟（名塩紙）の生産で有名であった。もともとは福井地方から導入された技術だというが、数百年前から摂州名塩に〝雁皮《がんぴ》〟と特殊な土を材料とする良質の紙がつくられるようになり、特に丈夫で引き裂かれないため「藩札」「薬用袋」「壁紙」に多く用いられた。昭和三十年代までは町全体が「和紙の町」であったそうだが、いまではほんの数工場に技術が伝承保存されている状態である。

さて、緒方洪庵の夫人八重は、文政五年（一八二二）この摂州名塩の医師、億川百記《おくかわももき》の女《むすめ》として生まれ十七歳のとき大阪の洪庵に嫁いだ。この億川百記も洪庵と同じく中天游の門人であったから洪庵は兄弟子の女と結婚したことになる。

現在、名塩の国道17号線の傍道《わきみち》（旧道）〃蘭学通り〃の一角に「緒方八重の胸像」が建てられ、台石に「蘭学の泉ここに湧き出ず」と刻まれ、その下に「明治の偉人たちの母 緒方洪庵の夫人」と題する碑文が据えられ、福澤の名が二度出てくる。

『福翁自伝』には、「明治四年の頃でした。摂州三田藩《せっしゅうさんだ》の九鬼《くき》という大名は兼て懇意の間柄で、一度は三田に遊びに来いという話もあり、私もその節病後の身で有馬の温泉にも行って見たし、かたがた先ず大阪まで出掛けて、大阪から三田まで凡《およ》そ十五里、途中名塩《なしお》に一泊する積りにして……頃は旧暦の三、四月、誠に好《よ》い時候で、私はパッチを穿《はい》て羽織か何か着て、蝙蝠《こうもり》傘《がさ》を持って……」と記されている。

有馬温泉

有馬温泉は太閤秀吉以来、古くからあまりにも有名な湯治場であるが、福澤諭吉は明治五年（一八七二）、ここに二週間も滞在している。福澤はその二年前にチフスにかかり、その後も体調がすぐれなかったが、ようやく健康が回復したので、阪神地方経由で中津へいくことを思い立った。

明治五年四月三日付の九鬼《くき》隆義《たかよし》（旧三田藩主）宛福澤書簡には次のとおり記されている。

「……此の度旅行を思い立ち申候、当二月以来不快も追々宜しき方に赴き、此の節は殆んど十全健康と覚え候えども、念のための用心、有馬へ入湯の積り、朔日《ついたち》横浜出帆、今三日神戸着、明日大阪へ参り……一両日逗留《とうりゅう》、三田《さんだ》へ参り寛《ゆる》ゆる拝謁仕《つかまつ》り候積りに御座候、有馬へも十四、五日逗留……」

宛名は「九鬼従五位様」としてある。また、四月十五日、大阪の「丸善」の早矢仕有的宛書簡には、

「……有馬へ昨日参り、そふめんやと申す旅宿へ止り申し候。湯の□《不明》趣、熱海箱根に異なり、広き湯坪二ヶ処ありて入込《いれこみ》と合入と買切の三等あり。入込は一日百文、買切は一七日《いちしちにち》壱両、私は買切といたし、三田《さんだ》より子供を壱人連れ、弐人にて甚だ面白し。湯の深さ四、五尺、肩までであり。広さ八畳計《ばか》りもありて、入湯の傍《かたわら》およぎの稽古も出来るなり。湯は至ってぬるく、我輩には得意なり……」

とある。「入込」と「合込」というのはどう違うのか不明である。

摂州三田と最後の殿様九鬼隆義

兵庫県三田《さんだ》市は、人口十一万人、神戸市のベッドタウンとして栄えており、「三田牛《さんだぎゅう》」「三田の米で作った日本酒」などでも有名である。かつては、九鬼《くき》藩（三田藩）の陣屋のあったところで、最後の殿様であった九鬼隆義（一八三七～一八九一）およびその重臣白洲退蔵と福澤諭吉とは親交があり、三田では明治政府のもとで早くから藩をあげて〝文明開化〟の政策をとり、九鬼自身もハイカラ殿様だったようである。

福澤は、明治五年（一八七二）に三田に九鬼を訪問したあとも、長く交際を続けている。九鬼と福澤が知り合ったのは、三田の藩士で江戸の蕃書調所《ばんしょしらべしょ》にいた蘭学者河本幸民の仲介によるものとも伝えられているが、現在、三田市内に河本の遺跡が保存されている。九鬼家の広大な墓所は三田市の心月院（曹洞宗）にある。正面に隆義の墓が据えられ、歴代藩主の墓石が整然とならんでいるが、一つ人目を引くのは、九鬼隆義の長女で五歳で亡くなった肇《ちょう》の小さな墓である。それには英文でつぎの文が刻まれている。

In Memory of CHO　Eldest daughter of the Noble Kuki Takayoshi
Born Oct 5th 1867, Died May 8th 1873

この年、明治六年八月二十一日付、九鬼隆義、白洲退蔵宛「福澤書簡」で福澤は「……当春之御大不幸、御様子はよく承知仕り居り候えども、御尋《たず》ねも申し上げず、延引ながら御弔申し上げ候」と悔みを述べている（『福澤諭吉書簡集』第一巻一五〇）。

なお、白洲退蔵とその令孫白洲次郎、その夫人白洲正子の墓も、九鬼家墓所に近い、一段低いところにある。

九鬼隆一の建てた景慕碑

心月院の墓地に向かうだらだら坂の左側の一画に入ると、九鬼隆一およびその一族の墓と、隆一が建てた大きな「景慕碑」が見える。九鬼隆一（一八五二〜一九三一）は、三田藩士の子で綾部の九鬼家の家老の家を継いで九鬼を名乗ったと言われ、三田の殿様の一族ではない。その九鬼隆一は、慶應義塾に学び、福澤諭吉にも近づいていたが、明治十四年の政変のとき福澤を裏切り、福澤は終生これを許さなかった。明治二十九年一月十五日岡本貞烋《さだよし》宛福澤書簡には、九鬼隆一のことを「隆一の老生に対する致し方は全く賤丈夫の挙動にして」「君子に誣《し》ゆるに小人を以ってし」「彼が文部に居る間にも、常に慶應義塾を敵視するのみか罵詈雑言到らざるなく」「老生の一身を攻撃して陰に陽に人に語る等」などと憤慨している。隆一は文部官僚として美術行政などにおいて勢力を揮《ふる》い、男爵にまでなった。そしてどういう心境からか、大正八年に「景慕碑」を建て、上段には木戸公尊霊、大久保公尊霊、岩倉公尊霊、中段に、フルベッキ先生、福澤先生、加藤弘之先生の尊霊、下段には、隆一の実父、叔父、兄の名が刻まれている。

長崎総合大学の高橋眞司教授は、「九鬼隆一」と題する論文のなかで、「九鬼隆一は景慕の情を表わす刹那においてさえ、政治家の下風に立つことを拒んだ恩師福澤の心術をついに汲みえない門弟として終始したのである」と決めつけている。

丹波篠山と鳳鳴義塾、そして福澤筆の記念碑

兵庫県篠山《ささやま》市（昔は笹山と書いている）は、人口四万六千人、黒大豆、松茸などで有名で、もとは青山家の城下町であり、いまも立派な石垣、外濠、武家屋敷がそのまま残っている。

維新後、青山家の当主青山忠誠（隆徳公）は、教育に熱心で、郷土篠山の秀才を選んで東京で勉強させることに努めたが、結局それには、まず郷土にしっかりした学校をつくって、上京する学生をそこで教育することが必要と考えた。忠誠の家令だった大野粛章は、次のような回顧談を残している。

「隆徳公、粛章に語って仰せらるるに、今や郷里の秀才を東京に致すといえども、その人物を養成する学校なくんばその目的を永遠に達すること能《あた》わず。依って篠山に中学を起し、大いに試みるところあらんと欲す。汝知るや、福澤諭吉氏の慶應義塾は其の規模の大なる、目

的の確乎たる、共に天下に比類なしとす。汝、福澤氏と相謀《あいはか》り、我が篠山に適当なる学校を設立することに尽力せよと。乃《すなわ》ち福澤氏に就き之を謀る。福澤氏は極めて其挙を賞讃し、懇々これが経画をつくされたり。且つ授くるに氏が信ずるところの門人、英語教師長島芳次郎、普通教師佐々木某の二名を以ってせり。ここに於て、篠山に〝中年学舎〟興《おこ》る。実に明治十年一月のことなり」

佐々木某は佐々木長次郎のことで物理、化学の「訳書」を講じたそうである。

福澤の明治九年十二月二日付、大野粛章宛書簡には、

「…………陳《のぶ》れば先般より御旧藩地学校云々御話伺い候末、先ず思召《おぼしめし》どおり相成り候旨、蔭ながら欣喜に堪えず　就ては旧知事様より鮮魚壱折御恵投に預り、有り難き仕合せに存じ奉り候えども、痛み入り候次第……」

と記されている（『福澤諭吉書簡集』第一巻一九五）。

この「篠山中年学舎」はそののち「篠山中学」「鳳鳴中学」など変遷を経て、現在は「兵庫県立篠山鳳鳴高校」となり、篠山市の丘陵中腹に立派な校舎が建てられている。その体育館の入口に、古びた石碑が建っている。場所は学校の変遷移転に伴って、もとの場所から現在地に移されたそうである。

その碑には福澤の筆跡で「篠山中学縁起之碑」と刻まれている。なにぶん古い石碑なので読

みにくいが、幸い、きれいな拓本が別に保存されているので見せていただいた。

京都府宮津市と天橋義塾

丹後の宮津は「天の橋立」が〝目玉〟の観光地で、ケーブルカー、ロープウェーが二つも三つもある。昔は「丹後ちりめん」の産地で、「縞の財布がカラになる」と言われたほど遊興地としても栄えたところである、ここは特に福澤諭吉と関係はない。強いて言えば、中津の殿様奥平家というのは三河以来の譜代大名で「所替《ところが》え」「転封《てんぽう》」が多く、中津に移される前は宮津に封ぜられていたそうである。もう一つ、これも特に関係はないが、自由民権運動の盛んだった明治八年に、当地出身の小室信介を中心とする「天橋義塾《てんきょう》」という学校が設立され、福澤の著書『民間経済録』(明治十年刊)が教科書の一つに用いられている。なお、丹波、丹後一帯には、これと前後して「石東義塾」「城島義塾」「南山義塾」などの「義塾」が設立されているが、いずれも「慶應義塾」とは関係がないようである。

京都慶應義塾跡

京都慶應義塾があったのは上京区下立売《しもたちうり》通り釜座《かまんざ》旧京都守護職屋敷内と言われているが、そこは現在京都府庁の敷地になっており、そこに記念石碑が据えられている。

「独立自尊」の四文字は福澤諭吉の筆跡からとったもので、「明治七年　京都慶應義塾跡」の文字は林毅陸《きろく》塾長の揮毫である。撰文はこの建碑に当たった京都慶應倶楽部によるもので、よく当時の事情を伝えている。

「此処は明治七年京都慶應義塾の在りたる故跡なり、当時の京都府知事槇村正直の希望に依り、福澤諭吉先生之を設立し、其高弟荘田平五郎専ら経営の任に当り他の講師等と共に英学を教授したり、其存続は約一年間に止まりしも、文化発達の歴史上之を堙滅《いんめつ》に帰せしむるに忍びず、乃ち碑を建てて其地点を表示するものなり。

昭和七年十一月二十七日

京都慶應倶楽部建之　」

この文中に京都府知事とあるのは、正確には京都府参事槇村正直のことである。

（福澤諭吉協会第三十九回福澤史蹟見学会にあたって記す　二〇〇四年十月二十九日～三十一日）

京都慶應義塾跡　福澤研究センター所蔵

福澤諭吉の門下生たちのゆかりの地を旅する　1

浜松・鳥羽・近江地方

伊東要蔵と福澤諭吉の親交

二〇〇五年十月二十四日から二十六日の三日間、今回（第四十回福澤諭吉史蹟見学会）は静岡県浜松市に福澤の愛弟子の一人、伊東要蔵《いとうようぞう》の生家を訪ね、三重県鳥羽市に福澤の高弟門野幾之進《かどのいくのしん》の記念館を訪ねた。

一日目、十八人の参加者が、八時〇六分東京発新幹線ひかり四〇三号に乗車、九時三十五分にJR浜松駅に到着したところで、協会理事である中部ガス株式会社取締役会長神野信郎氏、同社社長中村捷二氏、および神野義郎氏が出迎えてくださった。また伊東要蔵翁令孫、元慶應義塾湘南藤沢中等部高等部教員伊東明弘氏と合流し、遠鉄バスに乗り、一路伊東家へ向かう。十時半すぎに、都田川のすぐそばの伊東家に到着。ご当主で、伊東要蔵翁の曾孫にあたる伊東

伊東要蔵　福澤研究センター所蔵

真英氏と、美栄子夫人の出迎えをうける。伊東家では、福澤諭吉が伊東要蔵に宛てた七つの書簡のうち「衆議院議員選挙に出馬をすすめる」という内容の明治三十一年二月二十五日発信の書簡を掛軸にしたもの、福澤先生直筆の「戯去戯来」の扁額、「丙戌春地方漫遊」［註　丙戌《ひのえいぬ》は明治十九年のこと］と「手用の米臼に題す」の書幅等を拝見、伊東真英氏の興味深いお話をいろいろと伺う。なかでも山田要蔵が請われて伊東家の養子になったときのエピソードは興味深かった。要蔵は、はじめこの養子の話に気が進まず、見合いの席で、わざと養父となる磯平治氏の機嫌を損じようとして大酒を飲んで、眠り込んでしまったところ、かえってその豪快さが磯平治氏に気に入られ、めでたく縁組がまとまったとのことである。

伊東要蔵（旧姓山田、元治元年＝一八六四～昭和九年＝一九三四）は、福澤諭吉の愛弟子の一人で、明治十四年（一八八一）慶應義塾本科を首席で卒業し、一時は義塾の教員、大阪商業講習所教員、教頭を務めたが、やがて郷里（当時の遠州引佐《いなさ》郡中川村）に戻り、養家伊東家の当主として、家業に精励のかたわら、地域の農業殖産（養蚕等）、治水、交通（道路改修・軽便鉄道敷設等）、教育（学校設立等）、そのほか諸事業の振興に大きく貢献し、地方名望家として県会議員、衆議院議員にも推されて当選している。

福澤諭吉はたびたび伊東要蔵に書簡を送り、伊東が上京するたびに歓待している。また、明治十九年、福澤一行が東海道を東京から関西まで漫遊したとき、伊東は掛川まで一行を迎えに出向き、掛川、浜松、豊橋と三日間、福澤に随行している。

なお、森鷗外はその史伝小説『渋江抽斎』のなかで、抽斎の子の渋江保が浜松中学校の教員をしていたとき、山田（伊東）要蔵が渋江の家に寄宿して通学していたこと、渋江が教員を辞めて東京に出て慶應義塾に入学したとき、要蔵も上京して慶應に入ったことを述べ、「後《のち》山田は明治十四年に優等を以て卒業して、一時義塾の教員となり、既にして伊東氏を冒し、衆議院議員に選ばれ、今は某銀行、某会社の重役をしている」と記している。某銀行とは豊国銀行、某会社とは富士紡績、浜松瓦斯《ガス》（中部ガスの前身）などを指すのであろう。大正三年の「塾員名簿」には、伊東要蔵の肩書きとして「豊国銀行、静岡農工銀行、浜松瓦斯会社各取締役、浜松委託会社社長、浜松軽便鉄道会社社長、富士瓦斯紡績会社監査役、衆議院議員」とある。

当時伊東家は周囲の人々から「祝田《ほうだ》の伊東様」と尊敬され、いまでもその呼び方は続いているそうである。「祝田《ほうだ》」というのは、当時の字《あざ》の名だった。

さて一行は、伊東家で三ケ日《みっかび》特産のみかんや、近くの和菓子屋さんでできたばかりというまだ温かいみそまんじゅう等のおもてなしをいただいたあと、近くの伊東家墓地に行き、伊東要蔵翁「大信院殿要堂智津居士　昭和九年没」の墓前にぬかずき、要蔵翁の胸像がある引佐高校へ向かった。

伊藤要蔵が開校に尽力した引佐農業学校

伊東家からバスで五分ほどのところに静岡県立引佐高等学校はある。教頭の森福満氏の挨拶の後、同校同窓会長小野氏から伊東要蔵と引佐高校についてお話をいただいた。

伊東要蔵は先に述べたとおり、地域振興のため私財を投じ、諸事業に関係したが、なかでも教育の振興に強い熱意を抱き、養子にきた翌年に私塾経世社を設立し、また明治二十年には養蚕伝習所も設立している。そういった活動の延長線上で、引佐農業学校（現在の静岡県立引佐高等学校）は開校する。要蔵はこの学校をつくるにあたり、村内の七つの字《あざ》の協立による組立の学校として発足させ、学校の永続を図っている。

引佐高校でも校内の農園でとれたばかりというみかんを袋いっぱいに頂戴し、これで第一日目の主要な訪問先見学を終了した。

その後は館山寺《かんざんじ》で名物のうなぎを食べ、神野信郎氏のご厚意でリゾートホテル「エクシブ浜名湖」でコーヒーと浜名湖の景色を堪能。ここで神野信郎氏と別れ、東海道五十三次の宿場である「二川《ふたがわ》宿本陣資料館」（豊橋市二川町字中町六十五番）を見学した。

「二川宿本陣資料館」は、文化四年（一八〇七）より明治三年（一八七〇）の本陣廃止まで馬場家が運営していた大名の宿「二川宿本陣」と、庶民の宿である旅籠屋《はたごや》「清明屋」、そして資料館の三部構成になっている。なかでも大名や公家など貴人の泊まる宿であった本陣は、旧東海道筋の宿場には滋賀県草津市の草津宿本陣とここ二川宿本陣二カ所しか現存しておらず、たいへん貴重な建物となっているとのことである。

二川宿本陣を後にした一行は、神野義郎氏のご案内のもと、宿泊先である「伊良湖ガーデンホテル」へ向かう。渥美半島は農作物の出荷額日本一を誇り、キャベツ、ブロッコリー、電照菊、メロンを産出し、立派なビニールハウスの点在する豊かな農村風景を車窓から眺めることができた。また毎年九月から十月にかけて、鷹の一種である「サシバ」五百羽ほどが伊良湖岬近辺を一斉に飛び立つ姿を見ることができ、シーズンには全国からカメラを持って待ちかまえる人が集まるそうであるが、今回は見られなかった。また伊良湖という地名は「いらこ」ではなく「いらご」と濁って発音するが、それは天武朝の皇族であった麻績王《おみのおおきみ》が詠んだ万葉の歌「うつせみの命を惜しみ浪にぬれ　伊良虞《いらご》の島の玉藻《たまも》刈《か》り食《を》す」（麻績王は遠く都を追われ、伊良湖の浜に身を寄せていた。それを憐れむ里人の思いやりに応えた歌といわれている）に由来しているなど、さまざまなお話をしていただいた。時間の関係で渡辺崋山にちなむ田原市博物館、伊良湖岬周辺の「椰子の実の歌」の碑等の見学は割愛したが、「日出《ひい》の石門」や近くの神島（三島由紀夫作『潮騒』の舞台となった島）、恋路ヶ浜をバス車中から見ながらホテルに到着、美しい夕焼けを眺め、ゆっくり休息、海の幸豊かな夕食を賞味した。

鳥羽の門野幾之進記念館

二日目も晴天に恵まれた。伊良湖ガーデンホテルを出発し、近くの波止場から九時に鳥羽行きの伊勢湾フェリーに乗船、予定どおり五十五分で鳥羽へ到着。そこからバスで十分ほどのところに「門野幾之進記念館」（門野幾之進生家跡）がある。記念館前では門野幾之進の令孫門野進一氏、豊子夫人が鳥羽市教育委員会関係者、館内案内ボランティアの各氏とともに出迎えてくださった。門野進一氏のご挨拶のあと「門野幾之進先生追悼講演録」パンフレットコピーを資料としてお配りいただき、まず敷地内の門野幾之進誕生地記念碑（山本達雄氏筆、裏面に池田成彬等建碑賛同者の名がある）と門野幾之進誕生地の記（小泉信三氏撰文、乾長江氏筆）を見学、その後館内の展示物を拝見した。

門野幾之進（安政三年＝一八五六〜昭和十三年＝一九三八）は福澤先生の高弟の一人で、ある時期「福澤諭吉、小幡篤次郎、門野幾之進」は「慶應の三先生」と呼ばれていたそうである。門野は志摩国鳥羽藩士の子で、幼時から鳥羽の神童と呼ばれ、明治二年（一八六九）の春、鳥羽藩の貢進生《こうしんせい》として、十四歳で上京し、新銭座の慶應義塾に入学した。明治二年というと、福

前列右から　森鷗外、門野幾之進、小幡篤次郎、福澤諭吉、アーサーロイド等（明治29年＝1896年12月大学部文学部卒業写真）
福澤研究センター所蔵

澤が上野の戦争中に平常どおりウェーランドの経済書を講じていたというエピソードのあった慶応四年の翌年のことである。門野の懐旧談によると、「私が入ったころは、小幡篤次郎が塾頭で、その弟の甚三郎が一等、二等が永島貞次郎、三等が小泉信吉、阿部泰蔵で、四等が馬場辰猪、木村一歩（鳥羽出身）、松田晋斎などでありました。そのころは無論福澤先生が出て、ウェーランドの修身書及び経済書などの講義をして居られました……」という具合であるから、「慶應義塾」の草創期に門野幾之進は慶應に入られ、三田移転（明治四年＝一八七一）のころには既に卒業して「教員」になっておられる。鎌田栄吉先生は「私が明治七年に慶應義塾に入学して来たときは、門野君は私より一つ年上の十九歳で、勿論既に教師になっていた。そのころ塾内では門野君のことを〝ボーイ教師〟と呼んでいた。門野君は十六歳の時から教師をしていたので、自らそういう名がついていたものと思う」と語っている。

それから三十余年、福澤諭吉が没した翌年の明治三十五年まで、門野幾之進は慶應義塾において教員として子弟を教え、あるいは教頭として塾務に携っておられた。そののち門野幾之進は千代田生命を創設して長くその社長を務められた。が、慶應義塾との深い縁はそののちも続き、評議員、理事、塾長代理を務められている。それゆえ、門野が昭和十三年八十二歳で没くなったとき、その葬儀は三田の慶應義塾大講堂において行われ、当日は全校休業して弔意を表した。小泉信三塾長（当時）は、その弔辞のなかで、

「慶應義塾理事門野幾之進先生昭和十三年十一月十八日卒然長逝セラル。先生夙《つと》ニ慶應義塾ニ入リ、業成リテ後義塾ノ教壇ニ在ルコト三十余年、其ノ学殖識見徳望ハ当年ノ我学界ニ之ヲ争ウモノナク、以テ我党ノ学問ヲ重カラシメタルハ、今尚オ人ノ知ルトコロニシテ、我社中ノ今日世ニ立テルモノ殆ド皆ソノ薫陶育成ヲ受ケタルニアラザルモノナシ……」

と述べている。

記念館に入ると、正面の階段横に門野幾之進の大理石の胸像が置かれている（作者は北村四海）。台座を入れて二トンという胸像は、門野が創始者である千代田生命が二〇〇〇年に終業

した際、旧本社講堂にあったものを門野家が引き取り、記念館に移送したそうである。

記念館二階の関係資料展示室には、

一、生い立ち～慶應義塾時代

二、教育者としての門野幾之進

三、教育界から実業界へ

四、福澤諭吉、勝海舟、犬養毅直筆の書等

という分類で資料が展示されている。

門野家伝来の品々や、福澤諭吉からの寄贈書籍、ボーイ教師になる少し前の写真や教頭時代の写真等、さまざまな貴重な資料が展示されていたが、なかでも興味深かったのは、門野幾之進の十一歳下の弟である門野重九郎《ちょうきゅうろう》（慶応三年＝一八六七～昭和三十三年＝一九五八）に対し、慶應義塾が発行した英文の卒業証書である。

この英文は、「ミスター・シー・カドノ」が、明治十七年に慶應義塾カレッジの課程を修了し、その卒業試験に合格したことを証明するという文意で、署名捺印は、「ワイ・フクザワ　プレジデント　社頭之印」（福澤諭吉）、「ティー・オバタ、エム・ハウス・オブ・ピアーズ　バイスプレジデント　塾長之印」（小幡篤次郎　貴族院議員）、「プロフェッサー・アイ・カドノ　エム・ピーエイチ・エス　チーフエグザミナー　試業主任」（門野幾之進教授　試験主任者）となっ

義慶
塾應

We hereby certify that
Mr. C. Kadono
has gone through the regular course of studies in Keiogijuku College and passed with honor the graduation examination in the seventeenth year of Meiji.

Y. Fukuzawa
President
之社
印頭

T. Obata, M. House of Peers
Vice President
之塾
印長

Prof I. Kadono, M. Ph. S.
Chief examiner
主試
任業

ている。

「ミスター・シー・カドノ」とは、前記の門野重九郎のことにちがいない。重九郎は、明治十一年慶應義塾幼稚舎に入学、同十七年に武藤山治、和田豊治、日比翁助等とともに慶應義塾本科を卒業し、さらに工部大学、大学予備門を経て明治二十四年帝国大学工科大学土木科を卒業している。この証書には発行の年月日が記されていないが、小幡篤次郎が貴族院議員に勅撰されたのは、国会開設の明治二十三年のことで、小幡が塾長を退いたのは明治三十年であるから、発行されたのは、この中間の六年間のことと推定される。

門野重九郎（のち大倉組副頭取となる）はその自叙伝『平々凡々九十年』（昭和三十一年、実業之日本社刊）によれば、官費生として帝国大学を卒業したあと、官途に就かず、アメリカに渡ってペンシルバニア鉄道会社に入社し、四年間勤務のあとヨーロッパを一巡して帰国、福澤先生の甥中上川彦次郎が社長を務める山陽鉄道に入社し、のち大倉喜八郎のすすめを受けて大倉組に入ったというから、折角の英文卒業証書は、あるいはその威力を発揮する機会がなかったのかもしれない。

記念館を一時間ほど見学し、一行は門野進一ご夫妻とともに「華月」で名物伊勢海老料理を味わい、午後は御木本《みきもと》真珠島、夫婦岩を見学後、バスの長旅を続け、津、鈴鹿、四日市を抜けて、夕刻日没すぎ二日目の宿である湯の山温泉「寿亭」に到着。なお、参加者の油田和次氏は三重県津市のご出身なので、同氏から三重県下の事情につき説明をいただいた。

筆者は「寿亭」に一泊後翌朝帰京したが、一行は予定通り三日目最終日はバスで鈴鹿山脈を越えて近江路に入り、安土、近江八幡などを見学、彦根から新幹線に乗り帰京した。

（福澤諭吉協会第四十回福澤史蹟見学会　二〇〇五年十月二十四日～二十六日　「福澤手帖」二〇〇五年十二月号）

福澤諭吉の門下生たちのゆかりの地を旅する　2

上州・信州――富岡製糸場、神津牧場、佐久市神津邸

第四十二回福澤史蹟見学会第一日（二〇〇七年十月二十七日）は、午前八時半、雨のなかを東京駅前集合、参加者二十五名。バス一台をチャーターし、車中で「福澤諭吉と上州・信州についての資料」を配布し、高速道路で群馬県富岡市に到着。「富岡製糸場」見学。長野県境に向けて、海抜一〇〇〇メートルの「神津牧場」まで国道を登坂。神津邦太郎氏創業の牧場を見学、昼食。午後、分水嶺をこえて長野県佐久市に降り、同市志賀の神津秀章邸を訪問。『福澤諭吉書簡集』未収のものを含む福澤諭吉からの書簡等、貴重な史料多数を見学。夕刻同邸辞去。新幹線佐久平駅を経由、浅間山麓を通過、「ホテル軽井沢１１３０」（群馬県吾妻郡嬬恋村）に一泊。この日は終日雨。

第二日（十月二十八日）は、前日とは打って変わった快晴。雪をかぶった美しい浅間山の眺望をホテルより楽しむ。鬼押出、白糸の滝を観光し、軽井沢町に入り、外国人墓地（福澤が招

聘したドロッパース教授の夫人の墓)、ショー記念礼拝堂(アレキサンダー・ショーは三年間福澤邸内に居住)をそれぞれ見学。万平ホテルで昼食後、旧道経由横川に出て高速道路で帰京。六時半、新丸ビル脇で解散。

以下、今回の訪問先と、福澤諭吉との関係について述べることとする。

富岡製糸場

① 明治政府の殖産興業政策

「富岡製糸場」は明治の初年、繭から生糸をつくる製糸の「模範工場」「伝習工場」として政府がフランス人十数名を招いて開設した官営工場であった。建築設計・機械設備・作業方式のすべてがヨーロッパ式の新鋭工場であった。

幕末の開港とともに、欧米の商人は横浜の居留地に店を構え、欧米の品物を日本に売り込むとともに、日本の産品を買い付けて欧米に送っていた。彼等が日本で買い付けた主要品目は、何といっても「生糸」と「蚕卵紙(蚕の卵を貼り付けた種子紙《たねかみ》)」であった。それは、当時ヨーロッパで蚕が伝染病に汚染されてほとんど全滅し、生糸・絹織物の生産が激減したため、生糸の代替供給地として、中国と日本、ことに日本が重要視されていたからであった。ところが当時の日本の養蚕技術・生糸生産方法は、まだまだ幼稚で品質・規格も一定せず、また日本側の売込商人のなかにはいかがわしい悪徳商人が多く、これでは「日本の生糸」に対する国際的評価が下がる一方で、国策上放置できないというので、明治政府は重要輸出品目である「生糸」の製造の近代化に乗り出した。すなわち、大蔵少輔伊藤博文、租税正渋沢栄一が指揮をとり、ポール・ブリュ一ナ（Paul Brunat）ほか十数名のフランス人を高給で迎え入れ、養蚕地帯である上州（群馬県）の富岡を選び、準備に着手し、明治五年（一八七二）十月「富岡製糸場」が竣工して操業を開始した。初期の従業員（工女と言っていた）は近隣の上州、信州から集まったようである。そして、翌年の明治六年六月には、まだ鉄道も開通していない時代なのに皇后陛下（のちの照憲皇太后）、皇太后陛下がおそろいでわざわざ「富岡製糸場」に行啓され、工女の作業を天覧されている。それほど政府は富岡製糸場を重要な産業施設として位置づけていたようである。

富岡製糸場は「伝習工場」であったから、関東、東北だけでなく、政府は各県各村によびかけて、全国的に工女を募集した。操業開始前の明治五年五月付で「勧業寮」から出された「諭告書」には、富岡製糸場設立の趣旨を詳しく述べ「此ノ製糸場ニ於テ女職人四百人余御雇入レ相成リ、製糸ノ法ヲ学バセラルベキニ、工女ハ外国人ニ生血ヲ取ラルルナドト妄言ヲ唱へ、人ヲ威《オド》シ候者モコレアル由、以テノ外ノ事ニ候」「妄言ニ迷ヒ候テ御趣旨ニモトリ候様ノ義コレナキ様致スベク……」と躍起になっている。なぜ「生血《いきち》を吸う」などというデマが飛んだのか、一説によると、富岡に外国人がやってきたというので、土地の人が外国人宿舎をのぞいて見ると、毎日赤いワインをグラスに注いで飲んでいる。それを「生血を吸っている」と誤解したとのことである。

②　中津からの「工女」派遣と福澤

福澤諭吉の旧藩である、九州中津でも養蚕が奨励されていたが、富岡製糸場開設から八年後の明治十三年（一八八〇）、二十五名の女子が、中津から富岡へ三年間の期限で実習に送り込まれた。福澤はその往復とも、東京でこの工女達の世話をしている。中津には当時「末広会社」という授産会社があり、その会社の世話で二十五人（一名を除き、いずれも士族の娘）が東京経由で富岡に向かった。福澤は、中津の山口廣江宛書簡（明治十三年十一月四日付）のなかで「上州の製糸執行の為、女子供二十五名、本月九日中津乗船の由、当地に着の上は相成るべきだけ、世話致し候積りにて、昨今宿処等も手当いたし、先ず本塾の内にある万来舎とて一棟これあり、この舎に落付き候様相談定まり……」と書いている（『福澤諭吉書簡集』第三巻五三七）。また十一月二十日付の福見常白宛書簡には「富岡行の工女一同、無事一昨十八日着京、弊邸中の一屋に止宿、昨日は芳蓮院様へお目見え……」と書いている（『福澤諭吉書簡集』第三巻五四三）。芳蓮院様は旧藩主奥平家のご隠居様である（当時福澤邸内に寓居）。

それから三年後の明治十六年十二月九日、福澤は上野から熊谷まで汽車で日帰り旅行をしている。同行者のなかには時事新報記者の高橋義雄、同津田興二もいた。そのときの模様を在米中の子息達に報じた書簡のなかで福澤は「中津士族の娘共二十四、五名、三年前上州富岡製糸執行へ参り候処、成業。此のたび帰京いたし、昨今当邸逗留、不日中津へ帰り申すべく、何れも糸の事には巧者に相成り候由也」と記している（『福澤諭吉書簡集』第四巻八〇八）。

福澤は富岡製糸場を訪問したことはなかったが、明治二十六年（一八九三）、官営富岡製糸場が三井家に払い下げられたとき、民営初代所長になったのは熊谷旅行に同行した、中津出身の津田興二であった。そして明治三十年には藤原銀次郎が二代目所長となった。

なお、富岡製糸場は、そののち三井の手を離れ、横浜の原富太郎（原合名）の経営に移されたが、昭和十五年（一九四〇）片倉工業富岡工場となり、昭和六十年代まで操業が続けられた。そののち平成十七年（二〇〇五）富岡市が寄贈を受け、現在は見学施設として観光客に公開されている。

神津牧場

①　塾中の上流　神津国助・茂木吉治

信州北佐久郡志賀村（現長野県佐久市志賀）の神津家は、戦国時代から代々この地域の豪族豪農として連綿と続いた名家である。

明治の新時代に入ると、神津家では時勢を察して家政を整え、とりわけ一門の子弟の新教育に力を注ぎ、優秀な青年を次々に東京に留学させ、早くも明治七年（一八七四）三月には、当主神津九郎兵衛吉助は弟国助ならびに姉婿茂木恒太郎の子茂木吉治の二人を福澤諭吉の慶應義塾に入学させている。この二人は四年後の明治十一年（一八七八）四月、優秀な成績で義塾を卒業した。福澤はこの二人に大きな期待を寄せたとみえ、四月二十一日付神津吉助宛書簡のなかで、次のように述べている（『福澤諭吉書簡集』第二巻二四六）。

「未《いま》だ拝顔を得ず候えども、一書拝呈……」と書き出し「陳《の》ぶれば、令弟国助君並びに茂木吉治君御事、年来弊塾へ御寄宿、格別の勉強、今日に在りては塾中の上流、誠に他生徒の手本とも相成るべき次第……」、「必竟天稟の才とは申しながら、御幼少の時より御教馴行き届かせられ候実効と感服の至りに候」と賞讃し、今回ご卒業ではあるが、まだ年齢も二十歳未満であるから、もう数年、勉強を続けたらどうか、「格別の優秀」の御両人であるから「二十五、六歳までは、余念なく研究して真実有用の人物にいたし度き小生の志願、このたびの試験に付き欣喜の余り、態《わざ》と一書を呈し候」

結局、両人は卒業後一度郷里に帰ったようであるが、その年の十二月二十四日付田中米作宛の書簡のなかで、福澤は「神津・茂木二氏も両三月前より帰塾、文書勉強致し居り候」と記している（『福澤諭吉書簡集』第二巻二九一）。田中米作は越後の出身で、神津・茂木と同年入学同年卒業の人である。

神津克己氏が編纂された貴重な文書「福澤諭吉から神津一族にあてた書翰集」に収められた神津文雄氏の一文によると、「神津国助（一八五九〜一九二二）は神津家の三男で、分家して『中《なか》の新宅』を名乗った。明治七年、慶應義塾に入学し、十一年には全科を修めて卒業したが福澤の懇望により、なおとどまって同塾で窮理・経済・算学を修め、また、英語学を修行して十三年帰村した。」「国助の兄吉助は、佐久地方きっての大地主で、大規模農家の運営には、国助の手腕を期待していたにちがいない。国助もそれを心得て、帰村して吉助を助けたのであろう。」「国助は帰郷の翌年、村の同志とはかって育英社を結成するなど、教育に熱心であった。」

国助に宛てた福澤書簡は数多く残されている。いずれも情味あふれるものである。なお、神津国助は大正十年（一九二一）、当時流行したスペイン風邪にかかり、郷里志賀村で亡くなっている。年は六十二歳であった。

②　神津牧場の創設者　神津邦太郎

福澤は神津家の当主吉助と深く交わるようになり、神津家の財産運営や、一族間の争いごとの調停などにまで相談にあずかるようになった。

そのうちに、ちょうど神津国助、茂木吉治の帰京と入れ替るように、吉助の長男神津邦太郎（一八六六～一九三〇）が明治十四年（一八八一）、慶應義塾に入学した。「慶應義塾入社帳」には「神津邦太郎」「長野県信濃国北佐久郡志賀村百八十九番地　吉助長男」「慶応元年十月生」「入社年月　明治十四年十二月」「「證人」日本橋区蠣殻町三丁目十一番地寄留　神津吉助」と記入されている。邦太郎は、どういう事情があったのか、慶應を中退して上海に渡航し、外国租界のなかにある「セント・ジョーンズ・カレッジ（聖ヨハネ学院）」に学び、上海在住の欧米人の生活・活動を視察したと言われている（慶應義塾の卒業生名簿には明治四十三年特選と記されている）。

この神津邦太郎が「神津牧場」の創設者である。邦太郎はこの牧場で乳牛を飼育し、牛乳だけでなくバターの製造に成功し、「神津バター」として世に送り出した。福澤諭吉は、「神津バター」を愛好し、知人にも吹聴していたことは有名である。邦太郎は、晩年は東京に居住し、昭和五年十二月二日、心臓発作で急逝した。享年六十五であった。

③　神津邦太郎の抱負

神津邦太郎は、上海で見聞をひろめたあと、郷里に帰ったが、やがて牧場経営に乗り出した。彼自身が著した「物見山神津牧場沿革記」（『明治農書全集』第八巻所収、ここでの引用は『神津牧場百年史』による）によれば「余（邦太郎）は、生来いたって動物を好む。明治十六、七年のころ牧畜業に関する欧米のありさまはいかにと、あるいは見聞に、あるいは書籍に、種々講究の結果、蓄牛の最も有利にして旧来の耕耘と合併、営業するの必要を発覚し、明治二十年に至り、ついに欧米の酪農法にならい、蓄牛により肥料を得るとともに乳汁を搾取してこれをバターに製造し、その売価をもって収益を計り、また子牛の育成を完全にし蓄牛の繁殖改良を計り、耕・牧ならび行なう、いわゆる牧牛酪農の事業を……」と大抱負を述べている。

邦太郎は、まず洋種雌牛・雌犢《こうし》三十六頭を購入し、牧場用地として郷里志賀村から志賀川をさかのぼって信州・上州の分水嶺をこえた「群馬県北甘楽郡西牧村大字南野牧字物見」の官有地四八七町歩を借用し、明治二十年十二月に開牧している。これが現在の「神津牧場」の所在地である。

④　神津バターと福澤

神津邦太郎の宣言どおり、神津牧場では開業の翌々年、バターの製造を始めた。

明治二十四（一八九一）年七月二十五日付、神津国助宛書簡のなかで、福澤は「……兼ねて願い置き候バタ御遣し下され有り難く存じ奉り候。はたまた、広告の義は尋常一様広告文に記すの外に、およそ此のバタの産する土地の状況より牧場の由来等、其の大概を雑報に掲げたらば妙ならんと存じ候えば、其の草稿の一通り短文にても御遣し成され度き事に候」と書いている。

明治二十六年（一八九三）五月十四日付の国助宛書簡では、福澤は「……五、六日前箱根へ遊び、ちょっと山口仙之助方〔註　富士屋ホテル〕へ立寄候ところ、神津バタの義頻《しき》りに賞讃致し居り候……」と記し、牛乳の保存法について助言している。

明治二十八年（一八九五）四月十四日付の同じく国助宛福澤書簡では「毎度バタを有り難く存じ奉り候。老生こと、近来は頗るバタを好み毎日一度は是非とも用いずしては叶わざる事に相成り候ところ。内外諸品の内、ただ神津バタの一種のみ口に適し他は一切役に立たず……」と記し「憚りながら邦太郎君へも、よろしく御礼願い奉り候」と結んでいる。

明治二十八年十二月十五日付神津邦太郎宛福澤書簡では、「……御手製のバタ毎々御送り致し下され誠に有り難く、内外唯《ただ》一品、その右に出ずるものなし」「……過般も申し上げ候通り老生義如何なる訳にやバタを嘗《な》める習慣をなして、之を用いざれば腹合いよろしからず、然るに他の品は一切口腹に適《かな》わず、唯信州の神津バタあるのみ……」と礼を述べている。

明治二十九年（一八九六）三月十日付神津邦太郎宛福澤書簡では、「毎々御心頭に掛けられ御手製のバタ誠に有り難く……」「毎朝いただき御蔭を以って老骨を潤し候」、同年秋の邦太郎宛礼状では「……今回も精品二（缶）到来」、「野外散歩、唯今帰宅、焼パンに附けていただき候処に御座候」とある。

さらに、明治三十年（一八九七）四月三日付国助宛福澤書簡では、福澤は神津バタは老生のため、いまや必要欠くべからざるものとなったが、これまで随時ご恵与にあずかっているのはまことに心苦しい。どうぞ代金を請求して欲しい、「この事は邦太郎君へと存じ候えども、直接に申し上げ候は余り殺風景かつ失敬と存じて、わざと仁兄まで御相談致し候義に御座候……」と述べ「老夫が気の済まぬと申す処も御推察願い奉り候……」と遠慮勝ちに懇請している。

さて、邦太郎は、郷里に帰ってから「牧場経営」だけに専心していたわけではなかった。明治二十一年に結婚し、明治二十五年には志賀村の村会議員、明治二十七年には株式会社佐久銀行取締役、同年佐久郡の郡会議員、明治三十二年には志賀村の村長に就任するなど郷里の名望家として広く活動している。しかし何といっても、神津牧場の充実発展が邦太郎の念願であった。明治三十八年三月、邦太郎は優良乳牛導入のため叔父国助の長男秀弥を伴ってアメリカに渡り、相当な資金を投じてジャージー種の乳牛四十五頭と、牧牛犬コリー数頭を購入して帰国した。そしてそれまで神津牧場で飼育していた雑品種の牛はすべて売却し、茶色のジャージー種の牛に統一した。

そののち、「神津牧場」の経営は神津邦太郎家から田中銀之助氏の手に渡り、さらに明治製菓等の手を経て、現在は「財団法人神津牧場」によって立派に経営され、多くの観光客を集めている。そして経営主は変っても、「神津牧場」の名称は変らず、黒ぶちの「ホルシュタイン種」の乳牛飼育が日本中で流行しているなかで「神津牧場」の栄養価の高い牛乳、乳製品はジャージー種の乳牛から生まれている。なお、神津牧場の入口の近くの芝生には昭和六十二年に建てられた「神津牧場開設百周年記念碑」と並んで高田博厚制作の「神津邦太郎翁」の胸像が台座の上に据えられている。

福澤諭吉の信州旅行

福澤諭吉は神津一族の人びとと広く深く交わりを結びながら、「信州北佐久郡志賀村」の神津家を訪れたことは一ぺんもなかった。また、あれほど神津バタ、神津バタと騒ぎながら「神津牧場」を訪れたこともなかった。当時の交通事情では、東京から神津牧場を訪問するのは至難のことだったであろう。しかし、明治二十九年、福澤が家族をつれて長野の善光寺詣りをしたときに、福澤はまず、十一月六日、長野停車場の駅頭で神津国助、茂木吉治らの出迎えを受けて再会を喜び合った。翌七日、「城山館」の歓迎宴には、神津邦太郎が発起人として参加している。さらに一日おいて十一月九日、福澤は佐久地方有志の懇請を受け、小諸駅から、人力車を列ねて三里の道を南佐久郡野沢村に向い、宿舎となる同地の豪農並木和一の邸宅に入り、小憩ののち隣地の「城山館」で演説のあと、そのまま宴会に臨んだ。神津国助が開会の趣旨を演説し、福澤もあらためて一場の談話を試みた。この歓迎宴の出席者百二十名のうちに、神津姓の人が八人見られる。「神津九郎兵衛（吉助）、神津雄太郎、神津松太、神津国助、神津善之助、神津豊助、神津藤平、神津順策」である。ほかに茂木吉治らの名も見える。そしてその翌日十一月十日の朝、福澤一行を御代田停車場まで見送った七人のなかに、神津国助、神津善之助も入っている。

帰京後、福澤は、宿舎となった並木家の主人並木和一ならびに神津国助に礼状を出している。並木家では現在のご当主並木徳夫氏がこの福澤の礼状を巻物に仕立てて大切に保存し、また福澤をもてなした座敷、福澤の寝所となった座敷も、当時そのままの姿が守られている。天明年間に造られた土蔵もそのままの姿である。並木和一宛福澤書簡には「……陳《の》ぶれば、過般漫遊中は計らずも御約介罷り成り、種々御心入れの優待を被り感謝に堪えず、一切万事珍しきことのみ、畢生《ひっせい》の記念に御座候」と礼を述べている。神津国助宛の礼状には「長野なり又野沢なり諸彦のご優待、実に感謝にたえず」「尚《なお》以って御令兄様（吉助）始め邦太郎君其外皆々様へ御礼よろしく願い奉り候」と述べている。

神津家は、明治・大正・昭和・平成を通じて繁栄を続けられ、現在も毎年八月一日には御一族各家の方々が多数集まられて墓参そのほかの行事を営んでおられる。また、福澤諭吉およびその家族から送られた書簡その他貴重な品々も、ご一家でそれぞれ丁重に保存しておられる。

軽井沢外国人墓地に眠るドロッパース教授夫人

明治二十三年（一八九〇）、慶應義塾に大学部を開設するにあたって、福澤は、文学科、理財科、法律科それぞれの主任教員をアメリカから招いた。そしてハーバード大学エリオット総長からの推薦で三人が着任したが、そのうち理財科主任教員として経済学全般の教授にあたったのがギャレット・ドロッパースであった。熱心に塾生を指導して評判もよかったが、明治二十九年夏、夫人同伴で軽井沢に避暑中、夫人が赤痢に感染し、八月十七日に逝去した。慶應からは、大学部の教場取締係武田勇二郎が弔問のため軽井沢に駆付けるが、福澤は武田に書簡を送り次のように述べている。

「明日は軽井沢へ御出のよし、御苦労に存じ奉り候。ドロッパス氏へ御逢の節は、老生を始め家族皆々より、弔詞くれぐれも御致意願い奉り候。夫人の病中唯一度の見舞さえ致さず、又送葬に会することをも得ず、遺

ドロッパース夫人墓碑前にて

憾此のことに御座候。いずれ同氏帰京の上、万々語り申すべく候えども、一応の弔意を呈し度く、よろしく御含み、然るべく御伝達下され度く願い奉り候……」

そののち、ドロッパースは亡くなった夫人の妹さんと再婚したが、慶應大学部との九年間の契約が満期となって明治三十一年、三十九歳のとき帰国した。

それから二十八年経った大正十五年十月、ドロッパースは慶應大学部の教え子であった池田成彬らの世話で再来日した。そのとき、夫妻は軽井沢のドロッパース夫人の墓に詣でている。当時ドロッパースはすでに健康を害していたが、帰国後ほどなく逝去した。

軽井沢の恩人　宣教師ショーと福澤諭吉

信州軽井沢は、江戸時代には中山道の宿場として、北国大名の参勤交代の道中、あるいは皇女和宮《かずのみや》の関東ご降嫁の道筋にあたったので、それなりに栄えていたが、明治になってからは、さびれた寒村になっていった。ところが、明治十九年ころから、東京・横浜地域に住む外国人が軽井沢に避暑に来るようになった。まだそのころは、碓氷トンネルが開通する以前であるから、上野から横川まで汽車で来て、そこからは碓氷峠を徒歩で越えたのであろう。その初期の外国人避暑客のひとりが、英国人宣教師のアレキサンダー・クロフト・ショー（Alexander Croft Shaw，一八四六～一九〇二）であった。

ショーの家系はスコットランド系の英国人であるが、曾祖父の代からアメリカ大陸に移住し、ショー自身はカナダで生まれ、英国聖公会の聖職者になり、ロンドン近郊の教会に移って修行を続けていた。たまたまイギリスの海外キリスト教布教団（福音伝道協会）から派遣されて明治六年（一八七三）、宣教師として日本に着任した。日本では、そのころようやく、日本人に対するキリスト教の布教が公に認められたころであった。ショーは、英国公使館の人たちから、宣教師として布教に従事しようとするなら外国人居留地などに住まず、日本人と同様に市中に住むようにとの忠告を受け、伝手をもとめて、三田の慶應義塾に近い「大松寺」という浄土宗の寺に寄宿することとなった。そこへ、福澤の子供たちがやってきて、ショーから英語を習い始めたのがキッカケで、福澤諭吉とショーは交わりを結ぶようになり、福澤は三田山上の邸内の西洋館にショーを住まわせるようになった。それは三年間の契約だったそうである。三年後にショーは飯倉に教会をつくりそこに移るが、そののちも終生福澤一家と親しくしていた。

ショーたちがはじめて軽井沢に来たころは、日本人は「軽井沢に避暑」などということはまったく考えていなかった。せいぜい海岸に出かけて海水浴、あるいは湯治場へ出かけて保養という時代であった。ところが京浜地区に住む欧米人は高温多湿のベタベタする酷暑に耐え切れず、早くから、神奈川県の大山、房総半島の鹿野山、日光、箱根などを避暑地としていたが、たまたま、東京から横川まで汽車が通じたので、和美峠・中山峠・碓氷峠などを越えて、軽井沢にたどりついた外国人旅行者によって避暑地軽井沢が〝発見〟されたのであろう。

さて、ショーは避暑地としての軽井沢が気に入り、簡素な別荘をつくった。外国人別荘第一号といわれている。ショーと同じころに軽井沢を避暑地として〝発見〟した外国人に東京大学のお雇い外国人ジェームス・ディクソンという英国人がいたが、この人は、明治二十五年に日本を去ってアメリカへ行ってしまった。ショーのほうは、明治三十五年東京で亡くなるまで、日本にいて、毎夏のように軽井沢に来ていたので、「軽井沢の草分け」「軽井沢の恩父」として、讃えられるようになった。

いま、軽井沢旧道の「ショーハウス」、「ショー記念礼拝堂」の前庭には、ショーが没した翌年に建てられた「ショー氏記念之碑」が残っている。その文面は漢文で書いてあるが読み下せば次のとおりである。

「氏ハ英国ノ名士ナリ。久シク本邦ニ在ッテ、布教ニ従事ス。始メテ我ガ軽井沢ヲ以テ避暑地トナセルハ実ニ氏ト為ス。氏ノ遺沢ヲ慕ツテ此ノ碑ヲ建ツル者ハ村民ナリ。明治癸卯夏」

英文のほうには、

「サマー　レジデント（夏期滞在者）として軽井沢住民とともに住んだ最初の人であり、そして長年にわたり住民たち（インハビタンツ）の誠実な友人（フェイスフル　フレンド）であった、アーチディーコン・ショー師を記念して」

という意味のことが記されている。アーチディーコンというのは「大執事」などと訳されているが、聖公会の布教地区責任者に与えられる称号のようなものであろう。

ショーは、福澤が没した翌年の三月十三日、五十六歳で亡くなっているが、その葬列には、福澤の長男・次男が花輪を捧げて先頭を歩いている。

今回の旅行では、神津家の皆様から格別のご配慮をいただいた。福澤諭吉の時代の神津家宗家ご当主は「神津吉助」氏であった。吉助氏には弟さんが何人かおられるが、弟豊助氏の家は「上の新宅」と呼ばれ、その下の妹竹司さん（慎吉氏夫人）の家は「前の新宅」、末弟の国助氏の家は「中の新宅」と呼ばれた。吉助氏の長男で、後に宗家の当主となる邦太郎氏が神津牧場の創始者である。

今回お世話になったのは、（順不同）前の新宅のご曾孫克己さん、上の新宅のご曾孫卓雄さん、中の新宅のご曾孫秀章さん、宗家のご当主信一さん（神津邦太郎氏の妹さん＝神津浜司さん、「東の新宅」の曾孫で、宗家を継がれた）の方々であった。神津克己さんは、多年にわたって綿密に考証編纂された「福澤諭吉から神津一族にあてた書翰集　改訂版」を参加者各自に一冊ずつ贈呈いただき、また富岡製糸場、神津牧場、神津家を取材したビデオテープを持参され、バスに設置された受像機で、走行中一同、その映像を鑑賞し、予備知識を得ることができた。

神津卓雄さんは協会会員で、数年前から協会と神津一家との連絡にあたってくださり、今回も終始、旅行の運営にご協力いただいた。神津秀章さんご夫妻には、多人数の私たちを温かく邸内にお招き入れいただき、季節の品をご馳走になり、由緒あるお座敷のなかで、長時間、貴重な福澤資料を数多く拝見させていただいた。また、神津信一さんにはご宗家ご当主として、わざわざ当日、東京から佐久へお越しになり、神津秀章邸で、ご一族を代表して、私どもに丁重なご挨拶をいただいた。

ここに神津家ご一統の皆様に敬意を表し、ご一門のご繁栄を心よりお祈りするものである。

（福澤諭吉協会第四十二回福澤史蹟見学会　二〇〇七年十月二十七日～二十八日「福澤手帖」二〇〇七年十二月号・二〇〇八年三月号）

福澤諭吉の門下生たちのゆかりの地を旅する　3

米沢・山形・天童

秋晴れのなか、つばさで米沢へ

二〇〇六年十月二十八日、朝、東京駅に集合、山形新幹線つばさ一七五号に乗車、九時三十六分発車、福島経由、二時間あまりで十一時五十九分、一行十六名、米沢駅に到着した。山形県米沢市は人口九万二千人、旧上杉藩の城下町で、特に名君上杉鷹山《ようざん》公の事蹟で有名である。駅頭には、上杉家ご当主の令妹、山中絢子夫人がわざわざ東京から帰郷され一行を迎えてくださった。上杉家御廟所、上杉家歴代を祀る松岬《まつがさき》神社、上杉博物館、稽照殿（上杉宝物館）等の見学参観にもご同行いただき便宜をはかってくださり、上杉記念館（旧伯爵邸）での昼食にも同席された。特に上杉博物館では、おりから展示中の国宝「洛中洛外図屏風」（織田信長が上杉謙信に贈ったもの）の見学には、専門の学芸員をつけていただき、詳しく解説を受けることができた。山中絢子夫人のご好意に深く感謝いたします。

この日は朝から快晴で、米沢市内の史蹟めぐりの足もとも軽く、米沢盆地の中心である米沢市から四周の美しい連山、丘陵、周囲の山なみを心地よく見渡すことができた。守田満委員が新しく調製した「福澤諭吉協会」と染め抜いた「協会旗」をひるがえしながら歩きまわった爽やかな一日であった。

出発の前々日、山形市の方々からニュースが入り〃きのう雪が降りました。冷え込むかもしれませんから、寒さに備えて服装にはご注意を〃とのことであったが、幸い気温も秋晴れにふさわしい適温で、三日間の旅を楽しむことができた。

上杉家関係の見学を終え、山中夫人とお別れしたあと、山形三田会会員、小嶋喜市郎氏のご好意により、同氏が館長を勤められる酒造資料館「東光の酒蔵」を見学させていただいた。なお、「東光」は小嶋氏が経営される株式会社小嶋総本店の醸造する清酒のブランドである。館内には古来の清酒醸造の工程を示すさまざまな器具、容器等が系統立てて陳列されており、解説を受けながら興味深く見学することができた。見学のあと、同社醸造の「東光」のお振舞いにあずかり、お土産までいただき、一同御礼を述べて退出した。

そのころにはすでに午後四時すぎであったが、米沢駅到着のときからチャーターしてあった山形交通の観光バスに乗り込み、約一時間半ののち山形市の「ホテルメトロポリタン山形」に到着した。それはすでに日没後であった。

山形在住福澤協会会員・山形三田会員との合同懇親会

第一日の宿泊先「ホテルメトロポリタン山形」にチェックインし少憩のあと、いよいよ翌日、見学にうかがう伊藤家のご当主伊藤義彦・環ご夫妻、伊藤家とご縁続きの協会員三浦新氏（山形三田会前会長、山形銀行前会長）、協会員佐藤利右衛門氏（山形三田会会長、株式会社丸十大屋代表取締役）、一行が米沢駅到着の際にわざわざ山形市から出向いて出迎えてくださった市村克朗氏（山形三田会幹事、山新建装株式会社社長）、武田和夫氏（山形三田会副会長、武田眼科医院院長）、澤渡和郎氏（山形県議会議員）、村山浩一郎氏（郷土史家）、それに加えて、翌日の伊藤本邸の資料調査見学に合流するため山形入りされた慶應義塾福澤研究センター西澤直子准教授、アシスタントとして同行の長南伸治氏も参加、懇親会が開かれ歓談のひとときを楽しく過ごした。なお、伊藤義彦氏は医学博士で、山形市旅籠町で明石皮膚科医院というクリニックを開業しておられ平素は市内にお住まいである。

独立の士は風雨の間に屹立不動――伊藤家の由緒、福澤諭吉との関係

伊藤家は江戸初期からこの地方（当時の羽前国北村山郡山口村）の豪農で、大庄屋、名主を務

める名家であった。伊藤家は歴代、地域の農業振興に努め、ことに江戸時代後期に入ってからは、それまで水田のなかったこの地域に米作の導入を図り、水稲栽培に必要な用水を確保するため、私財を投じて用水池の造成、堤防の構築を推進している。

のちに伊藤家の養嗣子となり、十四代目の当主（義左衛門宣七）となる工藤宣七（一八六九～一九三六）は明治二年六月二日、同じ郡内の東根村の名家工藤家の三男として生まれ、地元の小池塾に学んだあと、十八歳のとき上京、明治二十年三月一日、慶應義塾に入学した。当時の記録によれば在学中の成績は優秀で、明治二十三年、別科を卒業している。

宣七は卒業し帰郷、直ちに伊藤家に入った。養父十三代目義左衛門（元顗）が在世中のことである。宣七は早速恩師福澤に近況を報じたと見え、その返書が伊藤家に残されている。その書簡の概要は次のとおりである。

「本月二十四日付貴翰拝見した。地方の事情を縷々《るる》仰せ下さり、よくわかった。随分苦々しい事であるが、人事多端このようなことは今後とも毎度出現することであろう」

と述べたあと、福澤は強く宣七を励ましている。

「唯、独立之士ハ此（の）風雨之間に屹立《きつりつ》、不動以って自から守りて、他を制する様致《いたし》度（き）事ニ候。右拝答まで。余ハ次便ニ譲り候　匆々頓首《そうそうとんしゅ》

二十三年七月二十七日　諭吉　伊藤賢契梧下《ごか》」（『福澤諭吉書簡集』第六巻三三四）

伊藤宣七はこの福澤書簡を心の支えとして秘蔵したのであろう。丁重に箱に納め、ご子孫に遺されたのである。

山口村開田記念碑の草稿依頼

宣七の帰郷から七年経った明治三十年（一八九七）、山口村の一隅に、「開田記念碑」というものが建てられた。この碑文は福澤諭吉の執筆によるもので、その起草改稿について、伊藤宣七はたびたび上京し福澤に懇請を続け、福澤もこれを快諾し改稿の要請にも応じている。そのやりとりを示す書簡、草稿が、伊藤家に残されている。伊藤宣七は福澤の晩年にも折につけ上京し旧師を訪れ、そのときに福澤から与えられた署名写真、署名本も数多く伊藤家に残されている。そしていまも伊藤家のご子孫は、宣七が残した福澤関係文書を丁重に保存しておられる。

福澤諭吉撰文の碑文には伊藤家歴代の水田開発の功績が詳しく記述され、村民はその恩沢を忘れることなく堤を堅固に守り油断なく田地を耕すように戒め、最後に「迂老は年来今の伊藤氏と交りて相知り、また村民に自力自活の風あるを伝聞し、いささか警戒の意を寓して一言碑文に代うるものなり。明治三十年四月　福澤諭吉誌」と結んでいる。

旅行二日目となる十月二十九日午前九時、宿泊先の「ホテルメトロポリタン山形」をバスで出発、市内を一巡し車窓から、大正初期に中條精一郎を顧問として造営されたレンガづくりの建物で、国の重要文化財に指定されている旧県庁・県会議事堂の建物（文翔館）、最上氏居城址等を一覧、天童に向かい、まず開田記念碑を見学する。いまもよく保存されているが、一〇〇〇字を超える福澤の名文はなかなか読み取れない（全文は『福澤諭吉全集』第十九巻七八九～七九〇頁）。

続いて碑文にも出てくる用水池（原崎沼《ばらざき》）を見学、いよいよ天童市山口の伊藤本邸に到着、伊藤義彦・環ご夫妻はじめご親族方のお出迎えを受け、手入れのゆきとどいたお庭、風格のある土蔵を眺めながら御座敷に入れていただく。平素はお住まいでないのに今日のためにしつらえられた床の間の掛軸、棚の飾り物、置物にお心入れのほどがうかがわれ恐縮する。ご挨拶もそこそこ、御座敷に展示していただいた品々を拝見する。

一、福澤書簡（前記　明治二十三年七月二十七日付）
二、記念碑撰文の往復書類
三、福澤署名入りの写真（晩年のもの、年月不詳）
四、福澤署名入りの『福翁百話』「福澤全集緒言」（『福翁百話』には、福澤の筆で、〃上製版を贈りたいが、いま手もとにないので並製版で勘弁してくれ〃という意味の文が書き込まれている）
五、福澤の書幅「公徳生従私徳」（公徳は私徳より生ず）

伊藤宜七翁が昭和十一年（一九三六）に逝去されてからすでに七十年が過ぎている。丁重に保存されているこれらの貴重な文書を拝見するにつけても宜七翁がご子孫に福澤のことを語り、ご子孫がまた次の世代に語り伝えてこられた温かいお気持ちが伝わってくる。

なお、伊藤家所蔵資料のほかにも福澤と伊藤宜七の結びつきの強さを示す資料が『福澤諭吉書簡集』『福澤諭吉全集』のなかに出てくる。明治二十五年から三十年にかけて、伊藤宜七は、山口村と隣村田麦野村との山林帰属問題解決のため、しばしば上京して関係方面に陳情している。福澤はその都度仲介の労をとり、あちこちに出した書簡あるいは下書が残っている。

「伊藤宜七（中略）一昨年本塾を卒業して文才もあり（中略）今度居村の利害に関する事件のため出京」「伊藤宜七が山林の事に付心配の様子は昨日も承り甚だ気の毒」「伊藤宜七が……頗る心配の様……」

これらは、いかに福澤が伊藤宜七を愛していたかを示すものであろう。

立石寺参詣

伊藤家を辞した一行は松尾芭蕉の『おくのほそ道』に出てくる「閑《しず》けさや岩にしみ入る蝉の声」で有名な立石寺《りっしゃくじ》に向かう。まず麓の「山寺風雅の国」で昼食をとり、健脚ぞろいの一行は一〇一五段の石段を上り、根本中堂、五大堂、奥の院におまいりする。立石寺からは一路今夜の宿舎天童市「ほほえみの宿　滝の湯」に向かう。ここは温泉地である。入浴後、宴会場で会食。温泉旅館の宴会場には珍しい椅子テーブルの様式は好評であった。なお、名産の西洋梨ラフランスのシーズンであったので、午前中の見学中にも「フルーツセンター」に立ち寄って試食したが、さすがに優れた味であった。

新聞、テレビの報道

伊藤家を見学中、地元の有力紙「山形新聞」の記者、山形放送のカメラマンが取材にきていたことは一同気づいていたが、どのように報道されるかは知らされなかった。そのうちに、夕方、夜のローカルニュースの番組のなかで報道されるという情報が伝わり、一行のうち注意深い人々は、〃テレビに出ていた〃〃もう一回出るらしい〃などと夕食会の席で語り合っていた。しかし、天童出発の朝、「山形新聞」を見た一行はいずれもビックリ。一面に六段抜きで「福澤諭吉の書幅　天童で見つかる」という記事とカラー写真が載り、二十四面にも七段半抜きで「伊藤家・天童　諭吉と深めた親交」「研究家一行、貴重な資料と驚き」と書かれ、われわれ一行が資料に見入っているカラー写真が載っていたのである。早速手配をして、一行全員記念の新聞を手に入れることができたのは予期しない旅行の〃お土産〃であった。

天童から奥羽山脈の分水嶺を越えて仙台へ

天童は将棋の駒の生産で有名である。市内には駒を作る工房、駒を売る店があちこちにあり、早朝からお客を迎えている。一行のなかには、バスの出発前、将棋の駒専門店に飛び込んで土産品を調える人も見受けられた。

最終日十月三十日九時三十分、乗り慣れた山形交通バスに乗り込み、整備のゆきとどいた国道の山脈横断道路を、紅葉とせせらぎを鑑賞しながら、いつか宮城県に入り下り坂をたどる。仙台の市街地に入り、まず青葉区八幡の仙台総鎮守大崎八幡宮に参詣。ここの社殿は、伊達政宗が豊臣家召し抱えの名工を招いて造営した壮麗な安土桃山様式の建造物として国宝に指定されている。市の中心部の勝山館で昼食ののち、青葉山にバスで登り、仙台城（青葉城）址を見学、伊達政宗騎馬像、土井晩翠「荒城の月」の碑のあたりから、仙台市街全体を一望に収める眺めを楽しんだ。さらに、青葉山を下って広瀬川の反対側の丘陵に建つ伊達政宗の廟所「瑞鳳殿」を参観。これは空襲で焼失後、復元再建された壮麗なお霊屋《たまや》である。そして、十五時二十六分仙台駅発の東北新幹線はやて十八号で帰京、東京駅着は十七時八分であった。

（福澤諭吉協会第四十一回福澤史蹟見学会　二〇〇六年十月二十八日～三十日　「福澤手帖」二〇〇六年十二月号）

福澤諭吉の門下生たちのゆかりの地を旅する 4

新潟県中越 長岡・小千谷・柏崎

まえがき

福澤諭吉協会の史蹟見学会は、国内各地、海外各国で福澤諭吉が足跡を残したところを訪問して、その時代を偲び、その土地における福澤の活動を探《たず》ね、史料に接し遺跡遺物を見学するなど、修学研修の旅行として始まった。しかし、福澤が自身で歩いた土地というと、旅行先の範囲が限定されてしまうので、福澤がいったことのない土地であっても、福澤と縁故の深い土地であれば、史蹟見学会の目的地に加えることとなった。たとえば、東京に近いところでも、福澤はあれほど力を入れて村民を支援した千葉県の長沼村（現在は成田市に編入）に自分自身では足を運んでいない。しかし、福澤の思想・姿勢・気力を偲ぶ重要な縁故地であるから、すでに二回（一九九六年・二〇〇四年）、長沼は見学旅行会の見学先に選ばれている。今回の見学会の主要訪問先である新潟県長岡市も、福澤の足跡は及んでいない。新潟県内で福澤が足を踏み入れたのは、当時の直江津と高田、いまの上越市だけである。しかし、長岡は明治初年、戊辰戦争のあと、優秀な青年を次々に福澤門下に送り込んだ土地である。そして彼等のなかに、卒業後も福澤の膝下にとどまり慶應義塾の運営に貢献したものが多数あった。そのように、長岡は福澤諭吉と縁故の深い土地であるので、すでに昭和五十三年（一九七八）十月の第六回福澤諭吉協会史蹟見学会には、佐渡・新潟とともに訪問先となっている。したがって今回は第二回目の訪問である。

今回の見学会の眼目――長岡と慶應義塾

慶應義塾では、明治のはじめのころ、「三藩」ということが言われていたという。塾生あるいは教員の出身地、所属の藩をしらべてみると、豊前中津藩、越後長岡藩、紀州和歌山藩の三藩出身者が断然多く、優秀な青年がそろっている。義塾のなかの三大有力グループだというわけである。

中津は福澤の出身地で、福澤自身が中津に出向いて、小幡篤次郎、仁三郎兄弟を江戸へ連れてきたこともあり、甥の中上川彦次郎たちも入塾したので〝藩閥〟を形成したと見られるのも不思議はない。紀州藩は福澤を和歌山に招いて藩の教育を任せようとしたほどであって、早くから小泉信吉、松山棟庵たちが福澤の側近にいた。長岡藩は福澤とどういう縁故があったのであろうか。

長岡藩は、藩主牧野家が幕府の老中をしばしばつとめるほどの家柄で、七万四千石の小藩ながら越後の要地を占め、織物業も栄え、実高十二万石の堅実な藩であったが、明治維新、戊辰戦争のときに混迷する政局のなかで薩長の官軍に抗戦した。その結果、領地は戦場となり長岡の城下は破壊焼失の戦災を受け、多くの犠牲者を出すにいたった。所領は削られ困窮するなかで、有名な山本有三の戯曲「米百俵」に描かれているように、長岡藩の指導者は支藩から贈られた支援食糧を藩士に分配せずに現金化し、これを学校建設の基金にまわし、学問奨励、人材養成の政策を明らかにしたのであった。このなかで、三島億二郎は維新後推されて長岡藩の幹部となり、早くから洋学の必要性を認識し、上京のおりには福澤と面会している。そして、藤野善蔵、渡部久馬八、芦野巻（蔵）、名児耶六都、城泉太郎らが次々に福澤の門下に送られ、卒業後は福澤を助けて義塾の運営にあたったものが多かった。藤野は長岡の洋学校設立に活躍したのち、慶應義塾に戻って塾長をつとめ、芦野も一時塾長をつとめ、渡部は塾監会計監督の職につき、名児耶は荘田平五郎を助けて慶應義塾大阪分校の開設・撤退に力をつくし、城泉太郎は徳島分校の校長をつとめた。

これら長岡出身の逸材は、福澤からもその将来を期待されていたが、不幸なことに、藤野・

芦野両塾長をはじめ多くは短命であった。ただ安政三年（一八五六）生まれの城泉太郎だけは、明治九年（一八七六）に二十一歳で徳島の分校長をつとめたあと、高知の土佐立志学舎教師、長岡洋学校教師・和歌山自修学校教師を経て、明治二十年（一八八七）三十一歳以後は東京に定住し、日本英学館・東京英語学校などの講師をつとめている。それ以後は著作に従事し「地租単税論」を唱えたりしているが晩年の活動は不明。昭和十一年（一九三六）八十歳で東京で没している。

藤野善蔵は長岡出身の福澤門下生中の筆頭である。弘化三年（一八四六）の生まれであるから明治元年（一八六八）には二十二歳であったが、それ以前から江戸に出て箕作塾に学び開成所にも出入りしていた。小幡篤次郎と識り合ったのもこのころのことである。長岡藩が奥羽越列藩同盟に加わり北越戦争がはじまると、藤野は呼び返されて戦地長岡に戻った。戦後明治二年五月藤野が上京して洋学塾に入ろうとしたとき、彼の友人は藤野に向って、「君は福澤の塾に入りたいだろうが、あそこは今、入学希望者が多くて塾（寄宿舎）はいっぱいだ。それよりも山東という人の塾へ行けば、君の実力ならば勉強しながら初心者に英語を教えられる。そうすれば学費がかからない。しかし福澤塾に懇意な人（小幡）がいるなら、山東塾への推せん状を貰ってこい」と忠告した。藤野が五月十七日新銭座の慶應義塾を訪れると小幡篤次郎が出てきて「貴君が上京してきたことは、聞いていた。すぐにここ（慶應義塾）へ入って、寄宿しなさい。学費の心配はいらないから、明日からでもおいでなさい」といって福澤諭吉に面会させたと伝えられている。

『慶應義塾入社帳』には「本人氏名　藤野善蔵」「生国　越後」「住所　長岡」「主人ノ姓名　牧野鋭橘」「年齢　二十三歳」「社中ニ入タル月日　五月十九日」とあって、父、兄弟の姓名・入塾證人の姓名印の欄はすべて空白である。

藤野は義塾の教員をつとめたが、明治五年十一月長岡に洋学校がひらかれると一ヵ年の契約で教頭格の英学教授として招かれた。藤野は謹厳な態度で教場に臨み、生徒はその厳粛な授業ぶりに恐れをなしていた。「藤野先生は別に生徒を叱るようなことはありませんでしたが、前日に下読みを命じられているにもかかわらず、怠けて調べずに居る時は眼鏡ごしに見ながら〝ネクスト〟と云われる時は何ともいわれぬ慚愧の念に打たれ、長く藤野先生のネクストなる言葉が心に沁み渡っていました」というのは小西信八洋学校第一期生の想い出話の一端である。小西はのちに教育界で活躍し、障害者教育の先駆者の一人となった。

なお、藤野が洋学校へ赴任したときは月給一二五円の高給だったことが評判となったというが、それから四年後に、慶應義塾の徳島分校長に赴任した城泉太郎は「自分のような二十一歳の若輩が徳島分校長として受けた月給は一〇〇円であった。それとくらべれば、藤野先生の一二五円は安すぎるくらいだ」と述べている。

藤野は、一ヵ年の任期満了ののち明治六年十一月帰京し、慶應義塾長の職をつとめたが、そののち、明治十一年五月再び長岡洋学校に赴任し、九月まで英語教師をつとめ、教則改正等に参画し、あとを城泉太郎に譲って十月二十七日東京に向った。

藤野は東京師範学校中学師範科、三菱商業学校にも関係したが病弱のためかいずれも短期間に終っている。

明治十八年（一八八五）三月二日、藤野は三十九歳で没した。まだ独身であった。残された老父は一族である城泉太郎が面倒を見ている。

藤野が没する六年前の明治十二年二月、熱海のふじや旅館に避寒している病身の藤野に対し、福澤は見舞の手紙を出している。

「熱海は熱の名を欺かず、温暄の由、定めて尊体には相応しいことと、蔭ながら欣喜に堪えません。長与専斎とご同宿で、毎日碁を戦っておられたところ同氏の帰京で好敵手が居なくなりご当惑のことでしょう」以下義塾の近況等を述べ、最後に「尚以って、呉々も御保養専一に存じ奉り候」「石井信義（謙道）は肺病、とても六ヶ敷よし、斯くなりては悔《くゆる》も及ばず、何時までも御気長に御辛抱なされ度く、真実に祈り奉り候」と結んでいる（『福澤諭吉書簡集』第二巻三〇五）。なお石井は藤野に先き立ち明治十五年一月、四十三歳で没した。

見学会の日程

二〇〇八年十月十一日（土）朝、東京駅に集合したのは伊丹吉彦、伊丹まり子、鵜浦典子、小坂和明、小坂和子、小西恭子、竹下宏子、黒沢旬子、服部禮次郎、馬場紘二、守田満の各氏ほかJTB添乗員塚本氏、および協会の秋山事務局員であった。上越新幹線九時二十八分発で出発。

十一時七分、長岡駅到着、長岡三田会会長反町和夫氏のお出迎えを受ける。反町氏には九月十三日、今回の旅行の下見に参上したときにはご自身の運転で訪問コースを案内していただき、各地の有力関係者にいちいちご紹介いただいたが、今度はご夫人尚子様ともどもご夫妻でお世話下さることとなり恐縮する。また、駅頭では、「現地参加」の石川県金沢市の大窪孝司会員・新潟県十日町の古沢重会員の両氏と合流した。JTBを通じて手配してあった「泉観光バス」の貸切バスに一同乗り込み、市内の料亭かも川別館に到着、昼食をとる。

午後〇時三十分、最初の見学先、学校町三丁目の県立長岡高等学校構内の「記念資料館」に到着、教室風にしつらえられた集会室で、資料館学術顧問土田隆夫氏から、詳細な資料ペーパーに基づき、長岡洋学校の歴史、慶應義塾とのつながりについての講話を拝聴。明治三年長岡に開設された「国漢学校」では、二一〇名の生徒中、支那学（漢学）生徒一七五人、洋学生徒三五名であったがやがて国漢学校は廃され、明治五年（一八七二）十一月二十三日、旧政庁を校舎として長岡洋学校が設立された。三島億二郎（区長兼学監）が学校掛として責任者となり、旧藩士で慶應義塾に学んだ藤野善蔵が校長格で迎え入れられた。

なお、長岡洋学校はそののち長岡学校と改称され多くの変遷を経て、新潟県立中学校（旧制）となり、さらに戦後、現在の新潟県立長岡高等学校となって、その歴史伝統を継承しているとのことである。なお、本校の同窓会長は、反町さんである。

講話のあと、二階、三階に昇って展示を見学。藩主牧野家歴代の治世を示すもの、戊辰戦争を指揮した河井継之助の活躍を示すものから始まって、長岡出身の海軍提督山本五十六元帥の生い立ちを伝えるものに至るまで、数百年間に長岡から世に出た武将軍人、画家詩人、学者芸術家、教育家、実業家、官吏政治家などに関する広汎な展示のなかで、藤野善蔵の大きな肖像写真を中心とする長岡洋学校関係の陳列品は相当大きなスペースを占め、慶應義塾との関係の深さを示す、当時の教科書等の陳列品も興味深かった。

見学を終えて、資料館玄関先で記念撮影。バスに戻って小千谷市に向う。

長岡市は人口二十八万の商工業都市であるが、小千谷は人口四万、醸造業とともに古くから小千谷ちぢみ、小千谷ちりめんに代表される機業、織維業の中心地として有名である。

西脇順三郎と小千谷

次の訪問先は、「西脇順三郎記念室」のある小千谷市立図書館であるが、途中、西脇順三郎の詩碑の建っている、山本山という丘陵にバスで登る。ここは信濃川を眼下に見渡す景勝地である。大きな白みかげの自然石の南面には西脇の詩集『旅人かへらず』の終章「……草の実のさがる藪を通り　幻影の人は去る　永劫の旅人は帰らず」、北面には「山あり河あり　暁と夕陽とが　綴れ織る　この美しき野に　しばし遊ぶは　永遠にめぐる　地上に残る　偉大な歴史」がいずれも西脇の自筆で刻り込んである。そして、「西脇順三郎　この山上は我が青年時代より散策し　故郷の偉大なる存在を感ぜしところなり　昭和五十四年　夏」と書き添えられてある。

山本山を降って、小千谷市上川の市立図書館三階の「西脇順三郎記念室、記念画廊」を見学。西脇順三郎の旧蔵書一二〇〇冊のほか、著書、絵画作品、写真、遺品、書簡などが多数収蔵されている。見学に先立ち、「西脇順三郎を偲ぶ会」前会長山本清氏から西脇順三郎（一八九四～一九八二）の生涯、業績について感銘深い講話があり、小千谷三田会前会長医学博士北村雄哉氏からもご挨拶があった。西脇順三郎は小千谷の名家に生まれ慶應義塾大学に学び、イギリス・オクスフォード大学に留学、英文学者、詩人として名を成し、慶應義塾大学教授、芸術院会員であった。晩年故郷小千谷に引退し、八十九歳で世を去った。

見学を終ってバスで長岡市に引き返し、JRの駅に近いホテルニューオータニ長岡に到着。少憩ののち、ホテル内で「長岡三田会」「小千谷三田会」との合同で懇親会がひらかれた。三田会の参加者は次の諸氏であった。

（長岡三田会）反町和夫、種田清次郎、七里俊雄、岸伸彦、（小千谷三田会）北村雄哉、西脇一隆、（十日町三田会）滝沢哲夫、大島善孝。

「柏崎三田会」（松村保雄会長）は、当日市内で大きな行事があり、三田会員の大多数もそれに参加するので、残念ながら長岡にはうかがえないとのことであった。懇親会ではお互いに共通の友人も多く、慶應義塾のこと、福澤先生のこと、長岡の近況など話題はつきず一人一人の自己紹介もあり、終宴まで盛り上った。

柏崎市　黒船館　吉田家兄弟のコレクション

第二日の主要見学先は柏崎市の黒船館である。柏崎は、日本海に面する商業都市であるが、市の入口には「ようこそ海とエネルギーのまち柏崎へ。風、太陽、雪、原子力を活用していま す」の標識が建っている。「原子力」は柏崎刈羽原子力発電所のことで、東京の電力の供給源のひとつである。現在は観光地としても知られ、青梅川の河畔の美しい丘の上には「柏崎コレクションビレッジ」という地域があり、その一角にある8号館「黒船館」には、柏崎の旧家、呉服商花田屋の吉田家ご兄弟のコレクションが展示されている。三代目の吉田正太郎（一八八七〜一九七二）は慶應義塾普通部に入学、先輩の水上瀧太郎を知った。大学予科を中退、帰郷して家業に従事するかたわら、地域文化の発達に貢献した。正太郎の末弟で十五歳年少の吉田小五郎は慶應義塾大学文学部史学科で幸田成友教授に師事、日欧通交史を研究、その分野で業績をあげるとともに慶應義塾幼稚舎の教員となり、戦後は舎長をつとめた。晩年の十年間は郷里柏崎に住み昭和五十八年（一九八三）八十一歳で他界した。

吉田小五郎は、「兄（正太郎）は、福澤先生が逝去された翌々年、慶應義塾に入学したのであるが、恐らく先生の没後、福澤先生の啓蒙思想に触れ、その行状をつぶさに知ったであろう。また兄は先生の直接の著書に接し、ことに絵入りの『西洋事情』『窮理図解』『西洋衣食住』『改暦弁』等を見て、非常な興味を覚えたらしい」と記している。

正太郎はペリー来航の時代に興味を感じ、ペリー関係の肖像版画、当時世上に流布した刷物、そのころ西洋から渡来した器物など「黒船もの」「ペリーもの」の収集から始まって、「オランダもの」「キリシタンもの」まで手が伸びたと言われる。館内には、これらの珍しいコレクションが所せましと陳列されている。

吉田小五郎のコレクションは、明治中期に一時流行した石版画が中心である。錦絵版画・銅版画の流行が衰えはじめた時期から写真版が登場定着するまでの中間期に座を占めた石版画は、題材が美人画・風俗画・風景画などで、技法の精巧なこともあって、たのしく鑑賞することができた。

あとがき

柏崎の黒船館訪問で、今回の見学旅行の「公式日程」を終え、そのあと、帰京までの数時間を利用して近隣を遊覧する。まず海岸つづきの寺泊に出て海鮮料理の昼食を楽しみ、大繁昌の海産物マーケットに立ち寄り土産品を仕入れた。午後は出雲崎に出て「良寛さま」の遺跡を訪れる。良寛の母の生地佐渡ヶ島を見はるかす海岸の、良寛生家跡地に建てられた「良寛堂」、眺めのよい丘の上にある「良寛記念館」などをゆっくり巡覧。最終コースを再びバスで長岡駅に向い、予定通り十六時〇七分発の新幹線で帰京解散した。

（福澤諭吉協会　第四十二福澤諭吉史蹟見学会　二〇〇八年十月十一日〜十二日「福澤手帖」二〇〇八年十二月号）

福澤諭吉の門下生たちのゆかりの地を旅する 5

長沼・佐倉

目的地成田市長沼と「長沼事件」

二〇〇四年四月十七日、今回（福澤諭吉協会第十五回一日史蹟見学会）の目的地は、「千葉県成田市長沼」という農村である。場所は、バスで高速道路（東関東自動車道）を成田空港の方向へ走り、「空港入口」のインターチェンジの左側の「成田インターチェンジ」に入り、広い国道を西のほうへ五分くらいいったところで右折し、国道四〇八号という二車線道路に入って北のほうへ利根川に向けてまた十五分くらい走ったところである。あまり目印もなく、「長沼」というバス停の標識があるくらいである。

ここが、福澤先生の伝記に出てくる「長沼事件」の舞台で、事件のあらましは次のとおりである。

いまは干拓されて田圃《たんぼ》になっているが、昔は利根川から程遠からぬこの辺一帯は沼沢地が多く、現在の「長沼部落」の周辺にも「長沼」という大きな沼があった。「印旛沼」ほど大きくはないが、三百町歩近くあったというから三〇〇ヘクタール近い結構大きな沼で、鯉、鯰、鰻、どじょうがたくさんとれ、肥料に用いられる水藻も豊富だったという。この長沼の周辺には、いくつかの部落があったが、徳川時代の半ば頃から、沼に一番近い「長沼村」が、領主に願い出た結果、この長沼の漁業権、採藻権の独占を認められ、その代償として、長沼村は「沼高」と称する年貢米を租税として毎年公納し、独占権を確保していた。しかし、沼のまわりに部落が増えてくると、他の村の村民も長沼の漁業権が欲しくなり、沼の共有、沼の入会《いりあい》権を主張しはじめ、幕府時代にも何回か訴訟が起こり、その都度、長沼村の主張が認められていた。長沼村の主張というのは、この村は戸数一〇〇、人口五〇〇人ほどの寒村で、田畑が狭く、しかも土地が瘠《や》せているので、沼からの収益でようやく活計を立てている。それを代々の領主も認めて、その代わり「沼高」という運上米（年貢）をきちんと納めている。領主からの御書付も残っている。よその村々はあとから沼の近くにやってきて部落をつくったので、しかもそれぞれ豊かな田畑を持っているのだから、沼からの収益などを当てにする必要はないはずである。われわれ長沼村民のほうは沼のおかげで生きているのだから、沼を取り上げられたり、共有にされたりしたら死活問題である……。これが長沼村側の言い分であった。

旧幕時代は、それですんでいたが、明治に入って廃藩置県となって殿様はいなくなり、このあたりが「印旛県」の管轄になると、近隣の村々十五ヵ村は明治五年（一八七二）あらためて県庁の官吏に訴えを起こし、沼の共有を企てた。今度は、直接に入会権・共有権を要求するのではなく、「長沼に注ぎ込む川の水は、長沼を経て利根川に流れ込むのであるが『長沼』の底に泥がたまって流れが悪くなるのでわれわれ上流の村々に水害が起こって大迷惑である。長沼村が沼の独占権を主張するなら、大規模な沼の浚泄《しゅんせつ》工事を長沼村が一手に引き受け、川の流れを改良するべきである。それがいやなら隣村十五ヵ村が加わって共同で浚泄工事を引き受ける。その代わり、長沼村は沼の独占権を放棄しろ」という作戦に出て、検分にやってきた県の役人も、十五ヵ村の主張を認め、官の権威をふるっていろいろと長沼村に無理難題を押しつけ、最後は「旧幕時代の旧慣習は一切認めない」「沼高（年貢米）の上納は認めない」「沼は官有地にする」「官有地になった以上、入会権を十五ヵ村に認めようと何をしようと官の勝手である」「これに反抗する長沼村民は処罰処刑する」という調子で長沼村民に詰め寄ってきた。

福澤諭吉の登場と事件の解決まで

長沼村では集会を開いて県庁への嘆願書をつくり、その頃、「印旛県」から「千葉県」に改組された県庁の所在地、千葉町（いまの千葉市）に村の「用掛」（渉外役）小川武平《おがわぶへい》という人を派遣して嘆願書を提出させたが、官吏は威張るばかりで耳を傾けてくれない。ところがふとしたことで、この小川武平が千葉の町で福澤諭吉の『学問のすゝめ』の一冊を読み、それに感激して、ぜひ福澤先生にこの村民の窮状、官吏の横暴を聞いてもらい、力になってもらいたいと決心し、伝手《つて》を求めて東京三田の福澤を訪ねたのが、「長沼事件」と福澤諭吉との係り合いの始まりである。それは、明治七年（一八七四）十二月のことであった。

福澤先生は、武平の話を聞いて深く同情し、早速、門弟の牛場卓蔵に命じて県庁に差し出す願書を代筆させ、千葉県令の柴原和《しばはらやわら》に手紙を出し、さらに柴原が上京したときにその旅宿を訪ね、直接面会して口添えするなど、強力に長沼村民を援助した。この問題は、いろいろな経緯があって、明治九年（一八七六）に県庁から長沼村に対し「沼は官有地であるが、長沼村に五カ年の期限で有償で貸し渡す」という言い渡しがあった。これでひとまず解決されたかのように思われたが福澤先生はそれに満足せず、「これでは五カ年ごとに、貸し渡し契約が毎回更新されるという保証はない。官有地を正式に長沼村に払い下げさせるまで運動を続けるべきだ」と主張し、根気よく請願を継続させた。

福澤諭吉と長沼との永い結びつき

明治九年に「官有地である長沼を五カ年期限で長沼村に貸し渡す」という県の通達があって

から五ヵ年が経過した明治十四年（一八八一）、村からは県に対し、再び「払い下げ」を願い出たが却下され、「貸し渡し」の継続となった。その明治十四年十一月三十日付で、福澤諭吉は次のような意味の手紙を村の長老たちに送っている。

「長沼の事は、村民一同多年の心配であったが、今回も御払下げの義は取り上げられぬとの指令があった。これも拠《よ》んどころないことであるが先ず、いまのところは拝借というお願いにとどめておき、なお追って、工夫もあるであろう。とに角、村中一致して誠意誠心勉強する中には、遂には〝払い下げ〟という大願成就の日も来るであろう。何故かといえば、全体この長沼村に限り、これまで頓《とん》と不和不一致ということがない。民心一致は長沼村の性質ともいうべき有様であるから、必ずその目的を達する時節が到着するであろう」

福澤先生はこのように村民を激励し、次に、小川武平を大切にするよう、村民を戒めている。

「序《つい》でながら申し度《た》いのは、是まで長沼の事について村民一同の尽力は容易でなかったことは感心の至りであるが、村の長老のなかでも小川武平の勉強周旋は著しいものがあり、今日のように情勢が好転したのも武平の力によることが多大であったといってもよい。武平は、あたかも〝長沼村の器械道具〟といってもよく、実に大切な品である。ところが、武平はこの程息子の三蔵を失い、心配事が多いようで、傍からは慰めようもないがまことに気に掛ることである。若《も》しも今になって武平が金銭の心労のために肝心の沼のことを怠るようになってはもってのほかである。村の為に大切な道具を損《そん》じてその修繕を怠るようなものである。なにとぞ小川武平一名だけは、安心して村の為に尽すことの出来るように取り計らって欲しい……」(『福澤諭吉書簡集』第三巻六二五)

先生は常に武平の身の上を気づかい、一時は武平を東京に引き取って世話をされたほどあった。

この手紙の原本は、小川武平のご子孫が大切に保管しておられる。今回は特に私たちにも見せてくださった。

長期にわたる官と民との請願、却下、請願、却下を繰り返しているうち、村民の間にはともすれば倦怠感や無力感が生じがちであったろうが、福澤は絶えず策を授け、根気よく指導を続けた。それは福澤の最晩年の病中においても止むことがなかった。

そして、明治三十二年(一八九九)、政府はその方針を転換し、「国有土地山林原野払下法」を公布し、国有地を旧所有者に払い下げる道をひらいた。長沼村では、かねて福澤の指導のもとに取りそろえておいた必要資料を添付し、沼の払い下げを申請したところ、翌明治三十三年三月二十九日、内務大臣の名で、長沼は長沼村に無償で還付された。福澤がはじめて小川武平の話を聞いてから実に二十五年を経過しており、福澤の没する前年のことであった。

福澤諭吉と長沼村との結びつきは、単に「長沼事件」をめぐる関係だけにとどまらなかった。

二十五年の間、福澤は沼の取り戻しを指導しただけでなく、長沼村民の生活改善、教育水準の向上に助力し、村民に共同貯金をすすめ、さらに、学校を設けて教育を盛んにすることをすすめて五百円を寄付し、それを基にして明治十四年長沼小学校が長寿院の境内に設置された。この小学校は戦後になって、数キロ離れた豊住小学校に合併されて、いまはないが、その跡が保育園および公民館などに使われている。

このような福澤先生の事件解決のための強力な支援、村の生活向上のためのゆきとどいた配慮に対し、長沼の人々は福澤諭吉から受けた恩義を忘れることなく、福澤の在世中は村民代表が畑の作物などを持って福澤を訪れ、あるいはその病気を見舞い、福澤の没後はその嗣子《しし》一太郎氏、また令孫八十吉氏のもとに挨拶に出向き、そして、平成の今日でも、長沼区の代表者数名が、諭吉の曾孫福澤範一郎氏のもとを年に何回か訪れている。

本年（二〇〇四）も去る四月十八日、長沼の区長鈴木善己さん、同代理千勝茂夫さんほか二名が、早朝長沼を出発して川崎市麻生区の福澤邸を訪問した。一行は、そのあと東京の慶應三田キャンパスに向かい、福澤記念公園の福澤諭吉終焉の地の記念碑、旧図書館前の福澤諭吉胸像、稲荷山の演説館などを見学、さらに麻布善福寺の福澤諭吉墓所を訪れて線香を捧げ夕刻、長沼に帰着した。

なお、現在、長沼には、大正七年に建てられた、当時の塾長鎌田栄吉の撰文による「長沼下戻記念碑」、平成十年に建てられた「長沼下戻百周年記念碑」などが建ちならび、いずれも福澤の功績を讃え村民の感謝を表している。また福澤が設立を援助した小学校は、いまは「長沼保育園」となり「福澤こども館」という標識が掲げられている。

そして、沼の下げ戻しが通達された「三月二十九日」は、長沼の人びとにとってはいまでも特別の記念日となっており、毎年記念の行事が催されているとのことである。

長沼での見学先

長沼でバスを降りると、樹木の茂った小高い丘が目に入る。この小山は長沼城の址と伝えられ、いまは公園になっている。その麓に、大きな石碑が三つ建ちならび、解説文を記した案内板が立てられている。

一、「長沼下戻記念碑」慶應義塾長鎌田栄吉撰文　大正七年（一九一八）建碑
　長沼事件の概要と福澤先生の支援について記されている。

二、「功績記念碑」　大正十五年（一九二六）建碑
　長沼事件の解決について貢献した村民の活動が記され、福澤諭吉の名も出てくる。

三、「干拓頌功之碑」　昭和五十四年（一九七九）建碑
　長年、治水工事に悩まされた長沼の沼沢低湿地帯を、次第に干拓して豊かな田圃をつく

り出した経緯を詳しく記録した碑で、ここにも福澤の名が出てくる。

三つの碑のならんでいる脇にある、狭い急な石段を六十段上り、さらに石畳を数段上ると、広場のようなところへ出る。ここには、いくつかの祠《ほこら》があり、一隅に碑が建っている。

四、「長沼下戻百周年記念碑」平成十年（一九九八）建碑

この碑文は「福澤諭吉先生の直系　曾孫福澤範一郎様令夫人あや子様ご夫妻をお迎えして」という文言で始まっている。百周年となっているが、長沼事件解決は一九〇〇年であるから、少し繰り上げてお祝いをしたのであろう。この除幕式には、成田市長はじめ地元の名士も参列していたが、福澤範一郎ご夫妻、鳥居泰彦塾長（当時）も招待を受けて参列された。福澤諭吉協会からも、理事長、常務理事が出席した。

五、「長沼」干拓地の眺望

昭和初年から始められた干拓造圃事業は昭和四十七年（一九七二）完成し、いまは昔の「長沼」は消滅したが、どのあたりが沼だったかという跡地は、この城址公園から眺めることができる。沼の形は、大きな「ひょうたん型」だったそうである。

六、長沼小学校跡

城址公園から麓に下って三〇〇メートルほど山に沿って国道のほうに向かって歩くと、保育園、公民館の前に出る。ここが長沼小学校の跡である。地元の方々、ことに小川武

平翁のご子孫（玄孫）の小川不二夫さんが出迎えてくださりここで、陳列品を見学し、小川さんたちからお話をうかがった。

なお、国道を横切って反対側の道に入ってしばらくいくと、右手の山ぎわの墓地のなかに、小川武平翁ご一家の墓と、下戻百年の年（一九九八年）にご子孫によって建てられた「小川武平翁慰霊之碑」がある。

また、国道を北に行くと、左手の丘の上に長沼小学校を併合した「豊住小学校」があり、その校庭には「独立自尊」と刻んだ大きな石碑が建っていて、校舎の外壁に埋め込まれたブロンズの板には長沼小学校と福澤諭吉の関係を詳しく書いた文章が記されている。

長沼事件に関する文献

長沼事件に関する文献はいろいろあるが、最近では西川俊作教授（当時）が「福澤手帖」一〇一号に「長沼の下げ戻し百年」を執筆され、また慶應義塾幼稚舎の加藤三明先生、同中等部の大澤輝嘉先生が、それぞれ最近の実地踏査による考証を発表しておられる。福澤諭吉協会会員の高柳正平氏も「福澤手帖」三十八号に「福澤諭吉と長沼村民との対話メモ発見」を寄稿された。

なお小泉信三先生は、「下総の半日」と題する随筆のなかで、長沼のことを記しておられる

（「新文明」一九五八年、『小泉信三全集』第十八巻所収）。

また、福澤先生が長沼事件に関して柴原県令、小川武平、長沼村民などに送った書簡は、『福澤諭吉書簡集』の第一巻、第二巻、第三巻などに収録され、福澤が起案させた長沼村から県庁へ提出した願書の控えなどは『福澤諭吉全集』第十九巻に収録されている。

なお、このほか公刊されていない貴重な文書、記録が、「成田図書館」「成田山霊光館」などに多数保存されているそうである。

第二目的地　佐倉市

今回の史蹟見学会の第二目的地は千葉県佐倉市である。佐倉市は人口十七万五千人、旧堀田藩の城下町で、現在も旧堀田邸、本丸城址、武家屋敷の町並みなどが保存されている。佐倉城址には、終戦前までは「佐倉の連隊」が置かれていたが、いまは美しい公園となり、国立歴史民俗博物館が設置されている。

佐倉藩は幕府時代蘭学が盛んで、「西の長崎、東の佐倉」と言われたこともあったそうだ。その蘭学が盛んであったことを示す史蹟の一つに「佐倉順天堂記念館」がある。

佐藤泰然（旧姓和田、一八〇四～一八七二）は現在の神奈川県川崎市に生まれ、長崎で蘭学、オランダ医学、ことに外科の治療術を学んだあと江戸に出て蘭方外科医として開業し、和田塾を開いた。天保十四年（一八四三）藩主堀田正睦《ほったまさよし》の招きで佐倉に移り、蘭医学塾兼外科の診療所として「順天堂」をはじめ、治療とともに弟子の養成に尽力した。安政六年（一八五九）順天堂を養子の佐藤尚中（旧名　山口舜海）にゆずり、自身は横浜に移り、明治五年（一八七二）東京で没した。この順天堂が現在の順天堂大学の始まりである。

佐藤泰然は文化元年（一八〇四）に生まれ、明治五年（一八七二）六十八歳で没したが、福澤諭吉が師事した緒方洪庵は文化七年（一八一〇）現在の岡山に生まれ、文久三年（一八六三）五十三歳で江戸で亡くなっている。緒方は短命で没し泰然は長寿であったので、活動期間は必ずしも一致しないが、ほぼ同時代の人といってよいであろう。

少し詳しく泰然と洪庵を比較すると、泰然は洪庵よりも六歳年長であるが、ほぼ同じころ長崎で蘭学・オランダ医学を学んでいる。ただし、泰然は外科を、洪庵は内科を学んだ。泰然は長崎留学を終えると江戸で外科を開業し、塾を開き、同じ年に洪庵は長崎留学ののち大阪で内科を開業し、適塾を開いた。

なお、佐藤泰然と福澤諭吉とは直接の接触はなかったと思われるが、後年、泰然の孫娘（泰然の実子で、外務大臣となる林董の娘菊）が福澤の次男捨次郎と結婚している。

（福澤諭吉協会第十五回一日史蹟見学会にあたって記す　二〇〇四年四月十七日）

Ⅳ　福澤諭吉の門下生の墓所を巡る

福澤の右腕、小幡篤次郎

お墓まいりの前に

「福澤手帖」編集担当から「福澤門下生のお墓を訪ねる掃苔記《そうたいき》を、続き物で〝手帖〟に書いてみませんか」とのおすすめをいただいた。お墓まいりは好きなので早速お受けすることとしたが、福澤門下生のお墓まいりと言えば、〝福澤諭吉を支えた第一人者〟と言われる小幡篤次郎の墓所を訪ねることから始めるのが順当であろう。本稿では、まず元治元年（一八六四）江戸築地鉄砲洲の福澤塾に入門した中津出身の六人組（小幡篤次郎・甚三郎兄弟、服部浅之助、小幡貞次郎、浜野定四郎、三輪光五郎）、慶応二年（一八六六）、同じく鉄砲洲時代の塾に入塾した紀州和歌山出身の六人組（松山棟庵、小泉信吉《のぶきち》、草郷清四郎《そうごうせいしろう》、辻村得一、小川駒橋《こまきち》、吉田政之丞）のなかから、小幡篤次郎、浜野定四郎、松山棟庵、草郷清四郎の四人を選んで掃苔記を始めることしたい。

営団地下鉄日比谷線の広尾駅から三〇〇メートルほど広尾商店街を歩くと、突き当たりに「瑞泉山」という扁額のかかった臨済宗大徳寺派の名刹、祥雲寺の門が見えてくる。地番は渋谷区広尾五丁目一番二十一号である。

寺内に入ると左手に「瑞泉山墓地」と記された門標が目に入る。小幡篤次郎、浜野定四郎、草郷清四郎の墓はこの墓地内にある。松山棟庵の墓は、ここから数キロ離れた港区南麻布二丁目九番二十二号の曹渓寺にある。場所は港区の古川橋から一ノ橋十番に向かう道を、三ノ橋の手前、みずほ銀行の角を左に曲った奥である。

小幡篤次郎（左）と松山棟庵（右）
『松山棟庵先生伝』（松山病院、1943年）より
福澤研究センター所蔵

お墓まいりの前に、四人それぞれの略歴を掲げてその面影を偲ぶこととするが、小幡篤次郎については本年（二〇〇五）がその没後一〇〇年にあたるので、やや詳しく述べることをお許し願いたい。

福澤を支えた小幡篤次郎

小幡篤次郎が福澤の右腕として、長年にわたり福澤の著作活動、教育活動、社会活動を支え、ことに慶應義塾においては福澤とともにその運営の中心にいたことは広く知られている。しかし、福澤とともに歩んだ道は小幡にとって必ずしも担々とした道ではなかった。

安政の開塾から二十九年、小幡の入塾から二十三年経過した明治二十年（一八八七）十一月二日午後零時半から、福澤は慶應義塾の一室に学生、生徒、教師の面々を集め「慶應義塾の小改革学生諸氏に告ぐ」と題する演説（同年十一月三日付時事新報掲載、『福澤諭吉全集』第十九巻所収）を行い、慶應義塾のトップ人事の大刷新を発表している。それは当時大蔵省在職中であった三十九歳の小泉信吉《のぶきち》を慶應義塾の総長に迎え入れ、長年塾長、校長であった浜野定四郎を小泉の下に会計建築長として配置し、門野幾之進を教場長に、益田英次を学監に据えるという内容のものであった。この一ヵ月前、新体制人事の下相談が進んでいたころ、中上川彦次郎は、小幡篤次郎の処遇を心配し、福澤に進言するところがあったらしい。福澤はその返書のなかでは、

「小泉が総長に付、小幡の感触如何はいらざる心配なり。小幡を棄るにあらず、小泉が入れば福澤［註　当時五十三歳］と小幡［註　四十五歳］は顧問なり。むかし三井抔《など》大店向にて、

番頭の上に隠居なるものあり、即ち福澤、小幡は隠居の地位に居る者なり」(『福澤諭吉書簡集』第五巻一二二四)と決めつけているが、しかし流石に気になったのであろうか、演説の終わりに、とってつけたように、次の一節を加えている。

「小幡篤次郎君は諭吉が骨肉の兄弟に異ならず、本塾創立以来共に力を尽くしたるは内外人の普《あまね》く知る所にして、其塾に関する関係も亦諭吉に異ならず、近来塾務の繁多なるに付いても、之を視るの責は固《もと》より両人の分担に帰し、君も亦一入尽力すべしとのことなれば、慶應義塾には一社二社頭あるものと知るべし。是は今日改めて申すにも及ばざれども新入不案内の学生もあらんと思ひ、序《ついで》ながら報道するものなり」

これは小幡自身を含む義塾内外新旧の人びとに対する福澤のメッセージだったのであろう。

福澤が世代交替、後継者選定をねらって立ち上げた小泉新体制も結果として長続きせず、わずか二年後に、小泉は塾を去りその職は小幡が代行し、明治二十三年(一八九〇)三月十四日の評議員会で、小幡が正式に塾長に就任している。福澤はその年七月八日中津の山口廣江宛に「此節塾の方は小幡氏の引受けとなり、先ず是れにて安心」(『福澤諭吉書簡集』第六巻一五一六)と書き送っているが、この安心は七年後の明治三十年(一八九七)八月、小幡が評議員会に辞表を提出し塾長を退任したことによって終わりを告げ、福澤は、福澤社頭、小幡副社頭、鎌田栄吉塾長の体制ができるまでの数ヵ月間社頭として自ら塾務に当たらなければならなかった。当時不振であった大学部の存廃問題が、小幡辞任の原因と言われているが、いまこれを確かめることはできない。また、小幡が東京を去って郷里中津に引退する意向を表明し、周囲の慰労によって翻意したという話の真相も明らかにするすべがない。

小幡が塾長を辞任した翌年、明治三十一年（一八九八）九月二十四日、福澤諭吉は大患にかかり一時はその回復も危ぶまれた。小幡は、明治三十四年（一九〇一）二月三日に福澤が没するまで三年あまりの間、その側近にあって内外のことに対応し、福澤の最晩年の事業となった「修身要領」の編纂にあたってはそのまとめ役を務めている。福澤の逝去に際して葬儀執行の中心となったのは小幡であり、福澤のために「大観院独立自尊居士」の戒名を選んだのも小幡であったと伝えられる。

福澤が永眠したとき、その霊前に小幡が捧げた、

「唯《ただ》悲し梅にかかりて月や落つ　小旗」

「ぼんやりと眺めせし間に春暮て」（「福澤先生哀悼録」「慶應義塾学報」臨時増刊第三十九号明治三十四年五月）

の句は小幡がその寂莫とした心境を託したものであった。

同年三月二十三日の福澤の四十九日忌の追悼会、翌明治三十五年二月二日一周年逮夜《たいや》祭にお

いて挨拶を述べ、祭文を朗読するのも小幡の役であった。

福澤没後二年の明治三十六年二月三日、福澤の三回忌が降りしきる雪のなかで営まれたとき、小幡は上大崎の福澤の墓を訪れた。福澤の墓には白木の墓標が立つのみで、まだ墓碑は建てられていなかった。

「癸卯《みずのとう》二月初三《しょさん》、先師福澤先生の忌辰《きしん》、墓を掃《はら》う。偶《たまたま》大いに雪《ゆきふる》」と冠する小幡の詩が伝えられている（島田誠一「小幡篤次郎の漢詩」「福澤手帖」第六十二号）。

「四十年前　貧学生。先生ニ携帯サレテ　江城ニ入ル。今朝《こんちょう》　墓ヲ掃ヒ低徊スル処。雪ハ鬢《びん》毛《もう》ヲ掠《かす》メテ無限ノ情

門末生　小幡篤次郎

拝具」

福澤を見送ったあと、小幡にはなお三年の余生が残されていた。小幡は、福澤なき慶應義塾の社頭として鎌田栄吉塾長の後見を務めるかたわら、家族を伴って関西旅行を試み、郷里中津を訪れ、別府温泉で保養するなど肩の荷をおろした数年が続いた。しかし、最晩年には健康がすぐれず、明治三十八年（一九〇五）四月十六日胃がんのため三田山上の自邸で安らかに永眠した。享年六十三であった。

小幡の墓に詣でる

前述したように、小幡の墓は広尾の祥雲寺にある。この墓地内に足を踏み入れると、戦国時代の勇将黒田長政および筑前黒田家、久留米有馬家、秋月黒田家など、大名家の巨碑があちこちに立ち並んでいる。その脇を通り抜けて石段を登ると、小高い台地に、たくさんの中位の大きさのお墓が一面に整然とならんでいる。小幡の墓もそのなかにある。決して豊碑ではないが風格のある美しい墓石である。小幡家一族の墓は、まず「小幡篤次郎　妻　初子」墓　次に、篤次郎の母、未婚で没した長女、篤次郎の長男、次男および夭折した一男二女を葬った「小幡家之墓」が並び、かたわらに篤次郎の長女映《えい》（鈴木恒三郎の妻）、三女郁《いく》（岩橋大六の妻）各夫妻の墓がある。なお、四女慶《けい》（鳥羽総治妻）の墓は、同じ祥雲寺墓所ではあるが、大名墓のある平地の井戸のかたわらに建てられている。次女静《せい》（桜井信四郎妻）夫妻の墓は、港区白金二丁目一番十六号、大光院重秀寺《ちょうしゅうじ》にある。

　このように、小幡篤次郎夫妻は母をはじめ、子女に取り囲まれるようにして静かに眠っている。それぞれ

小幡篤次郎墓碑　（祥雲寺）

の墓碑には次のように刻まれている。

一、小幡篤次郎
　　妻　初子　墓
　　　　　　　　（正面）
　　明治三十八年四月十六日　箕田菴寅直誠夫居士
　　　　　　　　　　　　　　六十四歳（右側面）
　　大正十四年二月十九日　照高菴慧日妙初大姉
　　　　　　　　　　　　　七十二歳（左側面）

二、小幡家之墓
　　安栖院貞宝妙操大姉　　　　　明治四十年七月八日没
　　清心院温容良順大姉　享年二十歳　明治二十八年八月二十八日没
　　童女　　　　　　　　　　　　明治五年八月十三日
　　童女　　　　　　　　　　　　明治八年九月十八日
　　孩児《がいじ》　　　　　　　　　　　　明治十三年八月十六日
　　高次郎　享年七十四歳　　　　昭和二十一年三月十日没
　　直吉　　　二十三歳　　　　　明治四十三年十一月十四日没

三、鈴木恒三郎　瑞源院古叡道泉居士　昭和十五年一月十七日没
　　　映　慈照院鑑宝妙映大姉　明治四十三年十一月七日没
四、岩橋大六　　昭和廿三年七月十八日七十五歳
　　　郁　　　　昭和三年八月十九日行年四十三歳
五、鳥羽総治　　昭和七年八月十四日没
　　　慶子　　　昭和三年九月十八日没

重秀寺にある桜井信四郎・静夫妻の墓には、

顕光院信道良義居士　信四郎
　昭和二十四年一月二十四日没
寿光院静心知圓大姉　妻 静
　昭和五十六年十一月十四日没

と刻まれている。

（「福澤手帖」二〇〇五年九月号・二〇〇五年十二月号）

質実剛健の人、浜野定四郎

好学の人

弘化二年（一八四五）中津に生まれ、長く慶應義塾で教鞭を執り、一時期は塾長を務めたこともある浜野定四郎は、小幡篤次郎と同様に、元治元年（一八六四）、福澤に伴われて中津から江戸に出て築地鉄砲洲の福澤塾に入った一人である。そして同時に幕末維新の戦乱に巻き込まれた武士の一人でもあった。明治四十二年（一九〇九）浜野が没した直後、同郷、同窓の後輩であった須田辰次郎は、次のような追憶談を述べている。

「この程故人となられた浜野定四郎は中津藩士浜野覚蔵氏の長男であります。この覚蔵氏は藩の砲術指南役でありましたので、定四郎氏も自から砲術其他柔道剣術等の武術に通じて居られたのであります。しかし最も得意は数学でありました。それで長州征伐にも二回出征軍

浜野定四郎　福澤研究センター所蔵

に加わり、維新の戦乱にも出征して東海道を経て暫く甲州に滞在され、後日光の守備に当たられました」

「維新の騒動の済んだ後、浜野氏は慶應義塾に留って教鞭を執られることになったので自然脱藩の姿となって、浜野家は弟の人が相続する事となったのであります」（「慶應義塾学報」一四九号　明治四十二年二月）

明治四年、慶應義塾が新銭座から三田に移った年に、中津に「市学校」が設立された。これは、福澤の主唱により、旧藩主奥平家の資金拠出を得て実現したものである。浜野は同年十月その設立準備に当たるため中津に派遣され、同年暮、小幡篤次郎が校長、松山棟庵が教員として着任するまで滞在し、いったん東京に戻ったが、翌明治五年、小幡らが帰京するのと入れ替りに中津に赴き市学校校長に就任した。

明治十一年、浜野は福澤に呼び戻されて慶應義塾の教員となり、それ以後、三田を離れることがなかった。そして、その間明治十二年から同二十年まで塾長の職にあった。

浜野は英書読訳の天才と言われ多くの人から尊敬されていた。「長《たけ》高く頑丈なり、質実剛健の人、勿論風彩を飾らず、平素善く酒を飲む」(『慶應義塾出身名流列伝』明治四十二年)と評されていたが、人柄は淡々として、与えられた地位に甘んじ、家族を大切にする好学の人であった。須田は追憶談の末尾に次のように述べている。

「今一つ申上げたい事がある。浜野氏は、昨年二月病気に罹《かか》られてから以来、奥様や子供衆の名前は忘れ、御自分の姓名さえ記すことの出来ないようになられたが、ただ、福澤先生と云う事だけは曽《かつ》て忘れたことなく、滞《とどこおり》なく発音され、小幡先生の事を次の先生と云われて居ったことであります。とに角、塾の先輩中浜野氏のように一身を学問に捧げた人は他にないようであります」

一年九カ月の病養のあと、明治四十二年(一九〇九)十一月十四日、浜野は永年住みなれた三田構内稲荷山下の自宅で逝去した。六十四歳であった。

翌々十六日、広尾祥雲寺で葬儀が行われたとき、慶應義塾では当日特に臨時休業とし、教職員学生一同が参列し哀悼の意を表している。

浜野定四郎墓碑 (祥雲寺)
福澤研究センター所蔵

浜野定四郎の墓

祥雲寺の墓地は平地から高台に登る石段が二つある。浜野の墓に登るには、小幡の墓への石段とは別の登り口から入らなければならないが、特徴のある半円球の石を戴いた墓石ですぐに見出すことができる。

正面には定紋の下に「浜野定四郎　妻満喜子墓」と刻まれ、側面にはそれぞれ「心如院独圓玄通居士　明治四十二年十一月十四日没」「貞樹院満山妙喜大姉　昭和元年十二月二十九日没」と刻まれている。

（「福澤手帖」二〇〇五年九月号・二〇〇五年十二月号）

名医、松山棟庵

福澤との出会い

慶応四年閏四月十日、福澤は適塾での学友で紀州和歌山藩士である山口良蔵宛の書簡のなかで、新銭座の新しい塾の近況を報じ、「尊藩の人にて在塾の面々は、当時松山、小泉、草郷、辻村、小川、吉田六名なり。松山の上達は格別、小泉抔《など》も頼母《たのも》しき品物、一両年の内には一人物たること請合なり」(『福澤諭吉書簡集』第一巻四九)と述べている。松山棟庵が入塾したのは、その二年前、鉄砲洲時代のことであった。

松山は天保十年(一八三九)九月十七日紀州荒川荘神田という高野山の寺領で生まれた。ここは現在の和歌山県那賀郡桃山町神田で、和歌山市から十キロあまりのところである。生家は土地の豪族で父荘太夫俊茂は、京都の新宮涼庭に入門しオランダ医学を修め、郷里で開業していた。

松山は、父のもとで和漢の学を修めたあと、十六歳のときかつて父の学んだ京都の新宮涼庭の塾で蘭医学を学び、塾頭として代診まで務め、帰郷して和歌山で開業、慶応二年（一八六六）横浜に出てフランス人医師やオランダ人医師に会って西洋医学の知識を補い、その年冬、福澤塾に入門している。このような基礎があったからこそ、福澤が「松山の上達は格別」と言ったのであろう。福澤塾に入ったのは、前記の山口良蔵のすすめによるものと言われている。

さまざまな社会活動

慶応四年、新銭座の「慶應義塾」で福澤がウェーランドの経済書を講じていたとき、松山も教員として自然科学書を講じている。また福澤が第二回のアメリカ渡航の際に持ち帰ったアメリカ出版の医学書を、松山は直ちに翻訳して刊行した。『窒扶斯《チブス》新論上下　紀元千八百六十七年原本　明治紀元戊辰秋八月新彫　松山棟庵訳述　棲霞堂蔵』がこれである。なお、棲霞は棟庵の号である。そののちも松山は多くの著訳書を世に送っているが、そのなかには、同郷同窓の森下岩楠との共訳『初学人身窮理全二冊』（明治六年）もある。

明治元年（一八六八）の秋、松山は横浜に出てさらに医学を研究、翌年和歌山に帰って医療および学校設立に携わっているが、福澤との文通は絶えることがなかった。

明治四年（一八七一）、松山は政府に召されて上京、福澤の家に妻子ともども寄留し、そこから大学東校（東大医学部の前身）に出仕した。初出仕の日、松山は福澤から古物の麻裃《かみしも》を借用して拝命の式場に出て「任大学大助教　右大臣従一位藤原朝臣実美宣　大弁従三位藤原朝臣俊政奉行」という辞令を受けた。しかし政府が医学をドイツ式に統制し始めたので松山は半年ほどで官を辞し、その年十二月、小幡らとともに中津の市学校に赴任している。翌五年、小幡と同時に帰京、今度は三田演説会の主要メンバーとなって活躍した。

明治六年（一八七三）、慶應義塾医学所が設立された。松山は、その懐旧談のなかで「明治六年五月頃先生（福澤）の立乍《たちなが》ら雑談中、先生曰く『塾にて英文の医学校を建つる所存であるが、自分は資金を給するから足下は時間を与えられては如何』と。小生大に同情を表せり」と述べている。この医学所では棟庵の甥松山誠二（東京大学予備門、生理学教導）そのほか優秀な人材を教授陣にそろえ一時は栄えたが、理想的な医学校にまで水準を高めるには多額の資金が必要となり、明治十一年に閉鎖された。しかし、医学所出身の人材はそののち各方面で活躍している。

松山は明治十年（一八七七）ころから、三田二丁目に尊生医院（のち松山病院と改称）を開いて開業医として活躍を開始し、そのかたわら、英国で医学を修めて帰朝した髙木兼寛《かねひろ》（一八四九～一九二〇　のちの海軍軍医総監）を助けて成医会講習所（東京慈恵会医科大学の前身）、有志共立東京病院（東京慈恵会医科大学附属病院の前身）の設立に尽力し、芝私立衛生会の創立にも関与している。開業医としての松山は、当時東京府下流行医の一人に数えられ、また、福澤一家のホームドクターでもあった。数多い子女が少しでも加減が悪いと、福澤はまず松山の診察を仰ぐことが多く、ついに松山は福澤の第一回の大患から逝去まで、その病床に侍することとなった。

晩年の棟庵

福澤が長逝した直後、松山は来訪した報知新聞記者の質問に答えて福澤の健康、性行等を語ったなかで、小幡篤次郎の言葉を引用しながら次のように語っている。

「小幡さんは此間も『（福澤）先生は人を書物にして居られた』というて居られたが名言だと思う。才智の働きの鋭い事を云うたら実に驚くべきもので、平生そう書見もして居られぬ様だが、いろいろ専門の部門にまで精通して居られた（の）は、即ち人を書物の代りになさるからで、様様の人が来て法律論なり政治論なりをする。先生は裏からたたき、表からこなして、あらん限り云わせた末に、自分の思想と練り合わして或る新しいものを発見される。それを以てまた他の法律論者に向って行くと、また得る所がある。前の人間が次に先生の前に現れると、モーハヤ先生の方がズント豪《えら》いものになっている。世間普通の呑み込みが早いなんどという段ではなしに全く人間を書物にすることの驚くべき能力を持っていたので……」（「福澤先生哀悼録」「慶應義塾学報」臨時増刊第三十九号　明治三十四年五月）

これは、小幡とともに長年福澤の側近にいた松山ならではの観察であろう。

松山が三歳年下の小幡と常に往来していたことは当然であるが、晩年は漢詩を通して小幡との往来があったようである。松山の作詩に「閑居雑詠十首　小幡箕田ノ韻に次ス」というのが残されている。なお松山は多趣味の人で、とくに義太夫、謡曲、囲碁将棋を楽しんだことが多くの逸話とともに伝えられている。

松山は七男六女に恵まれ、穏やかな晩年を過ごしていたが、大正八年（一九一九）十二月十二日午前十時心臓麻痺のため、三田三丁目聖坂下の自邸で長逝した。享年八十一であった。

三つの墓所

棟庵が没したとき、松山家は東京に菩提寺も墓地も持っていなかった。棟庵の葬儀には龍源寺の住職が招かれて導師をつとめているが、これも福澤とのつながりによるものであった。麻布古川橋の近く（港区三田五丁目九番二十三号）にある臨済宗の龍源寺は中津藩奥平家と縁故の深い寺である。福澤はその縁故で、塾が手狭になったとき龍源寺に寄宿生の一部を預けたことがある。そして福澤は江戸に移ってから龍源寺を仮の菩提寺と定め、明治六年十一月には、こここに「福澤氏記念之碑」を建て、明治七年五月八日、母お順が三田で没したときには、ここに葬っている。なお「福澤氏記念之碑」は、現在は麻布善福寺の福澤の墓域内に移されている（本書一五九頁）。

棟庵が没したとき、龍源寺境内には墓地がなかったので、松山家では、白金志田町の重秀寺《ちょうしゅうじ》の墓地内に松山家納骨堂を建ててここに遺骨を納め、また遺言によって高野山に分骨し、さらに郷里紀州安楽川《あらかわ》村の生家に近い不老山《ふろのやま》にある松山家累代の墓域内にも納骨し建碑した。高野山に分骨したのは、松山家のある村は前述したとおり昔から高野山の寺領に属していたからである。

白金の重秀寺は急な坂道を登りつめたところにある。現在は車のまま坂を登れるが、戦前は、長い石段を下から歩いて参詣しなければならなかった。そのためか、昭和十四年十一月、松山家では麻布の曹渓寺に遺骨を改葬、新しく建碑を行っている。

曹渓寺は、南麻布二丁目にあり、臨済宗妙心寺派に属し、赤穂浪士寺坂吉右衛門の墓があることで有名である。棟庵の墓は小高い墓地の左手奥にあり、墓碑の正面には「松山棟庵　室信子　之墓」と二行に刻まれ、右側には「大正八年十二月十二日歿ス」、左側には「昭和三年一月七日歿ス」とそれぞれ忌日が刻まれている。なお、棟庵夫妻の戒名は墓石には刻まれていないが別の資料によれば、それぞれ「独山院棟庵棲霞居士」「貞信院峻嶺小蘭大姉」である。

　棟庵の墓が和歌山県の郷里にもあることは、筆者も『松山棟庵先生伝』その他の資料で承知してはいたが、詳細については知るところがなかった。しかるに最近、福澤諭吉協会の会員で和歌山県の林業家である海瀬亀太郎氏は、ご自身で現地を調査され、棟庵の生家および松山家累代の墓所についてのゆきとどいたレポートに地図・写真を添えて筆者のもとにお届けいただいた。ここに、海瀬さんの調査に感謝を申し上げ、レポートに基づいてその概略を摘記《てっき》したい。

　棟庵の生家は、和歌山県那賀郡桃山町神田にある。桃山町は紀ノ川の南側、その支流貴志川の東側にある。車で行けば関西空港から四十分、JR和歌山駅から三十分程度のところである。生家は町役場の真南一・四キロほど、墓所は生家から東へ〇・四キロほどのところである。生

松山棟庵墓碑　（曹渓寺）

松山棟庵墓碑　（那珂郡桃山町松山家墓所）海瀬泉太郎氏提供

家は若干傷んではいるが往時の医家の隆盛を充分に偲ばせるものがあり、墓所には松山家累代の墓のなかに、棟庵の父松山俊茂（号は翠亭または翠翁、明治十八年没）の「松山翠翁先生之墓」とともに「棟庵松山先生之墓」が建っている。その裏面には二百字ほどの文字が刻まれているが、いまは判読しがたい。

棟庵の名は慶應義塾社中においても長く記憶されているが、郷里の生んだ名医として和歌山県人の間にその名が称えられ、また東京慈恵会医科大学創立の功労者として同大学関係者により敬慕されている。

（「福澤手帖」二〇〇五年十二月号）

草郷清四郎と駒子夫人
——馬場辰猪・駒子・孤蝶

故郷紀州から江戸へ

広尾の祥雲寺墓地内、小幡篤次郎の墓から一〇〇メートルも離れていないところに、草郷清《そうごうせい》四郎《しろう》、その妻駒子が葬られている。駒子は馬場辰猪の妹である。草郷は紀州の出身、馬場は土佐の出身であるが、ともに鉄砲洲時代の福澤塾門下生であった。馬場は福澤の媒酌で妹を同窓の友人に嫁がせたのである。馬場も草郷も小幡とはきわめて親しかった。いまその草郷夫妻がその小幡と同じ墓地内に眠っているのも、感慨をもよおさせられるものがある。

草郷清四郎（一八四六〜一九二四）は、弘化三年（一八四六）正月二日、和歌山藩士草郷家の四男として和歌山城下の岡領町に生まれ、七歳のときから漢文の師に就き、十三歳までには四書五経を全部読破したと言われる。慶応二年（一八六六）、江戸に出て、同年五月築地鉄砲洲時代の福澤塾に入門した。大正七年四月号の「慶應義塾学報」（二三七号）に掲載された「義塾懐旧談」のなかで草郷は次のように述べている。

「私は幼少の時京都に遊学中、大阪講武所に入り修業せよとの事にて、年齢二十歳の時、大阪に下り滞在中更に江戸表に」罷越《まかりこ》し西洋兵学致すべしとの「指令を受けました」「内実は江戸で洋行の道をつけ、フランスに赴けとの内命」で、大阪天保山から汽船に乗り「同行小泉信吉さん外十一人と共に」江戸赤坂の紀州藩邸に到着した。

江戸へ出た草郷は「学校は何処がよからんと、色々の処で問い合わしたが、開成学校か築地の福澤塾が宜しという事にて、遂に鉄砲洲に参ることにしました」「私は生来馬術を好み、入塾中も赤坂藩邸内にある騎兵営に私《ひそ》かに往来して洋馬術を習い、少しく得る処」がありました。

「戊辰（明治元年）の十月、同行学生（は）小泉信吉さんを除くの外一同郷里に帰されました」「小泉信吉さんは、神童と云われたです。紀州よりは十何人も来て居ましたが、皆戊辰の役に帰りました。小泉はエライと云うので、藩の執政に頼んで、東京に置くことにしました」

当時紀州藩は、他に先がけてその藩の軍隊を明治政府の全国軍のなかに編入されることを請願して許された。その結果、紀州の軍隊は大阪城に駐屯することとなり、草郷は紀州の騎兵隊を指揮して、大阪城に入城した。明治三年の冬、九州久留米に反乱の隠謀があるとの情報に応じ、草郷は鳥尾小弥太参謀とともに九州に出発準備中、偶然、路上で福澤諭吉に出会った。草

草郷清四郎　福澤研究センター所蔵

郷の談話によれば、その出会いは次のとおりであった。

「或る日隊中のもの三人を連れ、酒楼に赴かんと心斎橋通りを通行中、向こうから大きな人が風呂敷包を持って来る。近よって見ると（福澤）先生でした。意外の処で御目に掛かりまして、先生も喜び私も親に遇った思をなし、隊中のものに、其風呂敷を持てと、申しましたら、先生は『自分で持てる、心配に及ばぬ』と堅く御断りになりました。兎に角乃公《おれ》の下宿に来いと仰ったので、ついて往った。中津の下（蔵）屋敷で、其処に十六七の書生が居た。是が朝吹英二さんで、先生は風呂敷包を出して、此牛肉を料理しろと仰いましたが、書生は国学者だから、非常に困った顔をして、断りました。多分汚れると云うのでしょう。然し先生の説服（得）で遂に料理することになりました。其時の朝吹さんの困った顔が今に能《よ》く覚えて居ります」「先生の御勧めで、私は再遊する決心をなし、兵部省を辞すると国に申し送りましたが、中々許されない」「十二月の末鳥尾の九州行きを送り、当日私は大阪を脱走しました」

慶應義塾に戻った草郷は、病後の「身体の回復には馬が一番いいから」と福澤諭吉に乗馬をすすめた。

「先生に乗馬を御勧めしたのは」「新銭座より三田に移った其時で」「今の慶應義塾の門内に三頭を入る〻厩を建て、二頭の馬を私が選定して買い入れ、別当を二人雇い、塾の邸内裏手の馬場で」「第一に馬の回転法を徒歩で数え、而して乗馬の並足のみを数旬間稽古して、段々御法を覚ゆるに従い早足となり、夫《それ》よりかけ乗りとなり、遂に拍車を附け、自由に乗る事になられましたが、少しく乗り馴れたる時、もう外乗りしてもよかろうと、毎日申されましたが、廃刀令発布の前にて、先生を狙うものあり、本当に殺されるかも知れぬから、拍車を着け自由に馬を御することのできる迄は、厳重に門外の乗り廻わしはならぬ事にして置きました」

「追々練習の功を奏したから、或日今日は外乗りをしようと申したるに、先生は大満足にて、即刻私は先き乗りして、広尾より目黒方面を乗り廻わし、夕刻帰りましたが、先生の得意思い見るべしです」

「雨天の外は、毎日私の先き乗りにて先生は大得意なれ共、市中の辻々をまがる時は、四方に気を付け、苦心」しましたが、この事は「先生に打ち明けませせなんだから、ご存じありませなんだろうと思います」「毎土曜日の午後、日曜日は朝より、遠馬しましたが」「先生の衰弱は著しく御快復なされたから、務めて郊外無難の場所、玉川街道又は向島を経て、千住の

乗馬服装の福澤と門下生　明治７年　左から朝吹英二、福澤諭吉、中上川彦次郎、小幡篤次郎、荘田平五郎、草郷清四郎　　福澤研究センター所蔵

大橋を渡り、又は横浜の高島嘉右衛門さん方に行く等、あらゆる東京付近は知らざる所なし」「広きだけ遠馬に好都合であります。何処で中食するも必ず二人前の注文をせらるゝのが常例で、或る日、横浜に行き高島を尋ねた時、同家の妻君が、玄関に恭しく迎えたるに、乗馬のまま料理は二人前宛だと注文せられたるには、私も驚きました」

「先生が馬に乗り出してから、塾の教授達にも流行り出して、借馬を引張り来りて、馬場又は市中郊外まで乗り出し、色々の奇談もあり」小幡篤次郎、荘田平五郎、松山棟庵そのほか多数の方々と、「横浜に参りたる帰途、生麦辺に来ると篤さんは、怒鳴り出した。『いくら馬だって、少し休めなくっては』と、是は御自分が疲れたので、こんな事を云われたのでしょう」

「先生は拍車迄附け正則に稽古しましたが、軍隊の外東京で先生ほど西洋馬術に達した人は、恐らくありませんだろう」

草郷の言によると福澤は乗馬の名手のように聞こえるが、福澤家に長年寄留していた伊東茂右衛門の談（『福澤諭吉伝』第四巻）によれば、ある時期福澤は毎朝、別当を連れず一人で騎馬で門外に出て運動を試みていたが、出先で時々落馬する。馬は先生を振り落としてサッサと帰ってくる。先生はそのあとから歩いて帰宅することがよくあったとのことである。

草郷清四郎墓碑　（祥雲寺）

なお、福澤に乗馬を教えるとき、草郷の助手を務めたのは同じく元紀州藩騎兵隊員で慶應義塾に学んでいた、前田政四郎であった。前田はあるとき、福澤にドイツ語を学びたいと語り「何故ドイツ語を学びたいのか」と問われて「医学を学びたいから」と答えた。福澤は早速、これも紀州出身の松山棟庵を呼び、たちまち英語で医学を学ぶ「慶應医学所」が設けられたと伝えられている。なお前田は、のちに第四師団軍医部長となった。

福澤は、乗馬のことを『福翁自伝』のなかで次のように述べている。

「所で明治三年酷い腸窒扶斯《チブス》を煩《わずら》い、病後の運動には馬に乗るのが最も宜しいと、医者も勧め朋友も勧めたので、其歳の冬から馬に乗て諸方を乗り廻り、向島と云う処も始めて見れば、玉川辺にも遊び、市中内外行かれる処だけは何処でも乗り廻わして、東京の方角も大抵分かりました」

草郷は慶應義塾の塾監を務めたあと、一時文部省の大学東校（医学部）に総監事として出仕した。明治十二年交詢社発起人が集まったとき、草郷の名もそのなかに入っている。明治十三年、福澤、小泉のすすめで横浜正金銀行に入り、のちには筑豊鉄道株式会社、九州電鉄株式会社の経営にあたった。そして福澤が没した年、明治三十四年八月十五日に小田原電気鉄道の社長となった。のちに箱根登山鉄道電鉄に発展する会社である。大正十年社長を辞し、大正十三年（一九二四）八月九日、享年七十九で没した。

草郷夫人駒子

草郷の妻駒子は馬場辰猪の妹で、明治八年九月、福澤の媒酌によって結婚している。福澤は辰猪の叔父に、九月十三日付の書簡でこのことを報じ「おこま様御事本月八日先方へ御引越、御婚儀首尾能相整申候。固より何事も手軽ニ致し候義、当日態ト御案内も不申上候。何れ清四郎も御挨拶旁尊宅へ参上可仕候得共、右之段不取敢私より申上候也」と述べ、また追伸に「尚以、先日幸便ニ付、辰猪君之方へハ私より為御知申置候。土州へは可然御報告奉願候」と記している（『福澤諭吉書簡集』第一巻一八五）。

駒子が草郷に嫁いだとき、長兄馬場辰猪は、小泉信吉等とともにロンドンにいた。辰猪の弟馬場弧蝶は「日記を通して見たる馬場辰猪」（『馬場辰猪全集』第三巻所収）のなかで、次のように述べている。

辰猪は明治三年七月英国に向かい、同七年十二月に帰国、東京に居住し翌八年一旦郷里土佐を訪れ、直ぐの妹（十八歳）の駒子と、駒子の次の弟（十一歳）の菊衛をつれて二月に上京した。辰猪は二十六歳、下の弟弧蝶は七歳であった。辰猪は菊衛を慶應義塾の幼稚舎に入学させ、駒子を叔父氏連の長女律子と共に幼稚舎の主任和田義郎（紀州出身、草郷と同郷）に託し、同年三月ふたたび英国に向かった。

辰猪の追想によれば、「三月十八日　喜久（菊）衛を福澤の塾へ頼む」「二十八日去年同日阿駒（お駒）を福澤へ頼む」となっている。そしてその年十月三十一日（日曜日）の日記（英文）に辰猪は「Went to Koizumi/Letter came from 福澤 about the marriage of my sister」と記した。福澤から「幸便ニ付」小泉信吉宛の報知が届いていたのである。弧蝶は「これは、福澤諭吉氏の媒酌で駒子が草郷清四郎に嫁したことを福澤氏から報じたのである。惜しいかな、福澤氏の此手紙は僕の家には保存されていない」と記している。

馬場辰猪は明治の言論界、政界において光彩を放った人物である。その没後の追弔詞において福澤諭吉をして「君ハ天下の人才にして」と言わしめ、「君の形体ハ既に逝くと雖も生前の気品ハ知人の忘れんとして忘るゝ能わざる所にして百年の後尚お他の亀鑑たり」と惜しませた偉材であった（「馬場辰猪君八周年祭追弔詞」『福澤諭吉全集』第十九巻、『馬場辰猪全集』第四巻所収）。嘉永三年（一八五〇）土佐国高知中島町に生まれた辰猪は草郷と同じく慶応二年、築地鉄砲洲の福澤塾に入り、一時土佐に戻り明治二年再入学、翌年イギリスに留学、同七年帰国、同八年再びイギリス留学、同十一年五月帰国した。それから、明治十九年六月政府の圧迫を避けてアメリカへ渡航するまでの限られた八年間が辰猪の日本における活躍の時期であった。

アメリカへ渡航の直前、政治的容疑で拘留されていた辰猪が無罪放免で釈放されたその日、六月二日本郷竜岡町の豊川良平邸で辰猪の親戚が集まった。駒子も草郷とともにきていた。

孤蝶は、

「草郷が洋装していた駒子を顧みて『兄さんにその着物の具合を評して貰ったら何《ど》うだ』と、云った。辰猪は卓の上にあった灯を挙げて駒子の洋装姿をじっと見て居たが、やがてクラスプか何かの位置のことを何か云った。草郷が、それは横浜の西洋人の誰とかの指図でそうしたのだ、兄さんの方が旧式かも知れんというようなことを云ったので、辰猪は『いや、そうか』と云って、笑いだした。皆も笑った」

と記し、駒子の教育について、こんなことも書き残している。

「駒子の僕（弧蝶）に話すところに依ると、辰猪は、女子にも能《あた》う限りの教育を受けさせる積りであったらしく、所謂る十七八（歳）になれば、直ぐ結婚させるというような当時の一般の風習には反対であったようであった。駒子にして若しその時分洋行し度《た》いという志望があったのであったら、辰猪は伴《つ》れて行って呉れたかも知れ無かったというのである」

辰猪は明治八年の演説のなかで、当時の日本社会における女子の地位の低さ、女子教育の欠点についてきびしい批判をしている（「本邦女子ノ有様」『馬場辰猪全集』第一巻）。自分の妹にも、充分な教育を受けさせたいと切望していたのであろう。

釈放十日後の六月十二日、辰猪は横浜から汽船ゲーリック号でサンフランシスコに向けて出帆した。そして、翌々明治二十一年（一八八八）十一月一日フィラデルフィア大学病院で病没した。

十一月五日、福澤のもとに辰猪の客死を知らせる悲報が入った。それは福澤の長男、次男が長いアメリカ留学を終えて六年ぶりに帰宅した混雑の最中であった。福澤は翌日付で、横浜正金銀行の草郷清四郎宛に次のようなくやみ状を書いた。

「昨夜承候得ば、馬場（辰猪）氏ハ米国ニて死去之よし。扨々《さてさて》憐む可き哉。実ニ断腸ニ不堪候。先日大石（正己）氏拙宅へ参り、大凡《おおよそ》様子を聞き、又庄田（荘田平五郎）氏より其後の様子を承れバ、中々六ヶ敷よし。迚《とて》も助かるまじとハ存居候得共、昨夜の報道、今更驚入候。おこま様ニも嘸々《さぞさぞ》御愁傷之御事、深く御察申上候。早速御弔ニも可罷出筈候得共一昨日来弊宅之混雑、存じながら欠礼仕候。何《いず》れ其中拝趨、万々可申上候得共、不取敢御悔まで匆々一書を呈し、余ハ後日に附し候　頓首　十一月六日
諭吉　艸郷楼梧下」

そして、追て書きに「家内よりも御弔呉々も申上候様申聞候。逝者ハ呼ぶ可らず。此上ハおこま様も気を強くして、御保養専一ニ奉存上」（『福澤諭吉書簡集』第六巻一三三〇）と書き添えている。

祥雲寺墓地内の草郷家墓地は、小幡家墓所よりも奥まったところにある。左横書きで「草郷家」と刻まれた墓石の裏面には「昭和六十二年七月吉日　施主草郷光郎　建立」とある。

馬場辰猪の墓碑　フィラデルフィア・ウッドランド共同墓地

墓誌には筆頭の草郷清四郎（清徳院泰翁道永居士　大正十三年八月九日　七十九歳）、草郷駒（光壽院徳雲妙慶大姉　昭和十六年二月二十日　八十四歳）に続いて、ご一族六名の俗名、法名、没年月日、享年が記され、建碑者草郷光郎氏も平成五年十二月十二日七十九歳で没されたことがわかる。

本年（二〇〇六）は、馬場辰猪が没して一一八年、草郷駒子が没して六五年になる。馬場も草郷も鉄砲洲時代の福澤門下生であるから、私にとっては「歴史上の人物」である。ただ、草郷駒子夫人には筆者は小学生のころ、ある夏箱根の強羅で何遍かお目にかかりご挨拶をしたことがある。箱根登山電車の強羅駅からケーブルカーに駒子夫人が乗って席に座ると、駅長が現われて脱帽敬礼しご挨拶を申し上げる。それに対して駒子夫人が会釈を返され気軽に何か言われる。私の父と駒子夫人が対座しているとき、私はそばにいて草郷夫人の歯切れのよい口調のお話を、その文言まで覚えている。端正な和服姿の面影がいまも眼前に浮かんでくる。

（「福澤手帖」二〇〇六年三月号）

白金の台地

荘田平五郎、鎌田栄吉、井上角五郎、林毅陸、北川礼弼の墓

JR山手線目黒駅から東の方向、都心寄りに広がる起伏の多い白金の台地丘陵地帯には、いまも仏教各宗派の寺院墓地が数多く各所に点在している。現在の地名表記でいえば、品川区上大崎、港区白金、白金台、高輪と呼ばれる地域であるが、明治時代には行政区画の名称を越えて、「白金」と呼ばれていたのであろう。

このあたり一円には、次のように福澤門下生の墓が多く見受けられる。

一、荘田平五郎

港区白金台三-二-十九　黄檗宗　紫雲山瑞聖寺

弘化四年（一八四七）豊後国臼杵（現大分県臼杵市）に生まれる。明治初年慶應義塾に学び、

塾長となり、また京都、大阪の慶應義塾分校の経営にあたる。終生、福澤の信頼を受け相談相手となった。三菱に入社してからは、岩崎弥太郎の信任があつく、三菱の中枢の一人であった。大正十一年（一九二二）没。

二、鎌田栄吉

　品川区上大崎一‐十‐三十　浄土宗　正福山常光寺

安政四年（一八五七）紀州和歌山に生まれる。明治七年慶應義塾に学び、教員となる。福澤の晩年、その指名により塾長となり、二十五年間在任。衆議院議員、貴族院議員、文部大臣、枢密顧問官を歴任。昭和九年（一九三四）没。

三、井上角五郎

　港区高輪一‐二十七‐四十四（旧地名　白金丹波町）　浄土真宗本願寺派　樹谷山正満寺

万延元年（一八六〇）備後国深津郡（現広島県福山市）に生まれる。明治十二年（一八七九）から福澤家に寄宿、同十五年（一八八二）卒業。朝鮮国において活動ののち、北海道炭鉱、日本製鋼所等の経営に当たり、また長年衆議院議員として活躍。昭和十三年（一九三八）没。角五郎の孫、井上園子は『井上角五郎は諭吉の弟子にて候』（二〇〇五年、文芸社刊）を著した。

四、林毅陸《きろく》

品川区上大崎二‐十三‐三十六　高野山真言宗　高福院

明治五年（一八七二）長崎県東松浦郡田野村（現佐賀県唐津市）中村清七郎の四男に生まれる。のち林滝三郎竹堂の養子となり、林姓となる。明治二十三年（一八九〇）慶應義塾に入り、同二十八年（一八九五）同大学部を卒業、普通部主任として、晩年の福澤から指導を受けた。欧州に留学、帰国後母校で外交史を講ずる。衆議院議員として活躍ののち慶應義塾長となり、学士院会員、枢密顧問官となる。昭和二十五年（一九五〇）没。

五、北川礼弼《れいすけ》

港区白金二‐一‐十六　臨済宗妙心寺派　大光院重秀寺

文久元年（一八六一）越前国敦賀郡元比田（現福井県敦賀市）に生まれる。明治十二年（一八七九）慶應義塾に入り卒業後は新聞事業に従事、「時事新報」に入り、慶應義塾塾監をつとめのち千代田生命専務となり昭和五年（一九三〇）没。『福翁自伝』に名が出ている。

そして福澤諭吉自身の墓も、戦後、福澤家菩提寺の麻布善福寺に改葬されるまでは、鎌田の墓のある、常光寺の墓地内にあった。

福澤諭吉埋葬の地

福澤諭吉が明治三十四年（一九〇一）没したときに葬られたのは、当時の東京府下荏原郡大崎旧増上寺下屋敷跡であり、それは浄土宗本願寺の隣地であったという。現在の常光寺境内の地である。

福澤は、晩年、自分の墓地をどこにするか気にかけていたが、あるとき、朝の散歩の途中、この場所が気に入り、墓地として購入したと言われる。

福澤諭吉協会会員中村文夫氏が最近出版された『聞き書き・福澤諭吉の思い出――長女・里《さと》が語った、父の一面』（中村仙一郎著　中村文夫編　近代文芸社刊）のなかで、中村仙一郎氏（福澤の長女、里の令孫）が語っておられるところを、次に引用させていただく。

「福澤家は元来浄土真宗であって善福寺が菩提寺であった。現在考えると、当時非常に進歩的だと思われていた福澤諭吉がどういうわけかと、不思議に感じられる方が多いと思うが、福澤は土葬が好きで火葬が嫌いであった。ところが善福寺は皇居を中心にした朱引内《しゅびき》ということで、当時あそこの境内は土葬が許されなかった。そこで、曾祖父（諭吉）は生前から土葬のできる郊外に墓地を探していた。朝の散歩の折に、たまたま通った上大崎の今の常光寺の場所だが、当時は白金台の南の外れで、非常に眺望のよい空地だったそうだ。昔、江戸時代には正福寺という寺のあったところで、それが廃寺になり、当時は草ぼうぼうの空地だったわけで、ここを何坪か墓地として手に入れた」

福澤がこの墓地を手に入れたのは何年何月のことか調べていないが、再び中村仙一郎氏の手記を引用すると、

「明治二十八年七月十七日に曾祖父（諭吉）にとっては長女の女婿中村貞吉が亡くなった。葬儀は善福寺で行われたが、そのあと上大崎の墓地に埋葬された。これが、この墓地を使用した最初である。そしてその墓地の管理というか掃除というか、それは隣の本願寺というお寺に頼み、毎年掃除料を届けていた」

福澤は「故中村貞吉略歴」（『福澤諭吉全集』第十九巻）のなかで、「明治二十八年七月十七日没す。東京府下荏原郡大崎村増上寺旧下屋敷本願寺に埋葬」と記している。そして、それまで麻布の龍源寺にあった諭吉の母の墓も、また「福澤氏記念之碑」もここに移したのである。

中村貞吉の墓　和田義郎、小泉信吉の旧墓域

中村貞吉の没する三年前の明治二十五年一月十五日に、紀州出身で慶應幼稚舎の創立者和田義郎（一八四〇〜一八九二）が五十三歳で没したとき、葬儀は一月十七日芝の増上寺で行われ、柩は、この上大崎の墓地に葬られている。そして、福澤が和田と同郷の小泉信吉の所望に応じ

て書いた墓誌が和田の墓石の側面に彫り込まれた（『福澤諭吉全集』第十九巻）。

和田の墓は常光寺の墓地入口のすぐの場所に北向きに建てられていたが、平成十五年、青山霊園に改葬された。墓誌の部分は墓石からはずされ、少し場所を移していまも常光寺の境内に残されている。

和田の墓誌銘の執筆を福澤に依頼した小泉信吉（一八四九〜一八九四）は、中村貞吉の没する一年前の明治二十七年十二月八日、横浜で没した。小泉信三氏は「二日後の強雨の日に、父は久保山の墓地に葬られ」（『わが住居』）と記し、日原昌造が上京したおり母とともに三人で久保山の墓地に父の墓詣りをしたと述べている（『日原昌造と小泉信吉』）。しかし、いつのときか、小泉家の墓は上大崎の福澤の墓地内に移され、戦後多磨霊園に移されるまでは、福澤の墓の後方、鎌田栄吉の墓の少し手前にあったという。小泉家の墓石は将棋の駒のような形をしていたと伝えられている。

なお、中村貞吉の墓は、福澤没後のことであろうか、芝の青松寺（曹洞宗）に移され、さらにいまは鎌倉霊園に移されているとのことである。

「和田義郎君は旧和歌山の士族、少小武芸を善くし又文を好む。幕府の末年江戸鉄砲洲の慶應義塾に入学して英書を読み所得少なからず。明治七年の頃より三田の義塾邸内に幼稚舎なるものを設け、特に塾生中の童子のみを集めて之を教へ、課程の業を授るのみならず、朝夕眠食の事までも内君と共に力を協《あわ》せて注意至らざる所なし。君の天賦温良剛毅にして争を好まず、純然たる日本武家風の礼儀を存す……」

とその業績と人格を讃え、さらに五十余文字を加えたあと、

「君の平生健全なるにも拘はらず、劇症の脳炎に罹りて医薬無效、明治二十五年一月十七日世を辞したり。行年五十三。舎生知友唯驚歎惆悵《ちょうちょう》するのみ。同年六月建碑の挙あり。親友福澤諭吉、涙を揮《ふる》て之を記す」

と結んでいる。没した日は一月十五日であるが、福澤は誤って葬送の日（十七日）を没日としたのである。現存の墓誌碑にもそのまま十七日と刻まれている。

福澤諭吉の葬儀と埋葬

明治三十四年二月三日、福澤諭吉は三田山上で数え六十八歳の生涯を終え、葬儀次第は次のように定められた。

「二月八日午後一時、三田自邸出棺。

　式場　麻布山元町　善福寺。埋葬地　白金大崎村　本願寺」

　葬列は普通部、幼稚舎、商業学校、大学部の生徒が先に立ち、長い行列が続いた。善福寺での法要が終わったあと、葬列は三光坂を登って白金台町に出て、大崎の墓域に到着し、福澤の

柩はここに埋葬された。

埋葬地の上にはとりあえず四本の柱の上に屋根をのせた仮屋が建てられ、「福澤諭吉之墓」と墨書した木碑が建てられた。この木碑の文字は岡本貞烋の筆によるものであった。

この仮の木標が建てられた福澤の墓にはその日から、大勢の参詣者が続き、香花の絶えることがなかったという。福澤の晩年の愛弟子で福澤から「時事新報を背負って立て」と励まされた堀江帰一は英国留学中に福澤の訃報に接し、翌年帰朝早々明治三十五年八月三十一日、白金本願寺の福澤の墓に詣で、「福澤先生長逝して既に一年半、形骸は永く墓標の下に眠るも、先生の教えは尚お滅せず。聊か慰むを得可し。菊花数枝を捧げて英魂を祭る」と日記に感慨を記している。「墓標」と記してあるので、まだ墓石は立てられない時期だったかとも推測される。

やがて、この木碑に代えて、現在、麻布善福寺にある「福澤諭吉　妻阿錦之墓」と刻まれた石碑が建てられた。右側面に「大観院独立自尊居士　天保五年十二月十二日生於大阪　明治三十四年二月三日歿於東京　齢六十八歳」、左側面に「香桂院静室古錦大姉　弘化二年五月十九日生於江戸」と当初から彫られていた。そして錦子夫人の没後「大正十三年六月二日歿於東京齢八十歳」の十七文字が彫り加えられた。

水上瀧太郎の作品『先生』

福澤の高弟の一人で、小泉信吉と同年嘉永二年に生まれ小泉よりも二年遅れて福澤塾に入り、のちに明治生命の創始者となった阿部泰蔵（一八四九〜一九二四）は子福者であったが、そのうち三女登美子はのちに小泉信三夫人となり、その八歳年上の兄、四男章蔵（一八八七〜一九四〇）は明治生命の役員として活躍するとともに、水上瀧太郎《みなかみたきたろう》のペンネームで「三田文学」の総帥であった。その水上が大正初年に執筆した作品『先生』は、福澤の晩年、その病前と病後の姿、その逝去前後の模様を鮮やかに描き出している。そして末尾のほうに、普通部生として葬列に参加したときの心境を述べ、続いて、成人し社会人となってから福澤の墓に詣でたおりの感慨を述べている。

「先生のお墓は見晴らしのいゝ田圃に臨んだ丘の上に立っている。自分は何時も静かな心を求めては、亡き祖母や亡き兄のお墓の前に佇む事を、人しれず懐かしんでいるのであるが、先生のお墓に行くと如何いうものか自分の心はおだやかに暗く沈んで行く事無く、かえって騒々しく乱れて来る。死んでしまっても先生はなお朝寝坊の家の扉《と》を叩き、楠正成と権助を比べたように、美事《みごと》に切腹して果てた将軍と痴情の果てに心中したありふれた新聞種とを同一題下に論《あげつら》うように思われる。自分自身が一から十まで、する事なす事について叱られて居るような気がしていけないのである。

あの強情我慢だったらしい、声の大きい、肩幅の広い、百姓の手の、馬鹿者呼ばゝりをしたという先生は、さま〴〵の此の世の事に念《おもい》が残っていて、世に謂う浮かばれない人であるらしく思われるのである。

ささやかなお墓は年一年と古びて行くが、自分の幼い心に刻まれた先生は、永久に自分の心に生きて居られるのである」

また、小泉信三氏は、幼い日福澤諭吉に伴われ、福澤の愛孫（前記中村貞吉の遺児）で、信三少年より一歳年少の壮吉少年とともに、この墓地を訪れたことを回想している。ある朝、福澤先生の散歩に連れて行かれた。そして、「お供は壮吉と書生一人と私だけであった」。三田を出て「豊岡町から三の橋の橋際を左に折れて、そこからどの道をどう歩いたか、憶えないが、白金に出て、今、先生の墓のある大崎の常光寺（当時は本願寺）に行き、そこで小さな中村貞吉の墓にお辞儀した。それからそれよりやや大きい別の墓に詣《まい》り『これは和田（義郎）さんのお墓だ』と吾々にいってきかせた」。当時の白金近辺の風景について、小泉氏は「今日車の往来のはげしい魚藍坂の下の方は、その頃田圃があって、案山子《かかし》が立っていた」（『わが住居』）と描いている。

福澤墓所の善福寺移転と常光寺内の記念碑

福澤が墓地に選んだ白金の「見晴らしのいゝ田圃に臨んだ」丘の上も、福澤没後大正を経て昭和に入ると、その周囲の環境は一変した。農地の間の曲りくねった細道がそのまま市街地に取り込まれて家屋がひしめき合い、墓地もせせこましくなっていった。お寺が引っ越してくるケースもあった。中村貞吉一家の墓もいつしか芝の青松寺に移り、小泉信吉一家の墓も昭和二十四年多磨霊園に移された。阿部泰蔵の墓もはじめは、北川礼弼と同じく白金の重秀寺にあったが、これも多磨霊園に移された。

このような情況のなかで、毎年二月三日のご命日には、塾社中の人びとを中心として多くの人が、複雑な細路をたどって福澤の墓に詣でていた。しかし、諸般の事情が重なり、福澤家では、各方面とも協議の上、昭和五十二年には福澤家の墓を、福澤家菩提寺の麻布善福寺に移すことを決定した。そして五月二十五日に法要を営んだうえ、柩を荼毘《だび》に付し、善福寺内の現在地に改めて埋葬したのであった。「福澤百助妻阿順之墓」も「福澤氏記念之碑」も、ともに移された。その間の詳細な経緯については、前記の中村仙一郎氏の『聞き書き・福澤諭吉の思い出――長女・里が語った、父の一面』に詳しく記されている。

現在、上大崎常光寺境内には、谷口吉郎氏の設計による三枚の御影石をつらねた屏風型の端

正な記念碑が建てられている。中央の銘盤には「福澤諭吉先生永眠之地」、両側に生年、没年が記され、右側の一枚石には、

「明治三十四年二月福澤諭吉永眠のとき此処に埋葬せらる　先生の生前自ら選定し置かれし墓地なり　昭和五十二年五月福澤家の意向により同家の菩提寺麻布山善福寺に改葬せらるよって最初の塋域《えいいき》を記念するため之を建つ　昭和五十三年五月十四日」

と建碑の趣意が記され、左側の一枚石には単に「慶應義塾」と書かれている。そして「この記念碑は福澤先生夫妻の柩の上に埋められてあった銘板をモチーフとして谷口吉郎君により設計されたものである」と書かれている。

鎌田栄吉、慶應義塾へ

鎌田栄吉は、安政四年（一八五七）紀州和歌山に生まれた。鎌田は当時の風習に従って、普通の寺子屋教育、漢学塾教育を受けたが、明治二年頃になると、紀州にも英学教育が導入され、新規に設けられた洋学校には慶應義塾から教員が派遣され、慶應で使っているピネーの英文典、カッケンボスの米国史、物理書、ウェーランドの経済書などを使って授業するようになり、鎌田もそこに入学した。鎌田の懐旧談によると、「クラスで文典の会読をやる。これは慶應義塾でやって居る通りのことを真似してやる。慶應義塾でやった人が来てやるのですから、その通

りのことをやるのです」という具合であった。

このような準備段階を経て鎌田は選抜されて東京に留学し、明治七年慶應義塾に入学するが、たちまち上級クラス（二等）に編入され、翌八年（一八七五）はやくも卒業し、直ちに教員となった。それから大正十一年（一九二二）、塾長退任までの四十七年間、わずかの期間を除いて鎌田は慶應の教職にあったのである。

鎌田の塾長就任

鎌田は明治三十一年（一八九八）四月、四十二歳のとき福澤の要請を受けて慶應義塾の塾長に就任した。社頭福澤諭吉、副社頭小幡篤次郎、塾長鎌田栄吉の体制ができあがったのである。

それからわずか半年あとの明治三十一年九月二十六日、福澤は脳溢血の発作に襲われ人事不省となった。幸い容態は次第に好転し、会話もできるようになったが、人の名前が出てこない。鎌田はそのころのことを回顧して、次のように述べている。

鎌田栄吉
福澤研究センター所蔵

「……又どん／＼話をされました。けれどもその時には人の名前や何かは皆忘れて居られたが、然し此方にはその意味はちゃんと判ります。それで色々の話をされました。学校の事なども無論忘れては居らない。それから又墓場の事なども いって居られました。『私の親父の墓は昔の一両で以て拵《こしら》えたから、私が死んでもどうかそれ以上に出でないように墓を拵えたいものだ』というようなことをいって居られました。その時に頻《しき》りに幼稚舎の和田義郎さんの墓のことをいうのです。それが大分大きな墓です。けれどもそれが和田さんとかいう名前はどうしても出ない。『そうだ、貴方の藩のね』というようなことをいって居る。『あの子供の沢山居るところの人ね、あゝいう人のような大きな墓を建てゝはいかぬ』という訳です」

福澤はそののち相当健康を恢復したが、明治三十四年一月再び脳溢血に襲われ、二月三日に逝去した。

福澤没後、鎌田は慶應の塾長として、また交詢社の理事長として、あるいは貴族院議員として、慶應の社中においてはもちろん、社会においても教育者として重きをなしていた。

鎌田の逝去

鎌田は晩年まで壮健であったが、昭和九年（一九三四）七十八歳を迎えた正月から健康を損ね、耳下腺の化膿腫脹がもとで二月六日慶應病院で逝去した。葬儀は小泉信三を実行委員長として青山斎場で営まれた。五月十五日、百日忌を選んで埋骨式が行われた。『鎌田栄吉全集』

第一巻「伝記篇」には、菩提寺芝白金丹波町正満寺住職樹谷淳孝師により「大覚院釈天真自由居士」の法名が選ばれ、

「芝白金常光寺に於て埋骨式を行った。同寺は福澤諭吉先生の眠らるゝ所、又小泉信吉氏、和田義郎氏も同寺に葬ってあり、先生を葬るに最も意義あるの地を卜《ぼく》したのである。先生の墓碑銘は極めて簡単に『鎌田栄吉墓』と楷書を以て刻し、書は鈴木翠軒氏高弟金田心象氏の筆である。又、交詢社々員有志は十二月五日先生の墓前に燈篭一対を供えた」

とある。

現在、鎌田の墓に詣でると、墓域の姿は伝記に記されたとおりのままであるが、福澤、小泉、和田の墓はすでに寺内から消えているのである。

（「福澤手帖」二〇〇六年六月号）

青山霊園掃苔記（上）

――小幡英之助、中上川彦次郎、門野幾之進

明治二年の同期入社生

東京港区の青山霊園は明治、大正、昭和の各時代に活躍した有名人の墓が多いことで知られている。

福澤門下生の墓も少なくないが、そのなかで、まず、小幡英之助、中上川彦次郎、門野幾之進の墓所に詣でることとしたい。

福澤は慶応四年（一八六八）新銭座に校舎を新築し、慶應義塾と命名し、志を同じくする青年に呼びかけ、洋学を講ずることを宣言した。その呼びかけに応じ、翌年の明治二年には二百五十六人の入社生があったが、そのなかに小幡英之助、中上川彦次郎、門野幾之進があった。

小幡英之助は小幡篤次郎の甥で、「日本の歯科医の開祖」として重んじられた人物である。

中上川は福澤の甥で、後年、「三井の中上川」として実業界で名を成した人物である。門野は在学中から秀才の名が高く、長く義塾の教員、教頭、副社頭を務め、後年実業界に転じたあとも、長く社中の長老として尊敬を集めていた人物である。

この明治二年入社の同期生小幡、中上川、門野の墓所は、いずれも青山霊園にあり、しかも墓地中央の自動車道路交差点をはさんで互いに遠くないところに位置している。

三者はいずれも福澤とはきわめて近しく、互いに親しい仲であった。ことに中上川と門野とはともに福澤の側近にいたから、相許す仲だったと思われる。

いま、青山霊園を訪れて、三家の墓に詣でるとき、往時を追想し不思議な奇縁を感ずるものである。

小幡英之助、中上川彦次郎の上京

小幡、中上川、門野、三者のなかで一番の年長は小幡英之助で、中上川彦次郎は四歳年下、門野幾之進はさらに二歳年少である。

英之助は、嘉永三年（一八五〇）八月十日中津殿町で小幡家の本家、小幡孫兵衛、あきの跡取りとして生まれた。分家していた小幡篤次郎はあきの実弟であるから、英之助にとって叔父さんである。年齢からいえば七歳年上の叔父さんであるが、篤次郎を〝絶対の叔父さん〟とし

前列左　坪井仙次郎　右　小幡英之助
後列左　門野幾之進　右　芦野巻蔵
『今田見信著作集Ⅱ　小幡英之助先生』
（医歯薬出版株式会社、1973年）より
（明治４年６月）
福澤研究センター所蔵

て終生心服していたと言われている。

英之助は二百石取りの上士の跡取り（次男であるが長男はすでに早世）であるから藩校進脩館で文武両道を学んだ。このとき叔父篤次郎はこの進脩館の館務（教頭格）の一人であった。ところが、英之助が十五歳になった元治元年（一八六四）、福澤諭吉が中津に帰省し、滞在二ヵ月の間に小幡篤次郎はじめ六人の青年を説得し、江戸へ連れ去ってしまった。残された英之助少年は、この年幕府の指令による中津藩の長州征討軍に従軍している。

それから四年、福澤は再度の渡米を果たし小幡篤次郎ら中津出身組は福澤を強力に補佐し、ついに慶応四年には新銭座移転、慶應義塾命名の壮挙となった。

その翌年、明治二年（一八六九）中上川彦次郎と小幡英之助はそれぞれの叔父を頼って慶應義塾に入社したのである。

諭吉の姉お婉の長男、中上川彦次郎

　中上川彦次郎は安政元年（一八五四）八月十三日福澤諭吉の姉お婉《えん》と、中津藩勘定方中上川才蔵との間の長男として中津金谷森ノ町に生まれた。福澤諭吉が成長した留主居町、小幡英之助の生まれた殿町とは、それぞれの家格が異なるためか、お城からの方角も距離も違っている。彦次郎は国学者渡辺某の私塾、藩儒手嶋仁太郎、橋本塩蔵の漢学塾に学び、十五歳のときには藩校進脩館の塾生あるいは教員になったと伝えられている。

　中上川彦次郎と小幡英之助とは、いつごろから、どのようにして付き合っていたのかは不明であるが、明治二年、二人は連れ立って藩から洋学修業（名目は砲術修業）の許可を得て大阪に学んでいる。大阪の修業先山口良蔵は福澤諭吉の緒方洪庵適塾時代の同窓親友である。二人は山口について数ヵ月間、英学の手ほどきを受けたあと、東京に向かった。

中上川彦次郎　（明治６年）
福澤研究センター所蔵

　明治二年五月二十三日付山口良蔵宛の書簡で、福澤は次のように申し送っている。

「中上川彦次郎儀、一方《ひとかた》ならず御約介罷り成り、本月八日小幡英之助同道にて着府仕り候　御礼申し上げ様もこれ無き次第、誠に有り難く存じ奉り候、同人へ御伝言の趣もい才〔委細〕承知仕り候」

「彦次郎、英之助両人にて金子《きんす》五両づつ拝借仕り候よし、有り難く存じ奉り候……」（『福澤諭吉書簡集』第一巻六八、原文は送りがな無し）

「慶應義塾入社帳」には両人とも「生国　豊前」「住所　中津」「主人ノ姓名　奥平美作守」となっているが、小幡の「父母或ハ兄弟ノ姓名」欄は小幡孫兵衛、年齢は「二十才」、「社中ニ入タル月日」は己五月九日、「入塾証人ノ姓名」は小幡篤次郎となっている。一方、中上川のほうは父の姓名は「中上川才蔵」、年齢は「己十六」、入塾証人は「福澤諭吉」となっているのは当然であるが、なぜか「社中ニ入タル月日」は五月八日となっており、英之助の入社日と一日ずれている。

鳥羽の神童、門野幾之進

門野幾之進は安政三年（一八五六）三月十四日、鳥羽藩士門野豊右衛門、易《えき》の長男として志摩国（現三重県）鳥羽で生まれた。その生誕地には、現在「門野幾之進記念館」が建てられ、入口の庭に「門野幾之進先生生誕地」の記念碑が建っていることはすでに述べた。なお大倉組副頭取として実業界に重んぜられた門野重九郎は幾之進の弟である。幾之進は鳥羽にあって厳格な武家の子として育ち勉学に励み、〝鳥羽の神童〟と言われたという話が残っている。明治二年、幾之進は「鳥羽藩貢進生」として上京、慶應義塾に学ぶこととなった。入社帳には、「生国　志州」「住所　鳥羽」「主人ノ姓名　稲垣対馬守」「年齢　拾四才」「社中ニ入タル月日　四月十七日」「入塾證人ノ姓名　木村且又」と記されている。

證人の木村且又というのは同藩の先輩で、前年十一月に十九歳で入社している。なお明治二年に木村が證人になって慶應に入社した同藩人は門野を含めて四人に達している。

門野は晩年、伝記編集者の質問に次のように答えている。

問　入塾は四月十七日で御座いますか。

答　私の入社日付は四月十七日になっておりますが、二月か三月ごろではないかと思います。

はじめ麹町八丁目の藩邸に着いて、直ぐには塾の寄宿舎に入れなかったので、麹町の藩邸から馬車もなかったころですから歩いて通っていました。

門野幾之進
福澤研究センター所蔵

ちなみに四月十七日に寄宿舎に入ったというのは正しい日付で、その直後、五月二日付で郷里の母堂宛に送った幾之進の手紙には「……私も十七日入塾いたし候あいだ、これまた御安心下さるべく候、新銭座

（は）神明（神社）に一、二丁に御座候　海は三丁ばかり先に候えども、私居り候塾（は）二階ゆえ、毎日帆かけ船は（を）見ながら読書いたし候　童子七人に御座候、取しめ人四人に御座候えども皆好き人にてよろしく候、部屋八畳に四人に候……」と記されている。

問　はじめて福澤先生にお会いになったときは、一人ででしたか。

答　木村が上級ですから、いずれ木村が連れて行ったでしょう。後で福澤先生が「木村が連れてきた折に、これは鳥羽の神童だといった、君は神童だったそうだネ」といって居った。

問　福澤先生に、一番はじめにお会いになったときのことで、何か御記憶になっていることがありますか。

答　何もないネ

誠に率直な回答である。

門野と中上川とは在塾中から親しくしていたとみえ、後年中上川没後に門野が語った回顧談に「私が福澤塾に入ったのは童子寮が出来た折であった。それより少しおくれて、見るからに田舎者然たる至極痩せ型の少年が我々の童子寮に入塾した、それが即ち当時十六歳の中上川君であった」「或る時、中上川君の方の寮に面白いことが始まって居るというので行って見ると驚いたのは、林哲二郎君が大津絵か何かを唄ひ、中上川君が褞袍《どてら》を着込み箒《ほうき》を操って定九郎

（?《ママ》）を演じ大見得を切っているところであった。何《いず》れ中津辺《あたり》の田舎芝居の見覚えでもあろうが、其時監督の小泉（信吉）君が来合わせた。当時童子寮の監督は阿部（泰蔵）、小泉の両君で二人共二十二、三歳の頃であった。阿部君であったなれば厳格な人丈《だ》けに叱責された事であったろうが、幸い小泉君であったので、少年達と共に思わず哄笑したので、両人の芝居も其の侭《まま》終了した」とある。

洋行以後の中上川の端正な容姿、厳然たる態度、ゆったりとした体軀しか知らない人たちにとっては珍しいエピソードだったに違いない。

小幡英之助は年長で童子寮にいなかったためか、門野の回顧談のなかには登場してこないが、英之助の一年あとに入塾した坪井仙之助は次のように小幡の几帳面さを伝えている。

「私は新銭座慶應義塾へ入塾して、三田へ引越しをした塾生の一人であります。三田の新舎では英之助君と同室でありました。その頃の福澤先生の塾生のお世話は行き届いていたもので、日曜日には朝食後きっと全舎を見廻り、戸棚の中まで調べられました。もし不清潔、不整頓の状態が目に止まると、室生一同の責任として厳重に訓戒されました。室生の名札を見て英之助君の名があると、英さんの室ならば見ずとも好いと素通りされたものでありました。英之助君の清潔整頓は、先生に深く信じられていました。」

同期生三人の進路——中上川の洋行

義塾卒業後、門野は教員として慶應に残り、中上川は福澤の指示でたびたび各地に教員として派遣された。明治六年、彦次郎が四国宇和島の英学校に派遣されていたとき、彦次郎の母はすでに中津から東京に移って福澤の屋敷内に居住していた。福澤は旅行先の彦次郎に宛てた書簡のなかで、「今朝御留主宅へ参り御母様と御相談申候処、唯今江戸へ急ニ帰らざれバ不都合と申す箇條もこれ無く候えども、どちらかと云へバ一日も早く帰るがよしと申す話ニ相成候。併し旅行ハ人の聞見を増し、甚だ有益の事なり。日向（宮崎県）へお廻りの儀、足下の深く好む所なれバ決して御留メ申さず、御随意になさるべく、御留主ハ毫も案ずるニ足らず」と書き送りながら、「子の帰るを待つハ母の至情、留主は随分さびしきものなり」（『福澤諭吉書簡集』第一巻一四七）と続けている。福澤は『自伝』のなかで二人の子供をいずれ洋行させようとして金の準備を心がけているうちに「マダ其の二人の小供が外国行の年頃にならぬ先に金の方が出来たから、小供を後廻しにして中上川彦次郎を英国に遣りました。彦次郎は私のためにたった一人の甥で、彼方《あっち》もまたたった一人の叔父さんでほかに叔父はない、私もまた彦次郎のほかに甥はないから、まず親子のようなものです。彼が三、四年も英国にいる間にはずいぶん金も費やしましたが……」と満足そうに述べている。

ちなみに中上川が小泉信吉とともに英国に滞在したのは明治七年から十年までのことである。滞英中に井上馨《かおる》の知遇を得たこと、帰国後井上の推薦で外務省公信局長に就任したこと、明治十四年の政変で官界を去り、福澤を助けて時事新報の経営に当たり、再び井上の推挙で山陽鉄道社長に就任、さらに井上のすすめで三井に入り、大改革を行い、明治三十四年、四十八歳で没したことなどは広く知られているので、ここで詳しく述べるのは避けることとする。

なお、愛甥中上川が洋行から帰ってきたとき、福澤は嬉しくてたまらず、息子自慢の親が「愚息が愚息が」と言うように「劣姪《れってつ》彦次郎が」を連発して引き廻したという。姪《てつ》は甥と同じで「おい」のことである。福澤があまり「劣姪」と言うので、中上川には「れってつ」というあだ名がつけられたと言われる。

歯科医第一号小幡英之助

一方、小幡英之助は中津在住中に多少西洋医学に触れることがあったためか、叔父篤次郎のすすめもあり慶應を去ってから横浜（十全）病院の医師近藤良薫のもとで医学を学び、さらに当時横浜で歯科医として開業していたアメリカ人セント・ジョージ・エリオットのもとで歯科の技術を学んだ。数年間の熱心な勉学修業の成果が表れ、英之介は明治八年には第一号の歯科医師の免状を下付され、京橋采女《うねめ》町で日本初の歯科医師として開業するまでになった。

それから約三年を経た明治十一年二月九日福澤はそのとき宮内大輔であった旧知の杉孫七郎宛の書簡で「……陳《のぶ》れば小幡英之助ハ兼ねてご懇命を蒙り候よし、此者ハ生が旧同藩、小幡篤次郎の姪《おい》なり、不図歯之術を学び得て、当今は殆んど都下第一流の名成したり(る)仕合せ者に御座候。然るに当人の素志、何とかして主上の御歯に御療治指し上げ度、固より御無病の処へ御療治と申すハ、行わるべきにあらざれども、御無病ならば御無病の処にて、御歯之御掃除にても仕度……」と懇請し、その趣意は「方今一切万事外国人を御仕用相成り候折柄、万々一この一事に付き、外人に先鞭を着けられては」日本の歯科医師全体の栄誉に関することであるから（『福澤諭吉書簡集』第二巻二三一）と述べている。

なお、この杉孫七郎宛書簡の追伸の部分で、福澤は中上川のことに触れ、「尚以って、弊塾も旧冬劣姪中上川彦次郎英国より帰着、小幡篤次郎も同伴……」と書いている。ここでも福澤は劣姪を振り廻している。

福澤は小幡英之助を終生信頼し、夫人の歯の治療も英之助に委ね、また何かのおりに、千数百円を英之助に用立てていることがある。

門野は晩年、「小幡英之助という歯医者さんが居りましたネ。……ご一緒に写真を撮ったのが出て居りました」という問に対し、「そうでしたか、去年（昭和十二年）でしたか小幡英之助の像を今の歯科医の仲間が作って中津の公園に出す。その像の前に碑を建てるからその碑を私に書いて呉れ、宜しいという訳で私が書いてやりました」と答えている。この像はいまも中津市の旧城壁外の中津公園に建っている。一緒に撮った集合写真も残っている。

小幡は歯科医として成功し、交際も広く派手な生活を送った時期もあったが晩年はキリスト教に入信し、立派な家庭を営み、多くの門下生に慕われ、明治四十二年（一九〇九）四月二十六日、脳溢血のため、六十歳で逝去した。

門野幾之進の後半生

門野の教頭在任中、慶應義塾では福澤社頭のもとで、塾長の交替がしばしば行われた。門野も周囲から塾長就任を要請されているが、はっきり断っている。それについて門野自身は次のように述べている。

「福澤先生は偉い人でありますけれども、私は自分で悪いと思うことは、それはいけますまいというて行わない。だから私は福澤先生には余り受けがよくなかった。けれども、又私の方をサポートしてやらせようという人があった。小幡だの、小泉だの、中上川だの朝吹だのなんか皆私にやらせようという人であった」

「私になれということを小幡からいわれたけれども、私は御免蒙った。というのは、私は塾長になれば必ず或る時に福澤先生と喧嘩しなければならぬ。それがイヤだから、どうしてもやらぬといって断った」

「中上川は〝君、そういうけれども、福澤先生も昔の若い時のようにガミガミいわない。おとなしくなっているからよいと思う〟というような話であったけれども、私は始終福澤先生に接していて知っているのでどうしても引き受けることはよした訳であります」

結局、このときは鎌田栄吉が福澤の指名で塾長に就任したのである。

福澤、中上川が相次いで没した翌年、明治三十五年十一月、門野は慶應義塾教頭を辞任し、やがて千代田生命保険を創立し社長に就任し、実業界の人となり、貴族院議員にも勅撰された。しかし塾外にあっても門野は常に義塾社中の先達として尊敬を受け、評議員、理事の任に当たり、鎌田塾長が文部大臣に就任したときは「塾長事務及び同大学総長事務」を、小泉塾長が渡米中は「大学総長代理」を臨時委嘱されている。

高橋誠一郎先生は義塾の重要事件について最晩年の門野氏を私邸に訪問して意見を求めたときのことを追想し、「先生は慶應義塾教頭の職を去って三十五年、其の愛塾の念は聊《いささか》も衰えざるのみか、却《かえ》って年と共に益々熾《さか》んになって行ったように思う。聞こえぬ耳をそばだてて、重要なる塾務一切を聞きもらすまいとして居られた先生の態度が今日も眼に浮ぶ」と記している。

（「福澤手帖」二〇〇六年九月号）

青山霊園掃苔記（下）

青山墓地から青山霊園へ

明治二年新銭座の慶應義塾に入社した小幡英之助、中上川彦次郎、門野幾之進の三人が没後いずれも青山墓地に葬られ、しかもその墓所が広大な墓園のなかで、互いにさのみ遠くないところに位置していることは前述した。「青山墓地」という名称は昭和十年五月「青山霊園」と改められている。

そもそも青山墓地は、明治新政府の宗教政策に基づいて、明治七年（一八七四）、東京府の手によって「共葬墓地」として造成されたものである。その広大な墓域は旧美濃国郡上《ぐじょう》藩主青山家下屋敷の跡地である。幕府時代の寺壇制度のもとでは、都会地の墓地といえば寺院墓地に限られていたが、明治政府は神葬式を受け入れる必要に迫られ、急いで青山、谷中、染井、雑司ヶ谷等に「共葬墓地」を開設し、キリスト教式の埋葬をも受け入れられるように取り計らったのである。

このような経緯で開設されたためか、青山墓地には明治十一年に没した大久保利通が神葬式によって葬られたのをはじめ、明治政府の元勲顕官、将軍等の巨大な墓が数多く見受けられる。

小幡英之助の逸事

小幡英之助が本邦第一号の歯科医師として明治八年（一八七五）開業以来大いに流行し、したがって交際も広く生活も次第に派手になったことはすでに述べた。そして明治十一年結婚して芝田村町に世帯を持ってもその遊興はやまなかった。毎晩酒を飲んで帰ってくる。しかも遊び友達を何人も連れて帰って来てまた酒が始まる。二時三時までワイワイいって騒いでいる。これが毎晩のようだったという。

後年（昭和十二年）、英之助を偲ぶ座談会の席で、英之助の異母弟で英之助からこよなく愛されていた恩田銅吉氏は、次のように語っている。

「これではいかんというので、叔父の篤次郎が、今まで住んでいた三田の家があいたので、そこへ『英之助来い』といわれてハイハイといって移ったらしいです。それは、明治十二年か十三年の春頃で、多分、三田には十六、七年頃までおったらしいです」

しかし、三田へ移っても英之助は友人たちと飲食することを好み、また庭に土俵を築いて梅ヶ谷そのほかの力士を招いて相撲をとらせ、福澤もそれを観戦していたという。

三田時代の逸話としてもう一つ伝えられていることがある。それは、英之助が「初桜」という商品名の歯磨粉《はみがきこ》をつくり、福澤諭吉がその広告文を書いたという話である。先の座談会に出席していた、英之助の従弟佐々木勇太郎氏は、

「その頃の歯磨粉というのは、ホラ！ あの桐の四角い箱に入っていたでしょう。三田の長屋に居た高木寅治郎さんという人が発売元兼製造元で、英さんが始めて造った歯磨に福澤先生が広告文を創案されて……」「福澤先生が面白い文を書かれたことを私は子供心に記憶しております」

と述べている。ただしこの話は、同じ座談会に出席していた富田正文氏にとっては初耳だったらしく、「それは何か当時の新聞か雑誌に広告したものですか」と質問している。

小幡英之助の墓所

英之助は晩年まで健康であったが発病わずか二日目の、明治四十二年（一九〇九）四月二十六日、京橋南鍋町の自邸で脳溢血のため逝去した。享年六十であった。葬儀は四月二十八日、青山斎場で原胤昭の司式によりキリスト教式で行われ山田耕筰が讃美歌を歌い、佐佐木信綱が

弔歌を捧げ、血脇守之助らが弔辞を読んだ。会葬者のなかには福澤一太郎、鎌田栄吉、門野幾之進があった。福澤捨次郎は英之助の発病とともに見舞にかけつけていた。

英之助の柩は、青山墓地一等地1種イ23号3側15番に土葬で埋葬された。場所は、西麻布の方角から霊園に入り、桜並木を登りかけた右側の低地である。英之助は平常、家人や門下生に、「我れ死なば、広間を借りて告別式を行い遺骸はこれを品川湾中に投ずべし。必ず墓標を立つべからず」と述べていたそうである。したがって、現在も墓所には小さな十字架が刻まれている小ぶりな方形の石が、置かれているだけである。ただし、英之助没後二年、明治四十四年三月、門下生がその傍らに大きな記念碑を建てた。その碑文は漢文で「嗚呼是洋法歯科医開祖小幡君之墓也」に始まる長文のものである。この碑は立派ではあるが一般の参拝者には小幡英之助の墓の目印とはならない。標識を建てることが望ましいと思うが、しかしそれは英之助の遺志に背くことになるかもしれない。

小幡英之助墓碑

門野幾之進の墓所

門野幾之進は、最晩年にも福澤先生の師恩に報いるべく「時事新報」のために犠牲的な支援を行うなど、心身壮健であったが、昭和十三年（一九三八）十一月十八日、麻布鳥居坂の自邸で狭心症のため急逝した。享年八十三であった。告別式は十一月二十二日、三田慶應義塾の大講堂（大ホール）でとり行われた。壇上正面に掲げられていた「福澤諭吉の肖像」（和田英作画）は白布で覆われ、その前の式壇に門野の遺骨が柩に納めて安置され、「門野幾之進之柩」という旗が下げられた。友人総代として小泉信三慶應義塾長は弔辞のなかで、

「……先生夙《ツト》ニ慶應義塾ニ入リ業成リテ後チ義塾ノ教壇ニ在ルコト三十余年、其ノ学殖識見徳望ハ当年ノ我学界ニ之ヲ争ウモノナク以テ我党ノ学問ヲ重カラシメタルハ今尚オ人ノ知ルトコロニシテ我社中ノ今日世ニ立テルモノ殆ンド皆ソノ薫陶育成ヲ受ケタルニアラザルモノナシ」

と讃え、実業界に入ってからも慶應義塾に多大の貢献があったことを感謝し、続いて、

「先生少少ニシテ福澤先生ノ教ヲ受ク而シテ前後六十余年ニ亘《ワタ》リテ義塾ノ為メニ力ヲ致スコト斯ノ如シ、先生ヨク其ノ先師ニ報ズルヲ得タリトイウモ誰レカマタ過ギタリト云ワン」

と述べている。告別式には各界から三千人の参列者があったが、学生生徒の代表も霊前に礼拝

した。

ちなみに、三田の大講堂で告別式が行われたのは、福澤一太郎逝去のときと門野幾之進逝去のときのみであった。

いま、青山霊園の中央には自動車道の交差する地点がある。その交差点から青山陸橋のほうに進んで「かやのき通り」を左折すると、左側の1種イ9号18側2番に「門野幾之進墓」が見出される。石垣が廻《めぐ》らされ、枝ぶりのよい樹木が植えられた墓域の正面に、「門野幾之進墓」が建っている。右手にある「墓誌」には、「瑞龍院殿白雲靄渓居士　三重県士族　門野幾之進」と刻まれている。戒名のなかの「靄渓《あいけい》」は幾之進のイニシアル（I・K）にちなんだ雅号である。「三重県士族」とあるのは、門野家は志摩国三重県鳥羽の稲垣藩の家臣であったからである。門野家代々の墓が鳥羽の光岳寺にあるので、幾之進の遺骨も光岳寺に分けられているとのことである。

なお、幾之進の弟、門野重九郎（大倉組重役）の墓は、近くの1種イ13号15側にある。墓誌には、「一八六七年（慶応三年）九月九日鳥羽ニテ出生　一九五八年（昭和三十三年）四月二十

門野幾之進墓碑

四日小田原ニテ永眠」と刻まれている。九十歳の長寿であった。

中上川彦次郎の葬儀と墓所

中上川彦次郎は、福澤諭吉が没してからわずか八カ月、明治三十四年（一九〇一）十月七日、かねて患っていた腎臓病のため、東京麹町永田町二丁目二十九番地の自邸で逝去した。享年四十八の若さであった。

葬儀は十月十日午後、青山共同墓地内の斎場で行われた。導師は増上寺住職山下大僧正が務めた。当時の葬儀であるから、永田町の自邸を出て青山の式場に至るまで、馬車、人力車、徒歩の葬列が長く続き、慶應義塾の生徒数百人も列に加わっている。

いま、青山霊園を訪れ、青山通りから入って左側の「東七通り」を突き当たり近くまで進むと、右側が1種ロ20号7側6番の中上川家墓地である。生垣をめぐらされた墓域の中央に、一対の墓石が立っている右側が「中上川彦次郎之墓」で側面に「安政元年　閏《うるう》八月十三日生於豊前

中上川彦次郎墓碑

中津　明治三十四年十月七日死於東京　享年四十八」と刻まれ、左側の夫人の墓には「中上川勝之墓　文久三年八月十八日生於東京　大正七年一月二十七日死於東京　享年五十六」と刻まれている。

勝夫人は越前福井藩士江川常次郎の長女で明治十二年（一八七九）四月十二日、彦次郎と結婚した。彦次郎二十六歳、お勝十九歳のときである。

彦次郎没後十七年を経た大正七年（一九一八）一月十七日三田一丁目の次男次郎吉邸で、勝夫人は夫君と同じ腎臓炎がもとで逝去した。葬儀は一月二十九日午後青山斎場で行われ増上寺の僧侶が読経した。

彦次郎夫妻の墓石の右手奥に、彦次郎の父「中上川才蔵之墓」と彦次郎の母「中上川婉之墓」が建っている。才蔵の墓には「明治五年十一月十八日卒　年五十一歳十一箇月十日」と刻まれ、婉の墓には「福澤百助女　中上川彦次郎母」「天保元年庚寅十月廿二日　明治三十年丁酉一月廿二日」と刻まれている。

福澤の次姉、婉

福澤諭吉が三人の姉を大切にし、常に配慮を怠らなかったことは広く知られている。しかし、長姉の小田部《おたべ》禮《れい》と末姉の服部鐘《かね》は中津に住んでいたので、福澤が身近にいて睦まじくすることができたのは次姉の婉《えん》だけであった。婉は天保元年（一八三〇）に大阪で生まれたから諭吉よりも四歳年長である。中津藩士中上川才蔵と結婚し一男四女をあげている。長男彦次郎が中津で生まれたのは、福澤が十九歳で中津を去って長崎に出た年のことである。彦次郎は前に述べたように明治二年に東京に出たが、中上川の一家は中津に留まっていた。その一家を福澤は明治五年、東京に迎えた。同年七月七日付の福澤英之助宛福澤書簡には「奥平様のフハミリ不残江戸御引越の議に決し」「此度は中上川のフハミリ、服部復城夫婦同船」「七月六日中津出立、七日下の関着、九日か十日出帆の蒸気船にのり神戸へ参り、十五日出帆のアメリカ船にて江戸の積りなり」と記されている。中上川のファミリーというのは才蔵、婉の夫婦と、中津市学校の任務を終えて帰京する彦次郎および彦次郎の妹、澄（のち朝吹英二に嫁す）、国（のちに由利公正の子息三岡丈夫に嫁す）の五人のことであろう。才蔵は東京に移住した年の十一月に没した。

婉は夫を失ったあと、彦次郎等とともに三田の福澤邸内に住んでいた。着京の翌明治六年一月彦次郎は四国の宇和島英学校に派遣され、六カ月の契約期間が終わっても、九州各地の視察を希望し、なかなか帰京しなかった。福澤は七月二十日付彦次郎宛書簡（本書三一二頁参照）で帰京を促がし、一方では旅行は有益であるから「御留主ハ毫も案ずるニ足らず」と書きながら結局「子の帰るを待つハ母の至情、留主は随分さびしきものなり」と本音《ほんね》を述べている。

婉は晩年健康を損じ療養に努めていたが、明治三十年一月二十二日六十八歳で没した。福澤は同日、中津に住む二人の姉宛に「中上川御姉様御事、当月九日ころより御容態宜ろしからず」「遂に今日午十二時五分御死去相成候」と報じた。

婉は中津にいたときから憐れみの心が深く、隣人の窮乏を救うことが多かった。晩年東京にあってキリスト教に入信し日曜日ごとに教会に通うことを楽しみとしていた。婉は永眠の前、彦次郎夫人に辞世の歌「春秋と　いろなす庭のながめより　楽しき園にゆくぞうれしき」（菊池武徳『中上川彦次郎君』）等を口述し、また彦次郎には葬儀のことを談じ、キリスト教式を用いることが承諾されたのを知って、喜びの色が顔に溢れたとのことである。

婉が没した翌々日の「時事新報」に、彦次郎の名で次の死亡広告が出された。「母婉子儀久々病気之処、今廿二日午後零時五分永眠仕候　遺言ニ依リ基督教式ヲ以テ来ル廿五日午後一時半永田町二丁目自宅出棺青山墓地へ葬送仕候」

菊池はその著で「葬儀の日教会牧師が棺前に於て亡き人の履歴を述ぶるや喪主たる君は知らず知らず涕涙泫然《ているいげんぜん》として両頰に流下せしも、君はその流るるに任せ、式畢《おわ》るまで之を拭わず動かざること石の如しにして稠人《ちゅうじん》の前に態度を保全した」と述べている。

墓域内には、「中上川家先祖代々之碑」が建っている。これは彦次郎が明治二十年に三田龍

源寺に建てたものを、のちに青山の墓域に移したのである。碑文は、

「中上川家ノ祖先ハ其古ヲ知ル可ラズ　今ヨリ百七十年前　中上川嶋右衛門ト云フ者アリ享保元年丹後ニ於テ奥平家ニ仕ヘ一年米十八石ノ俸給ヲ受ク　勤仕六十年天明二年豊前中津ニ死ス　之ヲ中上川家ノ祖トス」

に始まり代々の系譜を記し、彦次郎の父、才蔵が天保七年に家を継承したことを述べ、

「才蔵同藩士福澤百助ノ次女阿婉ヲ娶《めと》リ一男四女ヲ生ズ　男彦次郎　長女阿藤　二女阿澄三女阿国　四女阿万亀　長女四女共ニ早ク死ス　明治五年才蔵病死シ武蔵東京三田龍源寺ニ葬ル　明治二十年五月記念ノ為メ彦次郎コノ碑ヲ建ツ」

で終わっている。

もともと、彦次郎が、父才蔵の墓のかたわらにこの「中上川先祖代々之碑」を建てたところには、同じ龍源寺の墓地内に福澤の母お順の墓があり、そのかたわらに「福澤氏記念之碑」が建っていた。いまはそれぞれ青山霊園と麻布善福寺に移されているが、いずれも立派に維持されているのは喜ばしいことである。

文中に出てくる二女阿澄《おすみ》は朝吹英二に嫁した有名な賢夫人である。

なお、この碑を龍源寺に建てたのは彦次郎が山陽鉄道社長に選ばれた三十四歳のときであるが、その当時は石碑一つ建てるのにも官の許可が必要だったらしく『中上川彦次郎伝記資料』

には、次の文書が採取されている。

「墓碑建設願

一、私儀今般東京府下芝区三田豊岡町二十二番地龍源寺々内墓地に於て別紙碑文を刻し候

先祖代々之碑一基建設仕度候に付御許可被成下度此段奉願候也

明治二十四年四月二十日

東京府京橋区木挽町十丁目六番地

東京府士族　中上川彦次郎

同　芝区三田豊岡町六十三番地

禅臨済宗龍源寺住職

越渓宗逸

書面願之趣認可候事

明治二十四年四月二十日

高輪警察署長

五等警視　東郷実政［印］

（「福澤手帖」二〇〇七年三月号）

青山霊園追記（1）
――木村芥舟、長与専斎、堀江帰一

青山に眠る福澤の知己朋友

東京港区青山霊園に、福澤門下の先進生、中上川彦次郎、小幡英之助、門野幾之進の墓があることはすでに述べたところであるが、同門の後進生、森村豊（門野幾之進の墓の北隣り）、那珂通世（1種イ1号4側7番）、犬養毅（1種ロ8号14側）、山名次郎（1種ロ16号3側）、堀江帰一（1種ロ14号8側4番）らの墓も同霊園内に見出される。

また、青山霊園にはその他、福澤の恩人、親友、知己の墓が、多く見受けられる。

一、咸臨丸以来の恩人、木村芥舟（摂津守）（1種イ20号4側）

二、適塾以来の親友、長与専斎（1種イ13号2側1番）

三、福澤の〝ひいき役者〟であった大政治家、後藤象二郎（1種イ13号24側1番）

四、幕末以来懇意にしていた実業家、森村市左衛門（1種イ20号11側1番）
五、福澤が碑文を書いている、ドクトル・シモンズ（外国人墓地）
六、洋学者・明六社《めいろくしゃ》仲間の森有礼《ありのり》（1番イ1号12側2番）、西周（1種ロ8号18側4番）、尺振八（立山地区1種イ4号1側1番）、
七、咸臨丸仲間の肥田浜五郎（1種10号21側12番）
八、福澤が信頼期待を寄せていた後藤新平（1種イ5号1側1番乙）、北里柴三郎（1種イ19号2側1番）
九、このほか、潮田伝五郎夫妻（福澤の五女みつ）の眠る潮田家の墓（1種21区イ号7側11番）や福澤の姻戚（捨次郎の岳父）で、外務大臣をつとめた林董《ただす》、福澤と接触のあった政治家大久保利通、黒田清隆、松方正義など、数えあげれば際限がないほどである。

木村芥舟の墓

東十二通りを青山葬儀所方向に曲って四本目の道を左折した左側に「木村芥舟一族之墓地」と刻まれた端正な墓石が建ち、裏面に「昭和八年十二月九日　海軍少将従四位勲三等功四級木村浩吉建之」と記されている。傍らに「墓参ノ子孫必読　先考ノ略歴　不肖浩吉謹誌」として、謹厳な文章が彫り込まれている。ここにあえて全文を転記する。

「芥舟《かいしゅう》諱《いみな》ハ喜毅《よしたけ》　天保元年二月五日浜御殿役宅ニ生ル　十九歳ニテ昌平校ヲ及第ス　廿六歳ノ時西丸御目付ニ抜擢セラル之レ親孝行上聞ニ達シタル為ナリ　翌年長崎目付ニ補セラレ海軍伝習監督ヲ兼ヌ安政六年創設ノ海軍ニ長官タリ　時ニ齢三十ニ満タズ　朝散大夫従五位下摂津守ニ叙任　万延元年咸臨丸ニテ米国ニ渡航ス　元治元年開成所頭取ニ転ジ再ビ海軍長官トナル慶應四年海軍所頭取続イテ御勘定奉行御勝手方ヲ命ゼラル　七月廿六日致仕シテ芥舟ト改称ス　明治廿四年十二月九日帝国海軍ノ創設ニ功労アリトテ特旨ヲ以テ正五位ニ叙セラル　同日長逝ス」

木村芥舟墓碑

福澤が、木村芥舟（一八三〇～一九〇一）を咸臨丸に同乗を許してくれた大恩人として、一生常に敬意を表し、手厚く遇していたことは有名であるが、それは単なる報恩の志のみによるものではなく、芥舟の優れた人格、維新後の潔い出所進退に福澤が深く感動していたからであろう。芥舟もまた四歳後輩の福澤を知己の人として心を許していたのであろう。

福澤の没後、芥舟は「福澤先生を憶う」という一文のなかで、福澤から受けた厚遇、心づかいのかずかずを細かに記し、「以上記す所は皆予が一身一箇の事にして、他人に之《これ》を示すべきものにあらず」とし、またこれを記しても「予が禿筆《とくひつ》、その山よりも高く海よりも深き萬分の一ツをも言い尽すこと」もできないが、「せめては先生の生前に於《お》いて、予が如何《いか》にこの感泣《かんきゅう》すべきこの感謝すべき熱心と、如何にこの欣戴《きんたい》し措《お》かざる衷情《ちゅうじょう》とを、具《つぶ》さに言いも出ずして今日に至りたるは、先生これを何とか思われん抔《など》と、一念こゝに及ぶ毎《ごと》に、胸裂け腸《はらわた》砕けて、真に悔恨《かいこん》已《や》む能わざるなり」とその心情を記している。

芥舟は福澤の没する前年、子息浩吉が建てた麹町・土手三番町の新邸に同居して晩年を過ごしていたが、福澤が二月に没した明治三十四年の十二月、気管支カタルのため逝去した。

「時事新報」に掲げられた黒枠広告には次のとおり記されている。

「正五位木村芥舟儀兼て病気の処　養生不相叶去る九日午後十一時十五分死去致候に付此段辱知諸君に謹告仕候　追て来る十五日午後二時自宅出棺青山千駄谷瑞園寺に於て葬儀執行仕候　但同人生前の遺志に依り生花放鳥其他御贈物は一切御断申上候

明治三十四年十二月十二日

長男　　木村浩吉

次男　　木村駿吉

親戚　　鈴木大三郎
同　　　土屋　栄」

芥舟の戒名は「芥舟院殿如清風大居士」であった。

福澤と芥舟の交わりは、金蘭の交わりともいうべき美しいものであったと言えよう。

長与専斎の墓

青山通りから墓地を貫通して西麻布へ抜ける自動車道路を進んで、中央交差点に出るすぐ手前の東十通りを左折したところに長与家の墓がある。専斎の墓は正面に「専齋長與先生墓」、裏面に「天保九年八月廿八日生」「明治三十五年九月八日卒」、左側面には「光徳院殿貫通全智居士」と法名が刻されている。左隣りに園子夫人の墓、奥に「長与善郎墓」「長与家之墓」「男爵長與又郎墓」が並んでいる。長与又郎は専斎の三男で、明治十一年に生まれ、慶應義塾幼稚舎に学び、東京

長与専斎の墓碑

大学医学部を卒業し、のちに東大総長を務めた。善郎は専斎の四男で、文学者、芸術院会員であった。

明治時代に日本の衛生行政を確立した功労者長与専斎（一八三八〜一九〇二）は天保九年戌《いぬ》年の生まれであるから、天保五年午《うま》年生まれの福澤より四歳年少である。没年は福澤の没した翌年である。

専斎は肥前大村藩の医師の子に生まれ、蘭学を志して安政五年（一八五八）六月大阪に出て、緒方洪庵の適塾に入門した。福澤はその三年前、長崎から大阪に出て安政二年三月適塾に入門している。福澤は『福翁自伝』のなかで、適塾の仲間で桃の花見に出かけたときのことを記し、「頃は三月、桃の花の時節で、大阪の城の東に桃山という所があって、盛りだというから花見」に出かけ、「さん〳〵飲み食いして宜《い》い機嫌になっているその時に、不図《ふと》西の方を見ると、大阪の南に当って大火事だ。日はよほど落ちて昔の七ツ過。サア大変だ。丁度その日に長与専斎が道頓堀の芝居を見に行っている」「もしや長与が焼死《やけしに》はせぬか。何《なん》でも長与を救い出さなければならぬというので、桃山から大阪まで二、三里の道をどん〳〵駈けて、道頓堀に駈付け……」と、専斎の安否を気づかう思いを描き出している。

長与と福澤との深交

専斎は、その自伝『松香私志』のなかで、「余が入塾せる時の塾頭は伊藤愼蔵（長州）、その次は栗原唯一（京都）、その後は松下元芳（久留米）、福澤諭吉（中津）相つぎて塾頭となれり」と記し、「安政五年塾頭福澤氏の江戸に赴きたる後ち」自分が塾頭に選ばれ、そののち長崎に出てオランダ人から医学を学び、明治四年上京して文部省に奉職したこと、岩倉使節団に随行して欧米を視察、衛生行政を研究し、帰国後医務局長となり、さらに初代衛生局長に就任したことを克明に記している。

福澤と専斎とは東京で再会し、旧交を温めたが、『福翁自伝』には、福澤が発疹チフスを患ったときのことを記し、「岩倉大使が欧行に付き、親友の長与専斎も随行を命ぜられ、近々出立とて私方に告別に参り、キニーネ一オンスのビンを懐中から出して『君の大病、全快はしたが、来年その時節になると何か故障を生じて薬品の必要があるに違いない。これは塩酸キニーネ最上の品で薬店などにはない。これを遣るから大事に貯えて置け。僕の留守中に思い当ることがあろう』」と親切に言ってくれたこと、その薬のおかげで助かったことを記している。

そののちも専斎と福澤との交友関係は続くが、最晩年の両者のほほえましい交遊ぶりを、専斎の四男で文学者の長与善郎が描き出している。

「一生の水魚の交りを続けた福澤さんが亡くなられた時は余程ガッカリしたらしく、熱海で長い弔詩を作ったのが父自身最後の詩となった」「福澤さんとは公の仕事の上で伝染病研究所の設立の敷地に翁の地所家屋を計らずも無代で投げ出してもらって助けられたとかいうことのほかに、あの背の高い福澤さんが晩年長い杖を突いて書生を二人ばかり従え、尻端折りをした姿で、毎日運動に欠かさず自分で搗《つ》いたという米をお愛想の土産に持ったりして三田の邸から遊びにやって来られた姿など、僕らの目にも浮かぶ……」

また、長与善郎は、幼いころ、書生に連れられて、三田の慶應義塾の運動会を見学に行ったときのことを書き、「その運動会の盛大さはすっかり自分を悦ばせたが、勝った者は彼方の賞品授与所へ行って賞を貰うのでそこを見ようと思い、そっちへ近づいて行った。すると自分は驚いた。その幕を張り廻《めぐら》した一段と高い桟敷の中央には福澤さんがいる。福澤さんは時々家へもやって見えたのでその大商店の主人か番頭とでも云った大きな福澤さんの顔はよく知っていたが、驚いたのはその隣りに白い髭《ひげ》の父が並んで座して、にこにこしながらこの運動会を見物していたことだった……」としている。

明治三十一年九月、専斎の還暦祝いが開かれたとき、福澤は長文の祝詞を寄せ、適塾時代の回顧、専斎が明治政府に出仕して医政に力を尽くした功績をたたえ、その苦心を察し、医事の改良のため、無理解の俗輩とともに事を行うのは「其状、恰《あたか》も豚に騎して山に登るに異ならず、万事定めて不如意ならんと、窃《ひそか》に其心中を推察したるは毎度のことなり」と記している。福澤はこの文を記してから間もなく、大患にかかり、その後は文章を書くことがなかったから、「或意味に於てはこれを先生の絶筆といぅも差支ない」と石河幹明は記している。福澤はこの祝詞の原稿を田端重晟に清書させて祝賀会に送り、自筆の草稿は専斎に届けられた。専斎はこれを表装して額面とし、福澤没後はときどきその前に坐ってこれを黙読し涙に暮れることがあったと石河は伝えている。

長与善郎は、『わが心の遍歴』のなかで、父専斎が衛生事業に多大の貢献をしながら、薩長全盛の時代にあって背景も派閥もなく、権力への執着もなく不遇孤独の一生であったことを述べ、「その父の心事のすべてを本当に理解している唯一の知己が福澤さんだった。父はもとより福澤さんのような啓蒙思想家ではなく、仕事もちがい、あんなに偉くはなかったが、父の還暦祝いの賀宴に福澤さんが長文を書き、一般の人には理解されにくい父の人と為りと、仕事を説き、世の一部の人々の父に対する誤解を弁駁《べんばく》してくれたことに、父は感激していたと兄に聞いた」と記している。

福澤が没したとき、専斎はすでに病を得て熱海で療養中であったが、「祭福澤先生文」を記している。祭文のなかで専斎は緒方塾四十有余年間の友情、誘掖切磋《ゆうえきせっさ》の恩を想い、北里博士に対する福澤の支援をたたえ、自分が腸チフスを患ったとき、福澤が自ら搗《つ》いた米を一年有余に

わたって贈ってくれた厚情に深謝し、

「先生交遊江湖《こうこ》に遍《あまね》く、知己天下に広し。而かも其厚情の不宵予《ふしょうよ》の如きに及ぶ、斯の如し。而して今や先生即ち亡し。嗚呼《ああ》、斯遊再びすべからず。斯人再び見る可らず。豈《あに》悲からずや、今や予、豆海の浜に病客たり。先生の病報を得て湯薬に侍するを得ず。先生の訃《ふ》に接して葬奠《そうてん》に列する能わず。慟天哭地の情を以て先生を祭るの文を作る。噫《ああ》悲夫。尚《ねがわ》くは饗《う》けよ

四十余年空一夢　　長天落日哭斯翁」

と結んでいる。

誠に真情溢れる祭文である。

四歳年上の木村芥舟を一生の恩人として持ち、四歳年下の長与専斎を終生の親友として持ったことは、福澤にとって誠に幸福なことであった。芥舟、専斎にとっても、福澤と親交を続けたことは終生の幸福であったと言えるであろう。

堀江帰一 ——福澤の期待に応えた経済学者

堀江博士は、慶應義塾大学経済学部教授として、財政論、金融論、銀行論等の分野で学界に重んじられ、「時事新報」等にも広く論陣を張った人物である。明治九年（一八七六）、東京府下荏原郡白金町（いまの港区白金）に生まれ、慶應義塾幼稚舎に入学、明治二十九年大学部理

財科を卒業、時事新報に入社、直ちに福澤諭吉に認められ、論説の執筆を命じられた。明治三十二年慶應義塾教員となり、同年義塾の第一回留学生としてアメリカ、ヨーロッパに出発したが、そのころ、福澤はすでに第一回の大患後であった。堀江はロンドン留学中、福澤の訃報に接した。堀江はその日記に次のように記している。

「二月十日　薄日和。後、霧出で寒し。午後（中略）中井（芳楠）氏を訪う。福澤先生本月三日逝去せられたるの報を聞く。余が親しく先生に接し、其教示を受けたるは三十年三月より三十二年七月に至る間なり。先生、余の浅学短才なるを棄てず、余を遇すること甚だ厚く、余をして何時かは先生の知遇に酬いんと期せしめたる其幾度なるを知らず、余が海外留学の程に上る前、先生に面するや先生曰く『再び卿を見るを得るや否や計り難し』と。余は実に答うる所を知らざりき（中略）今、先生逝けり、誰れに向ってか我志を尽さん。悲哉……」

堀江は福澤の期待に背かず、慶應義塾を代表する学者として活躍したが、昭和二年（一九二七）十二月二日、京都の岡崎公会堂で講演中に脳溢血で倒れ、同月九日、旅宿で長逝した。

堀江の墓は、西八通りを西に進んだところにあり、「堀江歸一　室多喜之墓」と刻まれ、両側にそれぞれの没年が記されている。多喜夫人の没年は昭和三十一年一月十日である。

（「福澤手帖」二〇〇七年六月号）

青山霊園追記（2）

――福澤の子女・孫の墓

「福澤手帖」二〇〇七年三月号（本書三三〇頁）で青山霊園には、福澤の五女「光」（みつ、潮田伝五郎夫人）の墓があることを紹介した。今回は、その潮田家墓地について報告することとしたい。

潮田伝五郎と福澤みつとの結婚

福澤の五女光は明治十二年三月二十七日、三田の福澤邸内で生まれた。伝五郎とみつが祝言を挙げたのは、明治二十九年七月のことであった。福澤は、中津に住む姉（服部　鐘）に宛てた七月二十八日付書簡（『福澤諭吉書簡集』第八巻二〇七二）で、「私方末女おみつ事当年十八歳（に）相成り、先達《せんだつて》より縁談を催し、潮田伝五郎と申す方に結婚致させ候。同人はもと信州飯田藩士、唯今は電気学者にて、人物も至極宜敷候」「母親並《ならび》に妹弟もこれあり候えども、おみつ夫妻は別居の約束ゆえ、姑小姑と同居は致さざる筈」「唯今さし向き家もこれなく、先づ私屋敷中の家に住居致し居候」と述べ、満足の様子を浮べている。

伝五郎・みつの婚礼は七月二十四日福澤の邸内で執り行われたが、その婚礼披露をどうするか、福澤はあれこれと思案している。九月十七日付次男福澤捨次郎宛書簡（『福澤諭吉書簡集』第八巻二〇九五）で、「婚礼披露之宴会を、内にする外にするなど、細論に日を費しては際限なし。今朝岡本（貞烋）氏より話もこれあり、此方は如何ようにても苦しからず候間、潮田氏の思ふ如く、矢張り帝国ホテルにて然るべし。本来此の客につき、此方より夫れ是れと喙を容る道理もなし。若し福澤の客とあれば、主人諭吉の名にして、福澤の私宅に人を会する筈なり。然るに今度の主人は伝五郎と光の両名なるゆえ、これを福澤の宅にて開宴は、すでにその名も順ならず。ついては彼《か》の帝国ホテルの披露には、一切福澤の臭気を交えず、単に潮田伝五郎一名の発起にて、その案内する客も主人の知る人を専らにして、眼中他を見ず。例えば是れは主人伝五郎の知る所にあらざれども、福澤に由縁ある人なりとて、殊更らに招待するが如き斟酌《しんしやく》論を止め、純然たる潮田家の披露会に致して然るべしと存じ候」「潮田にて真実見ず知らず、お光とても従前特に懇意にしたるにもあらず、ただ福澤の老父母が積年相知るの故をもって案内せんとしたる者も少なからざるゆえ、此種の名前は除去して可なり」

福澤は、このように割り切った考えを表明し、「ホテルにてテーブルの晩餐にするも、或いは立食にするも、此方には絶えて説なし。主人の意に任するのみなり」と述べているが、「また福澤にては、実はお光が嫁入りする其の前に、当人の平生懇意にしたる人を集めて留別の意を表する筈なりしゆえ、前後ながら当秋にても冬にても、時機を見計らい、福澤家の内宴を催すよういたすべく、是れは全く潮田に縁なきことなり」と言い切っている。

この「福澤家の内宴」が実行されたかどうか、「帝国ホテルの潮田家披露会」がどのように行われたのかは知るところがないが、『福澤諭吉全集』第十八巻には「潮田伝五郎潮田光結婚披露案内状」という福澤自筆の案文が収められている。また祝言を挙げた翌々日の福澤家の金銭出入帳には「五拾円　お光　日光行入費渡す」と書かれている。いずれも福澤の子煩悩ぶりを示すものでほほえましい。さて、お光の夫、伝五郎とは、どういう人物であったか。

潮田伝五郎（一八六八～一九〇二）は、明治元年（一八六八）二月二日、信州下伊那郡飯田町（現、長野県飯田市）堀大和守一万五千石の飯田藩士として生まれた。父潮田健次郎は藩主堀の御側役を務め、江戸詰めが多かった。母千勢子は同藩の御典医丸山龍眼の娘である。この千勢子は後年、女流社会活動家となった女丈夫である。福澤がお光の結婚にあたって、姑・小姑との別居を約束させたのも、もっともであった。千勢子については、あとで述べる。

伝五郎は幼少のころから養祖父潮田喜内から漢学を学び、八、九歳のころには、孝経・小学等を完全に暗誦できたという。そして、明治十四年（一八八一）四月には小学校の全課程を卒業した。そのころ、母千勢子の弟である丸山淑人は東京府の中学校校長を務めていたので、伝五郎は父母の許を得て、明治十四年単身上京して叔父丸山校長を頼って六月には中学校に入学、四年後の明治十八年二月卒業、品行方正学術優等で府知事から賞状を授けられた。同年四月、東京大学予備門に入り、二十一年九月、東京帝国大学工科大学に進み電気工学を専攻し、特待学生に選ばれ、二十四年（一八九一）七月、大学を卒業した。年二十四歳であった。

伝五郎は卒業後、直ちに逓信省電気技師に任官し、電気試験所技師、横浜電気交換局長を歴任したが明治二十六年（一八九三）十二月、官を辞して芝浦製作所に入社した。この年、三井では田中久重の芝浦田中製作所を工業部の傘下におさめ、藤山雷太を送り込んで大改革に着手した潮田は、中枢部である製造課の電気工部長として迎えられたのであった。

伝五郎・光が結婚した明治二十九年（一八九六）の歳末、福澤は伝五郎の職場である芝浦製作所を訪問している。福澤捨次郎宛の十二月二十九日付書簡のなかで「昨日は子供をつれて芝浦工場へ参り、藤山始め皆々へ世話相成候」と記している。〝子供〟というのは、潮田夫人光のことであろうか。

伝五郎は結婚した翌年（明治三十年）一月、社命によって電気事業視察のためアメリカ出張に出発した。新婚のみつは夫と同行して渡米したかったらしく、父福澤もそれに賛成していた様子であった。福澤は明治三十年二月十日付、在米の伝五郎宛書簡（『福澤諭吉書簡集』第八巻二一三三）のなかで、次のように述べている。

まず、一月二十三日付サンフランシスコ発のお手紙本日到着拝見した。海上無事ご上陸の報を得て喜んでいる。当方皆みな無事と申し度いところだが「ここに不幸なるは、御母上様（潮田千勢子）御事。過日来背癰《ヨウ》（背中に腫物が出来る）の御難症にて御苦痛甚だしく」「手術を施し候処、その成跡（績）宜しく」次第にご回復のご様子で、今のところは最早ご安心と申せるが、ご老令でもあり、平常通りに回復されるには時間がかかるであろう。

さて、お光の渡航のことであるが、これはご出発前にもお話したとおり「三井諸友の内には随分不賛成の声も多く」「此方においても、いよいよ必要の事柄にもあらず。先ず止めにする方」が然るべきかと思われる。今回の電気事業見聞のこともさのみ長期間かかるとも思われず、ご留主宅ご病人のこともあり要事を早くすまされてご帰国が当然で、そのなかでお光が渡航するのは如何なものかと思われる。しかしながら「当人は最初より参る積りに致居候義に付」私から「参ること相成らず」と申し付けるのも「気の毒のように」存ずるので、ここはお旅行さきの貴方からお光に手紙を出していただいて、いろいろ事情を説き、帰国も早いから「兎に角に今度は渡航を見合わせよ」と、御申越相成度存候」と福澤は伝五郎に頼み込んでいる。

福澤はその手紙の末文に、自分に言いきかせるように、「壮年夫婦前途甚だ永《なが》し、海外行の機会は今後幾度もこれあるべし」と記しているが、そのわずか五年後の明治三十五年（一九〇しなかった。

二）に伝五郎は没し、その間に妻光《みつ》は二男一女の母となっていたので、福澤の望んだ夢は実現

伝五郎は米国視察後も、芝浦製作所にあって活躍するとともに、「東京市街鉄道会社」の設立に尽力した。しかし不幸なことに、福澤の没した翌年、明治三十五年四月二十一日から肝臓膿症を患い赤十字社病院に入院、五月十五日他界した。年わずか三十五歳であった。葬儀は五月十七日慶應義塾構内でキリスト教式によって執行された。なお、「時事新報」に掲載された、黒枠の葬儀広告に名を列《つら》ねたのは、「男　勢吉」と「親戚　丸山淑人　福澤一太郎」であった。福澤諭吉はその前年二月に他界していたのである。

伝五郎が没したあと、残された「光」「長男勢吉」「長女涛《なみ》」「次男江次」は福澤家に引き取られ、福澤邸左袖の二階家に移った。しかし、わずか五年後の明治四十年三月四日、光は面疔を患って急逝した。二十九歳であった。葬儀は三田山上の演説館でキリスト教式によって行われた。なお伝五郎の母潮田千勢子も伝五郎の没した翌年、明治三十六年（一九〇三）七月四日に没し、青山霊園に葬られた（1種イ21号13側7番）。

長男勢吉は父と同じく工学を専攻し、幼稚舎普通部を経てアメリカのコーネル大学に学び、芝浦電気、三菱重工に勤務のあと、藤原工業大学（現、慶應義塾大学理工学部）の教授に招かれ、のち慶應義塾大学工学部機械科教授・名誉教授となり、昭和五十一年（一九七六）二月十三日

七十七歳で没した。次男潮田江次はのちに慶應義塾長に就任し、昭和四十四年（一九六九）五月九日他界した。長女涛は荘田平五郎令息荘田雅雄に嫁いだ。荘田夫妻は昭和二十八年（一九五三）に相次いで他界している。

潮田江次氏は塾長時代に幼時の思い出を「婦人之友」に寄せたなかで、父は自分が二歳の時に亡くなり母も八歳のときに他界した。「兄姉、私と三人の子女をかかえて未亡人となったら若い母親が、それらしい暗いかげを幼い者たちの心に残さないでくれたことは今にして考えれば本当に感謝してよいことであろう。母は未亡人にあり勝ちな、亡き夫の思い出を物語って、子供たちの将来をいましめるというような不自然なことは一切しなかった」と述べている。なお潮田元塾長の墓は鎌倉霊園にある。

潮田家の墓所（1種イ21号7側11番）

現在の墓石は、昭和五十一年四月、勢吉氏の長男洋一氏によって建てられたもので、正面には「潮田家之墓」と刻まれ家紋が彫られている。右側面には、潮田伝五郎、潮田光、潮田勢吉、以下勢吉氏の三男故隆三氏、勢吉氏夫人ラク氏の名が刻まれ、それぞれ没年月日、享年が刻まれている。今回、潮田洋一氏ご夫妻のご教示によってお詣りさせていただいた。潮田家墓地からほど近いところに伝五郎の母、潮田千勢子の墓がある。千勢子の名は『国史大辞典』『大人名事典』、高野《こうの》静子氏（徳富蘇峰記念館学芸員）の精しい評論（『続蘇峰とその時代』）、慶應義塾福澤研究センター西澤准教授の論文等にとりあげられているが、それらを参考にしてその略伝を附記しておく。

潮田千勢子の略伝

千勢子は弘化元年（一八四四）信州飯田藩の御典医丸山龍眼の次女として江戸の藩邸で生まれた。慶応元年（一八六五）二十二歳のとき、千勢子は同藩の潮田健次郎（旧姓杉本）と結婚した。健次郎は「温良恭謙」「忠孝の志篤く」君侯の覚えがめでたかった。高橋誠一郎先生は飯田の人からの伝聞として、健次郎は「身辺を飾らず、細事に拘泥せず、帯が解けても結ぶのが面倒なのか、それとも気がつかないのかそのまま歩いていった風の人だった」そうだと記している。明治元年長男伝五郎が生まれ、続いて次男、三男、長女を挙げたと記されているが詳細は筆者にとっては未詳である。ただ、伝五郎の小伝に、伝五郎が母に孝養をつくし「一家をなしてからは弟妹を愛撫して其道を尽《つく》し、以って母氏の心を安んぜしめた」という佳話が記されている。健次郎の養父潮田喜内は明治十五年（一八八二）四月十四日七十七歳で他界し、翌明治十六年九月二日には千勢子の夫健次郎（伝五郎の父）が逝き、千勢子は遺児をかかえる寡婦となった。明治十七年、四十一歳の千勢子は子供をつれて上京、矢島揖子《かじこ》の桜井女学校附属保母科に入学した。千勢子はメソヂスト監督教会の宣教師ジュリアス・ソーパーから洗礼を受けた。横浜聖経女学校に学んだのもこの頃である。教育・伝道の実践、東京婦人矯風会の設置への協力など、千勢子は次第に女流社会運動の指導者として世に認められるようになり、明治三十六年（一九〇三）その逝去の数ヵ月前、矢島揖子のあとを継いで日本基督教婦人矯風会の二代目会頭に就任した。

千勢子はその後半生を一夫一婦制による家庭の浄化・廃娼・女子授産・女工救済・禁酒禁煙等の広汎な婦人解放運動に活躍したが、その最勉年に最も力を注いだのは足尾鉱毒問題への取り組みであった。

明治三十五年、慶應義塾の学生のなかでもこの鉱毒問題をとり上げて演説会をひらく動きが起きた。当時、普通科（のちの普通部）の塾生であった高橋誠一郎先生は、後年次のように述べておられる（「吉村萬治郎君と潮田江次君」『回想九十年』）。「弁士には田中正造翁を始め、進歩党の島田三郎氏、キリスト教的社会主義者で、後年社会民衆党中央執行委員長に挙げられた安部磯雄氏、それに婦人矯風会員で、足尾鉱毒被害民救済婦人会会長として奔走し、席の暖まることのなかった潮田千勢子女史などが迎えられることになっていた」。この演説会は初めは三田演説館でひらくことになっていたが、結局は芝三田、芝園橋近くのユニテリアン教会の会堂惟一会館でひらかれた。当日、田中・島田・安部各氏の演説は満員の聴衆に多大の感銘を与えたが、「いちばん鉱毒被害民に対する同情の念を掻《か》き立てたものは潮田女史のそれであった。女史の演説は社会改革家的な熱烈もなく、また正義人道を説く牧師的な教悔もなく、ただ静かな声で淡々として鉱毒被害地の視察談を進めておられたのであるが、そのうち、ある被害民の家を訪れると、『焜炉にお鍋がかかっています、他の家とくらべて、いくらか裕福なように思われましたので、蓋をとって見ますと……』といいさして、顔をおおって泣いてしまったのである。ややあって涙声で申される。『何を煮ているのかと思うと、水の上に雑草の葉が二ひら三ひら浮いているだけなのです』と言って、また泣きおとす。この潮田女史の報告演説が効果から見て当日の圧巻だった」

高橋先生は、別のところで千勢子女史のことを「大小、何事にも気の附く婦人」と評している。いずれも千勢子女史の姿を伝えるエピソードである。

千勢子の墓は潮田家の墓所に近い青山霊園1種イ21号13側7番にある。清楚な墓石には正面に「潮田千勢子墓」、左側面に「明治三十六年七月四日永眠」とだけ刻されている。

（「福澤手帖」二〇〇九年三月号）

高橋義雄（箒庵）と池田成彬

高橋義雄と護国寺の縁

東京山手線の池袋駅から地下鉄有楽町線でふた駅の「護国寺駅」で降りると、真義真言宗豊《ぶ》山《ざん》派別格本山、神齢山護国寺の広壮な堂塔が目の前にあらわれる。徳川五代将軍綱吉の生母桂昌院の発願で建立されたと伝えられる名刹である。小高いところに建つ本堂の右脇一区画と、裏手一帯に広がる墓域には、三条実美《さねとみ》、山県有朋、大隈重信ら明治の顕官の巨大な墓碑、灯籠、墓誌などが、それぞれ堅固な土塀に囲まれてならび、安田善次郎、大倉喜八郎等、大実業家の墓も、これまた塀を廻らせ門扉が閉ざされて一廓を占めている。

これらの巨碑は別として、寺内には通常の簡素清楚な墓ももちろん少なくない。福澤諭吉のもとで時事新報記者をつとめ、のちに茶道や美術方面で著名人となった高橋義雄（箒庵《そうあん》）や、同じく福澤のもとで時事新報の社説を書き、のちに経済界の巨頭となった池田成彬《しげあき》の墓はもとよりこの部類に属する。高橋の墓は、大隈等の巨碑のならぶ一画の片隅、鐘楼の傍らに建ち「箒庵居士墓」と刻まれ、一対の石灯籠が据えられている。

箒庵がここに墓所を選んだのは彼がまだ実業界にいた時代、明治の末年のことであった。明治四十一年四月、歌人小出粲《こいでさん》が没したとき、故人の周囲からその記念碑を護国寺境内に建てる企てがおこり、箒庵は発起人の一人として奔走し、護国寺の住職と懇談を重ねるうちに、ついに護国寺の檀徒に名を列ねるようになった。たまたまその翌年、箒庵の最初の夫人千代子（旧姓長谷川）が三十九歳で早世したとき、箒庵はその墓を護国寺境内に設けたのである。やがて箒庵は、護国寺檀徒総代、護国寺維持財団理事長となり寺門の興隆に努めるようになった。後年、池田成彬が護国寺に墓所を定めたのも箒庵の紹介によるものであった。

高橋義雄（箒庵）
福澤研究センター所蔵

水戸から上京し福澤の門下へ

高橋義雄は文久元年（一八六一）水戸藩士高橋常彦の四男に生まれた。党派の争いが激しかった維新前後の水戸藩に身を置く高橋一家はさまざまな困難に直面し、義雄自身も他家に養われて丁稚奉公に出されるなど苦労を重ねたが、幸い、明治十一年から十四年まで、水戸の茨城中学に学ぶことができた。当時の水戸の茨城師範学校長松木直巳は中津の出身で福澤諭吉を慕い、水戸の青年たちに福澤の思想を吹き込み、慶應義塾の学風を紹介していた。高橋は水戸にいる間に、すでに福澤の著書に接し、松木からは小幡篤次郎、浜野定四郎の名も聞かされ、「福澤先生を孔子とすれば、小幡先生は顔淵《がんえん》である」ということまで知らされていたくらいであった。

高橋が茨城中学三年在学中、明治十四年（一八八一）六月ころのことである。松木は福澤を東京三田に訪ね話し込んでいた。当時、福澤は、伊藤博文、大隈重信、井上馨の三参議と密かに会合し、立憲政体の確立、国会の早期開設について協議を重ね、福澤はこれを擁護するために新聞発行を引き受ける段取りとなっていた。したがって福澤は新聞発行の準備として、文章の書ける青年を求めている最中であった。これは、いわゆる明治十四年の政変が起きて、参議達の協議密約が一切ご破算になる数ヵ月前のことであった。

松木が福澤に向かって、茨城中学三年生には渡辺治、高橋義雄、石河幹明、井坂直幹など文筆に秀でた青年がいると語ったところ、福澤はうなずき、「それはその筈である。水戸は光圀卿以来、『大日本史』の編纂など文章家を育てているからその遺伝もあるだろう。水戸にそれだけ筆の立つ青年がいるなら、それらを慶應義塾に入れて、卒業後は新聞事業に就かせたらどうか。その間の学費は自分が支給してやってもよい」と答えたので松木は大喜びで水戸に帰り、早速、高橋、渡辺の上京となった。石河、井坂もやや遅れて上京し福澤のもとに入門した。

明治十四年六月、乗合馬車で上京した高橋等は松木と同道して三田山上に福澤を訪ねた。高橋の印象によると「此の時私は二十一歳、渡辺は十九歳、福澤先生は四十八歳で」「先生の相貌態度は、先ず大きな顔の輪郭がハッキリとして、総ての道具が能く整ひ、額は広き方、眉毛は濃く太く、目大きく眼光人を射るといふ鋭い感じはないが、喜怒哀楽の変化に富んで居るように感じた」「筋骨逞しく、写真で見た西郷隆盛と類似点があるやうに見受けられた」。

高橋等は無事、福澤先生との「初見《おめみえ》」を終え、翌日から慶應義塾の寄宿舎に入ったのである。

高橋は明治十五年慶應義塾の別科を卒業し、創刊間もない時事新報に入り、約六年間親しく福澤の指導を受けた。福澤は叱ることもきびしかったが、賞めることも忘れなかった。高橋が「米国の義声天下に振ふ」という論説を提出したとき、福澤はこれを激賞し、その夜高橋を晩餐に招き、日本膳の上に西洋料理を並べ、傍らでお酌をしていた夫人に「今日は高橋さんが名文を書いたので、明日は新聞の社説に載るのだが、実に能く出来たよ」といかにも嬉しそうに語ったという。高橋が感激したのは言うまでもない。

高橋は、明治二十年時事新報を去って、約三年間アメリカ、ヨーロッパに滞在して知識を広め、同二十三年帰朝し、井上馨の推挙で三井に入った。そのきっかけは、帰朝後高橋が著した『商政一新』を一読した井上が、その内容を高く評価したからであった。以来明治四十四年、実業界を引退するまで約二十年間、高橋は三井銀行、三井呉服店、三井鉱山、王子製紙等三井各社の幹部を歴任したのである。

引退後の高橋は、文人として、美術愛好家として、茶人箒庵として、趣味三昧の後半生を送るのである。

箒庵の福澤への追慕

高橋は政界においては山県有朋、井上馨、西園寺公望とも親しく、美術界、芸術界にも広く友人を持っていたが、福澤家に対しては儀礼を欠かさず、新年には必ず福澤未亡人のところへ年賀に赴いていた。また鎌田栄吉、高山長幸、波多野承五郎、池田成彬、森下岩楠、朝吹英二、福澤桃介ら慶應義塾同窓生とは常に親交を結んでいた。ことに交詢社には常議員として頻繁に出入りし同窓生と歓談し、慶應義塾の評議員にも就任し母校の発展に力を注いでいる。

さらに高橋は福澤の事績を探求し、一時は「福澤の伝記」の執筆に手を染めたこともあった。そしてその資料集めとして、明治四十年から二年間、福澤と親しかった先輩二十八人を訪ね、その直話を筆記している。そのなかには松山棟庵、足立寛、阿部泰蔵ら鉄砲洲時代の旧塾生、門野幾之進、鎌田栄吉、朝吹英二、草郷清四郎などの故老、福澤と交遊のあった大隈重信、山本権兵衛、後藤新平等ならびに犬養毅、尾崎行雄、箕浦勝人、加藤政之助、井上角五郎ら塾出身の政治家からの貴重な聞き書きが含まれている。

それから約十年を経た大正の末年、高橋の同郷の朋友石河幹明が慶應義塾の委嘱を受けて『福澤諭吉伝』の編纂に着手したときに、高橋はこの筆記をすべて石河に引き渡し参考に提供している。石河はこれを頗《すこぶ》る多とし、昭和九年、高橋がこの筆記を『福澤先生を語る　諸名士の直話』と題して出版したときに序文を寄せ「此の直話録は、先生の真面目を如実に語る、重要なる文献」と讃え、「後進　石河幹明」と結んでいる。高橋自身は自序のなかで、「曾て予が歴訪して談話を聴取した諸名士は、其後年々漸減して二十八人中、今や僅々七人を剰《あま》すに過ぎず」と嘆じ、「謹んで慶應義塾同人の清鑑《せいかん》に供」えると記し、「末学　高橋義雄」と結んでいる。「後進」といい、「末学」といい、いずれも福澤門下の後進、末学の意味であろう。

高橋は、この『直話集』を出版した三年後の昭和十二年（一九三七）十二月十二日、赤坂一ッ木八十二番地の自邸で没した。享年七十七であった。

池田成彬の生い立ち

大正、昭和期の金融界、経済界において、三井を代表する実業家として活躍し、また日銀総裁、大蔵大臣、商工大臣、内閣参議等を歴任し、枢密顧問官に就任し、戦後の吉田内閣時代においても各方面で世に重んぜられた池田成彬は、慶応三年（一八六七）七月十六日、米沢藩士池田成章の長男として生まれた。成章は維新の年には三十歳、上杉家の家扶《かふ》、上杉茂憲沖縄県令のもとでの内務省御用掛、沖縄県小書記官、さらに大蔵省御用掛を務め、明治十九年帰郷後は米沢士族会会長、両羽銀行初代頭取を務めるなど、郷党の名望家であった。成章は、わが子成彬が三井銀行常務に就任した三年後の大正元年十一月、東京の成彬の家で没した。享年七十二であった。

福澤に対する第一印象

成彬は明治十九年十二月、十九歳のときに慶應義塾の別科に入学し、そののち新設の大学部理財科に進み、さらにハーバード大学に五年間留学、明治二十八年二十八歳で卒業帰国しているが、決して単純な進学コースをたどったわけではなかった。十三歳のとき、上京して日本橋の有馬小学校、浅草の小永井小舟の漢学塾、本郷真砂町の吉田義静の漢学塾、本郷元町二丁目の進文学舎という英学塾、神田淡路町の共立学校を転々し、東京大学の予備門入学を目指して勉強していたが、さらに一転して慶應に入ったのである。池田は晩年の懐古談のなかで「そのとき親父から大学の総長をしている渡辺洪基の所に行って話を聞いてこいと言われました」「すると総長は、大学に来るなら選科に来い。それには英語の読書力を養って来い。そのためには慶應義塾に行ったがよかろうと言われました」と述べている。

ところが慶應義塾の別科に入ってみると「ここは晩学者とか、正科で数学で落第したとかいう連中の集まっていたところで、なかなか難しい本を初めから読んだ。スペンサーのもの、ミルのレプレセンタティーブ・ガヴァーメント、或いはマコーレーのクライブ伝といった本ばかり」「そこで教ったのは小泉信吉さん――今の小泉先生のお父さん、その他門野幾之進、浜野定四郎」「あとは世間にあまり名を知られていない人で、みな福澤先生の弟子ですね」という有様であった。

それでは福澤とはどのように接していたか。入学直後、池田は三田の演説館で福澤の演説を聞いて、いきなり福澤を嫌いになったという。福澤はそのときの演説で、君たちは「巧言令色をしなければならん」と言った。「それが私の気に触った。英学というものを始めたばかりの私の頭は、コチコチの方でしたからね」「何たる馬鹿なことを言うのかと、もう心《しん》から嫌になって、それ以後二度と再び演説館にいったことがなかった」「無論福澤先生の家になんか行かない」「あとから考えると、その時分の学生は粗放で」「私のように乱暴で非社交的だ」「礼儀も知らない。これではいけないということを先生は言いたかったのでしょう」「そういうわけで私は若い時に福澤先生を嫌ったが、

池田成彬　福澤研究センター所蔵

これは自分の力が足りないせいで、やはりあの頃先生の家にでも行って教えを乞うて置けばよかったと、今でも思っております」と述べている。

明治二十一年別科を卒業した池田は、一年後に開設予定の大学部入学をめざして、横浜在住の外国人について英語をみっちり勉強した。そしてその甲斐あって明治二十三年一月大学部理財科に入学したときは、ドロッパーズ教授から、英語のできる学生ということで、イケダ、イケダと可愛がられていた。そして、在学中にハーバード大学から、慶應からの留学生を受け入れるという話が舞い込み、イケダは選ばれてアメリカに渡ったのである。

時事新報三週間

明治二十八年、日清戦争の終わったあと、池田はアメリカから帰国し小幡篤次郎の世話で時事新報に論説委員として入り、ここではじめて福澤諭吉に接した。夢中で毎日社説を書くけれど、たいていは福澤に「こんなものは駄目だ」と紙屑籠に入れられる。書いたものがちょっとよければ初めから終わりまで朱筆で真っ赤に直してくれる。「ちょうどその頃、三国干渉の問題があってわれわれ若い血の気の多いものは相当強い意見である。どうも私もそんな風の強硬論を書いたものらしい。すると福澤先生に呼ばれて叱られた。外交問題を書く時には自分が外務大臣になった積りで書かなければ駄目だ。外務大臣に実行出来ないようなものを書いても何にもならんではないか――そういう訳で原稿はそのまま紙屑籠に入れられてしまった。しかし、先生にほめられた話が一つある。それはイギリスのアーヴィングという俳優が『サー』の称号を貰ったことに関して、日本では役人か軍人以外でそういうもの貰った者があるだろうか。そういうことでは日本の文化は発展しないという趣旨のことを書いた。これは福澤さんに大いにほめられた」と池田は回顧している。

三井入りと結婚

池田の記者生活はわずか三週間で終わってしまう。それは月給が安すぎるという問題によるもので、池田はさっさと時事新報を辞めてしまった。そして再び小幡篤次郎に世話を頼み、結局、小幡が波多野承五郎に話し、池田は三井銀行四等手代月給三十円で調査掛として入社した。これが池田の三井生活の始まりである。そのとき池田は二十八歳、五年後に岳父となる中上川彦次郎が三井銀行専務理事のときであった。

三井銀行に入った池田は大阪支店、足利支店に勤務、欧米に派遣され、本店営業部次長となった。明治三十四年は池田にとって多事の年であった。二月三日に福澤諭吉が逝去した。五月十四日には中上川の長女艶と結婚した。十月には中上川彦次郎がわずか四十八歳で早世した。

池田が中上川に見込まれてその女婿になった経緯については池田は多くを語っていないが、

先輩である高橋義雄（箒庵）についての思い出話のなかで次のように語っている。
「高橋箒庵について面白いことがある。私共の結婚が決って媒酌は誰にするかという時に、中上川の方から、高橋に頼んだらいいだろうと言うて来たのです」「高橋の家に私が行った」「その時高橋は三井銀行から二万円だか三万円だか金を借りていたのですが、私が朝早くそこに行き、何しろその時は年も若かったから、もじもじしていたところ、向うでは、私が借金の催促に来てもじもじして居るとばかり思ったらしく、『池田さん、甚だ相済まない、そのうちに……』と言い出したので、私はあわてて『いや、今日は違った話に来ました』と言って委細を話したので、先生漸《ようや》く安心し、一も二もなく引き受けられたものでした」ほほえましいエピソードである。

これからのちの池田は、艶夫人との間に多くの子宝に恵まれ家庭生活を楽しみ、三井における位置は次第に進み、趣味の面では美術品の鑑賞蒐集に打ち込み、時勢の変遷への対応に苦心しながら、戦時中も所信を枉《ま》げることなく堂々たる人生を歩み終えたのである。

成彬、セイヒン・ナリアキ

池田成彬は、生まれたときには「運太郎」と名づけられたが、間もなく「貞吉」と改め、さらに愼平と変え、二十三歳で「成彬」と名乗った。池田はそのことを記して「実はアメリカへいく少し前に私は『彬』の字一字を使いたかったが、その時はもう戸籍法がやかましくなっていて、勝手に名前を変えるのはいけない。但し父親の名前の一字を取ってつけるならいいと言うのです」そこで父の名成章の成を取って「成彬」とした。「文質彬々《ぶんしつひんぴん》の彬の字を使いたかったんですね。それが成彬となったのでナリアキラは大袈裟で嫌だし、外にいい訓もないので自分でもセイヒンと呼んでおった。ところが慶應義塾におる頃に、尾崎行雄さんが来たことがあるが、その時塾長の小幡篤次郎先生が私を紹介して呉れて『これは池田ナリヨシ君です』と言うのです。ははあ『ヨシ』と訓《よ》めるか、それならナリヨシでいこうと内心喜んだが、あとで字引を引いて見ると『ヨシ』という訓はない、あとからよく聞いてみると人の名前というものは読めないときは『ヨシ』とさえ呼んでおけば間違いないというので、つい軽くナリヨシと紹介されたのだ」とわかったと述べている。

艶夫人は成彬との縁談が持ち上がったとき、相手のイケダセイヒンという人は剛直な人物だと聞かされていたので「清貧」という字を想い浮かべたそうである。

成彬の晩年

池田は昭和十一年二・二六事件後の五月に三井を退職し、同時に一切の公職を辞任した。このことについて池田は晩年になってから、「護国寺の檀徒総代もやめたいといったら、檀家総代をやめてもらっては困るという。私も、近いうちにそこにいかなければならぬと思うので、坊さんの感情を害しては悪いと思って、檀家総代だけ、いまでももっております」と述べている。

ただし池田は昭和十六年から二十一年にかけて、母校慶應義塾の評議員会議長を務め当時の塾長小泉信三を支えている。

戦後、池田は大磯に住み、吉田茂の相談相手となっていたが、昭和二十五年（一九五〇）十月九日逝去した。享年八十三。十二日、東京の護国寺で葬儀が行われ、授けられた法号は「乾徳院殿覚心成彬大居士」であった。池田家の墓所は護国寺本堂裏手、七区七列にあり、墓石には「池田成彬・室艶」と刻まれ、それぞれ没年月日と行年が誌されている。室艶は「昭和三十五年七月三十日卒、行年七十八歳」と誌されている。

（「福澤手帖」二〇〇七年九月号）

日原昌造

——福澤が誰よりも信頼した後輩

福澤側近者中のユニークな存在、日原昌造

『福澤諭吉書簡集』をひもとく楽しみの一つは、書簡の宛先がきわめて多岐にわたっていることである。親戚故旧、門下生のみでなく、政治家、医者、僧侶、職人、有名無名あらゆるジャンルの人が宛先人になって現われている。

さて、そのような福澤書簡受け取り人の一人に、日原昌造《ひのはらしょうぞう》(一八五三~一九〇四)という人物がある。日原は特に歴史上の人物でもなく、中津出身者でもなく、福澤の門弟、慶應義塾出身者とも言いがたい。長州出身ではあるが薩長藩閥政府に出仕任官したこともなく、英学を学んだのち、国内各地で教員生活を送ったあと横浜正金銀行に入り、その最終ポストはサンフランシスコ支店長であった。それも四十歳に満たないうちに退職帰国し、直ちに故郷長州豊浦に

帰って〝晴耕雨読〟の余生を送り、病を得て五十一年の生涯を終えた人である。

小泉信三氏は「日原昌造と小泉信吉《のぶきち》」という一文のなかで、次のように記している。

「日原昌造といっても今日はもう知る人は少ない。慶應義塾の故老の中でも親しくこの人を知るものは数えるほどしかいないと思われる。しかし、慶應義塾の創立以来の人物を数えるときにはこの人を逸することは出来ない。日原は福澤諭吉が終始、殊にその晩年において、―恐らくは誰れよりも―信頼尊重した後輩であったように見える」

このように晩年の福澤から〝恐らく誰よりも信頼尊重された日原昌造〟とは、どのような人物であり、福澤とはどのような接点があったのであろうか。

日原は福澤より十八年遅れて、嘉永六年一月十七日（一八五三年二月二十四日）、長門国豊浦郡長府（いまの下関市内）で生まれた。長府は毛利家の支藩（豊浦藩）が置かれていたところである。

明治二年（一八六九）、新政府の兵部省は戊辰戦争で平定した越後地方の治安を維持するため軍隊を配置し、豊浦藩も命令を受けて少数の軍隊を新潟に派遣した。昌造の父、日原素平はその監督として新潟に赴いたが、十六歳の昌造も〝見習〟として随従した。この新潟で昌造は米国人お雇い教師にはじめて英語を学んだのである。はるかのちの明治三十七年（一九〇四）に日原が没して間もないころ、その親族の一人が「日原昌造履歴概要」というものを書き残した。いま、この「概要」にもとづいて少年日原が、新潟生活のあと、どのような進路をとり、どのようにして福澤との接点が生まれたかをたどってみると、およそ次のとおりである。

「……語学教師解雇の命あり、ブラオン氏横浜に帰らんとす。好機逸すべからずとなし、ついに同氏に従って横浜に出づ。直ちに横浜英語学校に入り学ぶこと三年」とある。

ここに出てくるブラオン氏とは、エール大学出身のアメリカ人で、ダッチ・リフォームド・ミッションの日本派遣宣教師サミュエル・ロビンス・ブラウン（一八一〇〜一八八〇）のことである。フルベッキ、ヘボンなどと同時代に日本で活躍した人で、二度目の来日の際、新潟で教育、布教に従事し、ついで横浜に戻って横浜学校―修文館の校長格となった。ブラウンは明治三年七月、友人宛の手紙のなかで「結局、新潟の生徒のうち、六名のものが横浜までついて来ました」と書いている。日原もその六名のうちの一人であったろう。

日原昌造
（糸川満珠子氏所蔵）

明治四年、日原は大阪に出て「東京開成学校分校大阪開成所に入校し、ミル氏の経済書を学び、教授は小泉信吉氏なり。同氏の信任を受け、同氏の薫陶に頼ること大なり」とあるが、日原が何故に横浜を去って大阪に行ったのかは知るところがない。

小泉信吉との出会い

日原は大阪開成所に学んだことにより、小泉信吉に出会い、これが転機となって、小泉を通して福澤と出会うこととなったのである。それでは小泉信吉は大阪に来るまで、どのような経歴をたどっていたのであろうか。

のちに大蔵省、日本銀行、横浜正金銀行に奉職し、また大学部創設当時の慶應義塾総長であった小泉信吉は、嘉永二年（一八四九）和歌山で生まれた。小泉信吉の長男小泉信三氏は、前記の一文のなかで、

「（小泉信吉は）慶応二年十八歳のとき和歌山藩の留学生として江戸に出て福澤塾に学び、同四年慶應義塾の名称が定まったときに定められた日課表によれば、この時すでに教員の列に加わって文典素読を授けている」。四年の後、小泉は官立の学校の教授となり間もなく小教授として大阪開成所在勤を命ぜられたことが記録されている。「今、日原が大阪で小泉に就いて学んだというのは、この時のことでなければならぬ。その小泉と日原が、大阪を去って上京したのは何時のことか判明しないが、いずれにしても小泉はここに一人物のあることを知ってこれを福澤に紹介し、福澤はその人を認めて、直接の慶應義塾出身者ではないにも拘らず、始めから特に日原を厚遇したように見える」

と記している。

前記の「概要」によれば、日原は小泉に従って上京し慶應義塾に教鞭をとること数年、文部省から命ぜられて語学教師として愛知外国語学校に赴任し、転じて愛知師範学校長、静岡師範学校長を務め、辞職帰京ののち、福澤から推されて三菱商業学校の教員に就任している。日原の義塾内外における教育活動は、明治十年前後数年間のことであった。

小泉信三氏の一文によれば、

「明治十二年、小泉(信吉)は、福澤の旨を受けて、中村道太等とともに横浜正金銀行を創立してその副頭取となったが、日原は他の幾人かの慶應義塾出身者とともにこれに随って入行した」

「概要」には「時あたかも同行支店を各国都府に設置するの議あり、即ち選ばれて小泉信吉氏とともに欧米に支店設置の行務を帯び、米国を経て欧州に航す。英国倫敦支店設置とともに自ら其の任に当り、留まること五年」と記されている。

ロンドンへの福澤書簡

『福澤諭吉書簡集』に収められている日原宛福澤私信はロンドンに滞在中の「小泉・日原」宛(連名)のもの二通、在ロンドンの「日原」宛(単名)のもの一通、日原がロンドンから帰国し、サンフランシスコ赴任までのもの一通、サンフランシスコ滞在中の日原宛のもの五通、帰国して豊浦に引退後の日原宛のもの七通、計十六通である。その時期は明治十四年政変直前のころから、福澤が大患にかかる一年前の明治三十年（一八九七）まで十六年間にわたっている。

明治十四年六月十七日付福澤書簡（『福澤諭吉書簡集』第三巻五九五）は、在ロンドンの小泉信吉、日原昌造連名の宛先となっている。まず、両人に〃御留守宅皆々様御機嫌克《よ》く〃と無事を報じ、

○本塾の維持は首尾能《よ》く参り金は四万余円の高に相成《あいなり》
○内外の塾生一切合して四百八十名、未曾有の事なり
○明治会堂も落成、藤田（茂吉）その他演説は盛なること
○（明治）生命保険は阿部（泰蔵）、物集女《もずめ》（清久）の担任にて専《もっぱ》ら進歩中
○正金銀行は居《お》り合いよろしく
○御出発前極《ごく》内々御話申し上げ候一条（伊藤・井上から新聞発行を依頼された件）は未だ発表いたさず……
○地方処々の演説、所謂ヘコヲビ書生の連中、其《その》風俗甚《はなは》だ宜しからず、近来に至っては県官を罵詈《ばり》する等は通り過ぎ、極々《ごくごく》の極度に至ればムツヒト云々《うんぬん》を発言する者あるよし、実に演

説も沙汰の限りにて……

と続けている。

このような調子で、外務省出仕の中上川彦次郎の近況、国会開設願望の沙汰が人に愛想をつかされて下火になったこと、朝鮮人来塾のこと、そのほか数件を報じ、「右の外申し上げ度《た》きことも御座候えども、唯今人を待たせてこの書を認《したた》め、早々ながら略し置き、余は次便に附し候」と述べ「返す〳〵も海外の地、寒温折角《せっかくご》御自重専一の御《おん》事に御座候、以上」と結んでいる。

七月八日付第二便(『福澤諭吉書簡集』第三巻五九八)も小泉、日原連名宛である。前便に引き続いて東京の近況を報じ、正金銀行のことに触れ「就《つい》ては本年中御帰朝も然るべし哉《や》に存じ候」と記している。これは小泉向けの情報だったのであろう。

前便から三年あまり経過した明治十七年十一月十九日付の在ロンドン日原(単名)宛の福澤書簡(『福澤諭吉書簡集』第四巻九一一)は、次の書き出しで始まっている。

「日本は小春の好時節、御《おん》地は如何。益《ますます》ご清安拝賀奉り候。老生義も相替《あいかわ》らず無事、昨年夏は一寸《ちょっと》レウマチスとか申し、二ヶ月ばかり半起半臥《はんきはんが》の事もこれあり候えども、爾来《じらい》何ともこれ無く、憚《はばか》りながら御放念下さるべく候」

「時事新報へ毎度御通信下され誠に有り難く。近来に到り世上にても竜動《ロンドン》通信の事、実に適切なるを知りたる様子にて評判甚だ宜しく」

とあるが、小泉・日原が日本を離れた翌年（明治十五年）三月一日、福澤は「時事新報」を創刊した。福澤が要請したのであろう、日原は「時事新報」に「竜動通信」を寄稿し始めた。福澤はこれを多として、「時事新報も此《こ》の通信の為に重きを成すの次第。此《こ》の事は敢《あえ》て媚《こび》を献ずるにあらず、丸出しの実を申し上げ候事なり」と感謝している。この福澤書簡は、日原に熟談し、相談する調子の長文であるが、そのなかに「御帰朝の上は、新聞の事をも大兄と共に致し度《た》き様に存じ居《お》り候」とまで談じ込んでいる。なお、この福澤書簡の日付直前の十一月十一日号の「時事新報」社説欄には「左ノ一篇ハ九月二十六日付ヲ以テ在英国ノ特別通信員ヨリ寄送シ来リタルモノニシテ……」の前書きを付けた「日本ハ東洋国タルベカラズ　豊浦生」と題する論文が載っている。豊浦生というペンネームは日原の郷里にちなんだものである。

日原の一時帰国とサンフランシスコ転勤――在ボーストン某生

明治十八年（一八八五）、日原はロンドンからインド洋経由で帰国し、正金銀行の横浜本店勤務となった。それから明治二十年秋「サンフランシスコ支店長」に任命されるまでの在日期間中に、福澤は日原を時事新報に迎え入れようとして周囲に相談している。しかし、明治二十年七月二十七日付中上川彦次郎宛書簡（『福澤諭吉書簡集』第五巻一一九一）のなかで福澤は「過日、日原に談じ候ところ、同人は桑港《サンフランシスコ》出張を命ぜられ九月頃出発のよしにて談成らず」

とあきらめている。

そのころ、時事新報社社長の中上川彦次郎は、山陽鉄道社長に転出した。手薄となった新聞社の補強に苦心する一方で、大学部開設に備え福澤は当時大蔵省に出仕していた小泉信吉を慶應義塾に総長として迎えることを考えていた。ちょうどその最中に、小泉と親しい日原がアメリカへ行くこととなったのである。

福澤は、出発間近の日原に九月一日付（『福澤諭吉書簡集』第五巻一二一二）で「就《つい》ては是非拝顔、色々御相談致したく……」「今朝小泉の留主宅へ参り候ところ、来月初旬ならでは帰来致すまじくとの事なり」と記し、あわただしさを感じさせるものがある。

日原のサンフランシスコ到着直後、明治二十年十月十三日付（『福澤諭吉書簡集』第五巻一二三〇）で福澤は「海上も御滞《おんとどこお》り無く」「目出たく存じ奉り候」「小泉氏は本月七日帰京、直に話に取り掛りて、承知致し候。此の義、御安心下さるべく候」と吉報を送っている。

翌明治二十一年三月二十三日付書簡（『福澤諭吉書簡集』第五巻一二八四）では「若《も》し御閑暇も御座候わば、新聞紙へ何なりとも御通信願い奉り候」と依頼し、「本塾の事に付いても」「行く行くの処は是非とも盟兄の御尽力を煩わさざるを得ず。小泉氏と窃《ひそか》に語り合い居《お》り候　何卒《なにとぞ》御工風《くふう》願い奉り候」と頼み込んでいる。投稿依頼は間もなく功を奏したらしい。

明治二十一年八月十七日付（『福澤諭吉書簡集』第六巻一三一四）で福澤は「毎々論説御遣《つか》わ

し下され、紙上に光を生じ有り難く存じ奉り候。名は在ボーストン某生と記し置き候」と記している。アメリカ西海岸からの発信なのに、福澤が何故「在ボーストン某生」としたのかは不明である。

明治二十二年二月二日付の書簡（『福澤諭吉書簡集』第六巻一三六五）には「前便岡本氏まで原稿三御遣《つか》わし下され……」と喜び、「昨冬悴《せがれ》両人無事帰来……」と報じ「塾にても大学校にせんとて金《かね》の事に着手し、先ず三菱より二万円出し呉るゝよう相成《あいな》り、是《これ》より処々方々と周旋奔走の積《つもり》に御座候」と塾の近況を報じている。

明治二十二年三月十日付の、渡米する吉川泰次郎に託した書簡（『福澤諭吉書簡集』第六巻一三七三）では、塾の近況を報じ、凮《ふう》月堂の懐中汁粉を添えたことを述べている。

日原の帰国と郷里への退隠

明治二十四年（一八九一）、日原はサンフランシスコ在勤を終えて帰国、正金銀行を辞職した。まだ三十八歳のときである。日原は銀行の僚友に「拙者事、帰朝後直ちに日本銀行の小泉氏の跡役にとの相談これあり候えども、断然相断り、四、五日中には田舎へ向けて出発の心得に御座候」と書き送り、「直ちに故郷長府に帰り、新に家屋を建設して家族を携え此所へ移住」（「概要」）してしまったのである。

郷里に引きこもった日原に対しても福澤は音信を怠らなかった。

明治二十六年八月二十四日付福澤書簡（『福澤諭吉書簡集』第七巻一七八七）は「爾来《じらい》久しく御起居を伺わず、時下残暑正に盛んなり」で始まり、いま自分（福澤）は過日来、家内子供同伴で箱根の湯本に来ていること、時事新報宛御送付の高説拝見した「書中の立論甚《はなは》だ妙なり。両三ヶ所の文字を刪正《さんせい》し、直ちに紙上に掲げ候よう致し候」と記し今後の寄稿を期待している。「同氏（小泉信吉）の酒には朋友間にも色々心配致し、異見《（意）》も一再ならず、今度こそはこれ切り〳〵と申して、又々始まる、誠に困りものなり」と嘆いている。豊浦の御動静は承知しているが、「其《その》後久しく御外出もなきや、山陽鉄道もあり、何卒《なにとぞ》折々は御出京相成《あいな》り度《た》くお世辞にあらず、実に御待ち申し居《お》り候」と結んでいる。

これほど会いたがっていた日原に、福澤はとうとう会うことができた。それは東京ではなく福澤の九州旅行に日原が下関から出て来て加わったのである。

明治二十七年三月十八日付の書簡（『福澤諭吉書簡集』第七巻一八二四）の一節で、福澤は「此《こ》の度《たび》は好《よ》き処にてゆる〳〵お目に掛り、耶馬渓の御同行、下ノ関の散歩誠に面白き事にて、老余の快楽この上あるべからず。尚《なお》その中、再挙を企て、何処かに御同遊致したく楽しみ居《お》り候」と喜びを表している。

しかし、その年の末、福澤は日原に対し、憂慮に満ちた手紙を送らなければならなかった。

それは小泉信吉が腹膜炎を起こして重体に陥ったのである。十二月六日、福澤は横浜の小泉宅に見舞いにかけつけ、その場で日原に「病の軽重を聞けば十中、六、七分以上の危険と申し居り候」と書き送っている（『福澤諭吉書簡集』第七巻一八九四）。二日後の十二月八日、小泉は四十八歳で没した。

翌々明治二十九年三月三十一日、福澤は日原が「時事新報」連載中の「福翁百話」を読んでくれたことを感謝する手紙（『福澤諭吉書簡集』第八巻二〇三九）を送っている。「ほんとうに読んで呉《く》れる者は少なからん」と思っているところへ、わざわざ来書を辱《かたじけの》うし望外のことだと喜んでいる。

その年九月四日、福澤は日原に書を送り「御手作りの夏蜜柑《なつみかん》」を贈られた礼を述べ、小泉の遺族への気配りをなにくれとなく報じている（『福澤諭吉書簡集』第八巻二〇八二）。

明治三十年八月六日、福澤は日原に対し、のちにしばしば引用される書簡を送った。書き出しは「福翁百話」の合本一冊を拝呈すること。百余話も続いてご覧下されば幸甚としてある。次に老生こと、幸いに無病、今日に至るまで苦痛を訴えることもないが、「何時までも斯《か》くあるべきにあらず。唯気楽に養生致し居り候」と心境を述べている。以下が有名な一節である。

「慶應義塾も金が次第になくなり候。如何《いかが》致すべきや御考え下され度《た》く、金がなければ止めにしても苦しからず候えども、世の中を見れば随分患うべきもの少なからず。近くは国人が漫《みだり》に外戦に熱して始末に困ることあるべし。遠くはコンムニズムとレパブリックの漫論を生ずることとなり。是《こ》れは恐るべきことにして、唯今より何とか人心の方向を転ずるの工風《くふう》なかるべからず。政府などには迚《とて》もこんな事を喜《（杞）》憂する者あるべからず。夫《そ》れ是《こ》れを思えば本塾を存して置き度《た》く、ツイ金がほしく相成《あいな》り候。亦是《またこれ》老余の煩悩なるべし」（『福澤諭吉書簡集』第八巻二一八四）

老境に入った福澤として、このような深刻な「煩悩」を率直に打ち明けられる相手は、日原だけだったのであろう。

福澤諭吉そして日原昌造の長逝

以上で日原宛の福澤私信は終わっている。この一年後福澤は大患にかかり、以後はほとんど誰にも書簡を発していない。明治三十二年（一八九九）「修身要領」の編纂を周囲に命じたとき、福澤はまず日原を長府から東京に招きよせるよう長男一太郎に指図している。上京した日原が「修身要領」の完成とその解説普及に重要な役割を果たしたことはここに記すまでもない。また明治三十四年二月三日福澤がついに没したとき、葬儀の運営に重責を果たし、その葬列に位牌を捧げて加わったのが日原であったことも各書に記されている。

それから三年経った明治三十七年一月二十七日、日原は長府の自宅で病のため没した。行年五十一歳であった。

本年（二〇〇四）は日原没後一〇〇年の年である。福澤諭吉の信頼を受け、慶應義塾社中の尊敬を集め、「晩年敢えて聞達《ぶんたつ》を求めざりしが故に、其《そ》の名多く世俗に伝わらざりしと雖《いえど》も真に文明独立の本旨を解し、自ら守るの堅実なる、氏の如きは蓋《けだ》し当世稀に見る所」（「時事新報」）と讃えられた日原昌造に、あらためて敬意を表するものである。

（1）日原昌造については、慶應義塾大学大学院在学中の岡部泰子さんの研究「小伝日原昌造」が「福澤手帖」二〇〇一年九月号に掲載されている。

（2）本稿の記述については福澤研究センター西澤直子さんにご協力いただいた。

（「三田評論」二〇〇四年十二月号）

福澤諭吉のもとで塾長をつとめた十四人
――岡本周吉（古川正雄）から鎌田栄吉まで

福澤諭吉は、安政五年（一八五八）、大阪適塾在学中、江戸の奥平屋敷から、江戸に来て藩邸内の蘭学塾で教師を務めるよう命じられた。『福翁自伝』には「ソレカラ江戸に向かって出立ということにしたところが、およそ藩の公用で勤番するに、私などの身分なれば、道中並びに在勤中、家来を一人くれるのが定例《じょうれい》で、今度も私の江戸勤番について家来一人ぶりの金を渡してくれた」と書かれている。福澤が同塾の友人に「江戸に行きたければ連れて行くがどうだ」「こういう訳けで金はあるぞ」というと「即座にどうぞ連れて行ってくれと言ったのが岡本周吉、すなわち古川節蔵である（広島の人）」と描き出されている。慶應義塾の記録（『慶應義塾百年史』等）では、この岡本周吉（古川節蔵）を〝初代塾長〟としている。岡本が〝塾長〟を務めたとすれば、それは福澤が築地鉄砲洲の中津藩中屋敷で教え始めた当初のことで、もちろん慶應義塾の名称はまだなかったから「福澤塾の塾長」であったろう。

それから十年後の慶応四年（一八六八）四月、福澤は塾舎を芝新銭座に建ててここに移り、組織を改めて慶應義塾と命名した。さらに慶應義塾は明治四年（一八七一）、三田に移転し、さまざまな課題・財政難に立ち向かい、それらが一段落したところで、明治十四年（一八八一）一月二十三日「慶應義塾仮憲法」というものを制定した。全文九ヵ条のものであるが、そのなかで、「現任教員中より一名を選び、之を慶應義塾塾長とす」と定め、その選任方法も明記した。ただし、塾長の任期については仮憲法は触れていない。

仮憲法制定の明治十四年から、福澤逝去の明治三十四年までの二十年間に、塾長に選任されたのは、次の人々である。

1　浜野定四郎　明治十四年就任（墓所　広尾祥雲寺）（本書二六七頁）

2　小泉　信吉　明治二十年（総長・塾長）就任（墓所　上大崎常光寺→多磨霊園）（本書二九四頁）

3　小幡篤次郎　明治二十三年就任（墓所　広尾祥雲寺）（本書二六二頁）

4　福澤　諭吉　明治三十年就任（墓所　上大崎常光寺→麻布善福寺）（本書二九六頁）

5　鎌田　栄吉　明治三十一年就任（墓所　上大崎常光寺）（本書二九〇頁）

福澤を含むこれら五人の塾長の墓所については、すでに「福澤手帖」に紹介させていただいた（二〇〇五年九月号、二〇〇五年十二月号）。

仮憲法制定前の〝塾長〟

『慶應義塾百年史』によれば、仮憲法制定前の〝塾長〟は、次の十二名である。

1　岡本　周吉（古川節蔵・正雄）（墓所　谷中墓地）
2　岡田　摂蔵（墓所　不明）
3　足立藤三郎（寛）（墓所　谷中天王寺墓地）
4　小幡篤次郎（墓所　広尾祥雲寺）
5　阿部　泰蔵（墓所　白金重秀寺→多磨霊園）
6　小幡甚三郎（仁三郎）（墓所　アメリカ合衆国ニュージャージー州ブランズウィック共同墓地）
7　荘田平五郎（墓所　白金瑞祥寺）
8　藤野　善蔵（墓所　滅失）
9　芦野　巻蔵（墓所　不明）
10　森下　岩楠（墓所　池上本門寺）
11　猪飼麻次郎（墓所　大分県中津市自性寺）
12　浜野定四郎（墓所　広尾祥雲寺）

この十二人のうち、末尾の浜野は、仮憲法下の初代塾長としてそのまま引き続き在任し、小幡篤次郎は新銭座移転、慶應義塾命名のころの中心人物であったが、明治二十三年（一八九〇）小泉信吉の退任にあたり、長老として塾長職に再登板している。

墓所不明の三塾長

さて、小幡篤次郎、浜野定四郎をのぞく十名の塾長の墓所についていうと、

1　岡田（熊本出身）
2　藤野（長岡出身）
3　芦野（長岡出身）

の三名についてはいまのところ所在不明である。

藤野については、曾てその墓のあったことが確認される港区白金三光坂下の西光寺墓地には現在見当たらない。多分、道路拡幅により墓地が整理されたのであろう。

藤野は長岡藩士で、明治二年慶應義塾に入社、のちに慶應義塾、長岡洋学校、東京師範学校、三菱商業学校等で教壇に立ち、福澤から深く信任され、門野幾之進も「藤野善蔵という人もなかなか人間は偉かった。塾長をして居っても、外の塾長はただ福澤先生のお使いだったが、藤野はそうでなかった」と述べている。塾内に居住していたが、肺を患い、明治十八年三月二日

自宅で逝去。享年三十九であった。

高橋誠一郎先生は、塾生時代、学生雑誌（当時の「三田評論」）に歴代塾長の肖像写真を掲載することを企画したが、藤野の写真だけは手に入れることができず、「藤野氏に就きては、百方最善の力を尽して之を求めたるも、氏が在世の頃にあっては、未だ撮影のこと広く世に行われず、且つ氏は未だ配偶なくして世を去り、其当時唯だ厳君ありしのみなれば、遺族につきて、之を求めん様もなく、大なる遺憾を忍びて氏の肖像を欠くの止むなきに至れり」と記しておられる。筆者も西光寺を訪れて質問しても「藤野というお檀家はありません」とかわされたとき、高橋先生と同じように「大なる遺憾を忍」んで寺の門を出たのであった。

二代目塾長とされる岡田摂蔵について『慶應義塾百年史』では、「元治元年ごろ、岡本節蔵が海軍に出仕したあと、同年六月小幡篤次郎の入塾するころまで塾長をしていたという。肥後熊本藩の出身で、はじめ大阪の緒方塾に学び、のち文久三年十二月二十八日福澤の塾に入門した。慶応元年外国奉行柴田貞太郎が英仏派遣を命ぜられたとき、これに随行し、帰朝後『航西小記』を著わした。号、松涛。没年不詳」と記されている。

高橋誠一郎先生は、その『随筆慶應義塾　続』のなかで、岡田摂蔵は女優の岡田嘉子の祖父であること、瀬戸内晴美が中央公論に載せた『岡田嘉子』のなかで岡田摂蔵は明治政府に出仕して海軍省の権秘書になったと書いていること、を述べておられる。岡田嘉子（一九〇二〜一九九二）は明治三十五年四月二十一日、岡田武雄・ヤエの長女として広島市中区大手町に生まれている。その兄弟の有無等についてはまだ調べていない。

芦野巻蔵は「慶應義塾入社帳」明治二年の部に「蘆野　巻」と記され「生国　越後」、「住所　長岡」、「父或ハ兄弟ノ姓名　芦野寿」「年齢　十八歳」「社中ニ入タル月日　巳七月二十五日」「入塾證人の姓名　藤野善蔵」とある。義塾教員、共慣義塾教員を経て、石川県の金沢英学校に在勤中、明治十年金沢で没した。まだ二十六歳であった。芦野が塾で教えていたころ塾内で「三野先生」という評判があった。柳荘太郎によれば、それは「浜野（定四郎）、芦野（巻蔵）、門野（幾之進）の三先生」を指すものだとのことである。また一説によれば、「門野、藤野、芦野」の三野であるという。門野は、口述した回顧談のなかで「芦野巻蔵という人は、本を読むことはなかなか上手でした。今も存生している天文学者の芦野敬三郎という人の兄貴です」と述べている。大正八年の「三田評論」には、芦野敬三郎の講演筆記が載っている。

芦野が没したのは明治十年、西南戦争最中のことであるが、詳しい月日は未詳である。当時、「郵便報知新聞」は、主幹　藤田茂吉、印刷長　栗本鋤雲であったが、その明治十年八月十五日第一三六七号の「府下雑報欄」に次の記事が載っている。

○慶應義塾創立《つくりだし》の初年に学事に勉励し、子弟を誘掖《みちびき》して該塾《この》の心棒とも思われし芦野巻蔵氏は、先頃石川県英学校に教授せしが、病を得て遂に彼地に死去せり。嗚呼、天其才を与《あた》えて其年を假《か》さず、惜しむべき事なり。昨日東京飯倉の瑠璃光寺に帰葬したるが、福澤先生を初め該塾の教員生徒、元と同社たりし諸氏散じて官途或は諸会社にあるものも皆之に会したるは実に盛んなりし事なりとぞ。

筆者は、先年、この記事を読んで飯倉の瑠璃光寺を訪れたが応対の寺僧は芦野の名を知らず要領を得なかった。ただ同寺内の墓地を一見したところ、芦野と同じく明治二年に、同じく藤野善蔵を保証人として慶應義塾に入塾（九月十日入社二十四歳）した同郷の名児耶六都（鋳）の墓が目に入った。なお、今後探索を続けてみたい。

初代塾長古川正雄の生涯

初代塾長古川正雄（旧名岡本周吉・岡本節蔵または古川節蔵）は、『福翁自伝』にあるように、大阪の緒方塾で福澤が塾長（塾頭）を務めていたころ、後進生として福澤に導かれ、福澤の出府に同行して江戸に出たのであるが、芸州小田村（現在の広島県山県郡北広島町川小田）の庄屋岡本建男の五男として、天保八年（一八三七）三月四日に誕生した。福澤より三歳年下である。若年のころから医学に志し、まず広島で学び安政三年八月、緒方洪庵の適塾に入門している。

江戸に出てからの岡本は、福澤が翻訳に着手していたオランダの統計書を、福澤が咸臨丸で渡米したとき、完訳を託された。これが岡本博卿の名で『萬国政表』として出版されたものである。

一　萬国政表　自千八百四十年　至千八百五十四年　一冊

右は和蘭プ・ア・デ・ヨング（人名）の著述にて、安芸浪人岡本節蔵と申者翻訳に候処、同人より譲受、此度開板仕、同志の者へ与へ度候間、此段奉伺候　以上

申（万延元年）九月十五日

奥平大膳大夫家来　福澤諭吉

書名は

「福澤子圍閲

岡本約博卿訳

萬国政表

万延元年

庚申孟冬　　　　　　　　霑芳閣蔵梓」

となっていて、大槻磐溪の漢文の序文がついている。

このように学問に出精していた岡本は、そののち幕府の旗本古川弥三郎志道の婿養子となり古川節蔵と名を改め、やがて徳川幕府の海軍に出仕し、艦長の職に就くようになった。福澤・岡本（古川）が同道して江戸に着いてから十年後、時勢は転換して維新戦争の時期になった。

福澤は上野の彰義隊戦争のときも平然としてウェーランドの経済書を講じていたというが、古川は血気にはやり、幕府の軍艦長崎丸の艦長として脱走を決意した。『福翁自伝』の「古川節蔵脱走」の小見出しのなかで、「私はその話を聞いて親切に止めました」「ソリャ止すが宜い」「思い止まるが宜い」と忠告したが古川は「きっと勝算はありますといって言うことを聞かない。福澤は、「そうか、ソレならば勝手にするが宜い」「ただ可哀そうなのはお政さんだ（節蔵氏の内君）、ソレだけは生きていられるように世話をしてやる」と言って別れたことを、こまごまと語っている。福澤の予言通り、古川は各地に転戦したが、「奥州宮古という港で散々戦ったところが、負けてしまって到頭降参」、東京に護送されて東京霞ヶ関の芸州屋敷に監禁されている古川を福澤はわざわざ面会に行き、差し入れをしている。その情景も『自伝』にくわしく描き出されている。

古川正雄（岡本周吉）
福澤研究センター所蔵

維新後、古川は福澤の推挙をうけて明治政府の海軍に出仕し大部の翻訳書を著したのち工部省に転じ、明治六年にオーストリアのウィーンで開かれた万国博覧会には政府の派遣員の一人として出張し、「明六社」が結成されたときには福澤の推薦によるものか、明治七年（一八七四）には「格外員」に、八年五月には「定員」に推されている。
古川はキリスト教に入信し、視覚障害者のための「訓盲院」の設立に尽力し、錦喬塾、弘道学舎等の学校経営に当たったたと伝えられているが、明治十年（一八七七）五月二日死去、享年四十一であった。

古川正雄の著作

古川は著述が多く、次の発刊物を世に送っている。

1『萬国政表』万延元年（前述）

2『元込筋入筒』
英国陸軍局発行（千八百六十六年十月）
誠格堂発閲　古川氏蔵版（この本には偽版が出ている）
慶応三丁卯十一月　誠格堂発閲

3『絵入智慧の環』初編以下四編まで四巻八冊
明治三年八月～明治五年五月

4『英式　運用全書』海軍兵学寮
明治四年辛未春　官板

英国海軍コマンドル官　ネイル氏著
千八百六十八年新刊
5　古川正雄著述　『古今雑話』　明治七年八月
6　『古川正雄の洋行漫筆』　明治七年一月
7　前項『洋行漫筆』の巻末に『古川氏　蔵板目録』というリストが添えてあり、そこには前記の『絵入智慧の環』や『洋行漫筆』のほかに次の記載がある。

・ちゑのいとぐち　全一冊（明治四年十一月）
・稽古地図　初編一冊
・西洋算術稽古道具　箱入一式
・西洋画図手本　同
・組立地球儀　同
・組合《くみあわせ》地図　同

『稽古地図』以下は、古川正雄の広い才能を示すものであろう。

古川没後のまさ子夫人と嗣子岩吉

富田正文氏によれば「古川夫妻には子がなく、兄の子岩吉を養って家を嗣がせたが、福澤はこれを成人に至るまで面倒を見てやった」（同氏『考証福澤諭吉』上巻）とのことであるが、福澤は岩吉を慶應義塾幼稚舎に入学させた。「入社帳」には「明治十二年三月五日入社　慶応三卯十二月十五日生　当十一年四ヵ月　府下神田区錦町三丁目五番地士族」と記されている。岩吉は、福澤一家と親しくしていたと見え、福澤が滞米中の福澤一太郎、捨次郎に宛てた明治十六年十月十七日付書簡のなかに、「今年ハ古川之岩公も十六歳ニ相成、鑑札を受るとて煩悶致居候」の一節がある。

古川岩吉は明治十八年十二月慶應義塾の正科を卒業し、翌十九年十月十一日の交詢社常議員会で入社を允許されている。のち三井銀行に入社し明治二十九年九月の慶應義塾塾員名簿によれば神戸支店と記され、明治三十一年二月発刊の「慶應義塾学報」創刊号にある「慶應義塾塾員姓名」には、三井銀行本店東京と記されている。さらに同三十四年版によれば神戸のエス・ジーエー・デビット商会に転じ、同三十八年版には「神戸棉花棉糸ブローカー」と記され、三十九年一月十五日号の「慶應義塾学報」には「古川岩吉氏　病を以って客年（明治三十八年）十二月に死去せり」と報じられている。

寡婦となった古川夫人マサは、福澤が『自伝』のなかで述べている「可哀そうな」「お政さん」のことである（『福澤諭吉著作集』第十二巻二四三頁）。

福澤は、続けてマサの面倒を見ており、福澤の家計簿に挟まれていたカラの封筒の表に、

「古川おまさ私有金　弐千円三井銀行預證並同人印形　二十九年十月四勘定期限」「二十九年四月四日預置」と記されているそうである（『福澤諭吉全集』二十一巻一五六頁）。

マサは古川の没後ながく神田錦町に住み続け、ときおり福澤家を訪問していたが、明治四十四年二月十八日気管支炎で没した。弘化二年（一八四五）一月十日生まれであるから、六十四歳であった。

古川の墓所と「古川正雄を研究する会」

この稿を書き始めた時点では、筆者は古川正雄の墓所もご子孫のこともまったく知らなかった。ところが、原稿締切日も近づいたころ、福澤研究センターの西澤直子、都倉武之両氏から、古川正雄の郷里（広島県山形郡北広島町川小田）に「古川正雄を研究する会」という組織があることをご教示いただいた。同研究会に連絡した結果、同会の岡本進氏（岡本家のご一族）から東京都町田市に在住の古川正夫氏（古川正雄の曽孫）をご紹介いただき、同氏から「谷中墓地」に古川正雄の墓があることを教えていただいた。この調査にご協力くださった各氏に深く感謝申し上げる。

（「福澤手帖」二〇〇八年九月号）

V　福澤諭吉ノート

安倍首相、施政方針演説のなかで、福澤の言葉を引用

安倍晋三内閣総理大臣は、平成十九年一月二十六日金曜日午後、衆参両院の本会議で就任後初の施政方針演説を行った。首相は演説の末尾を次のように結んでいる。

「未来は開かれている」との信念の下、今年を「美しい国創り元年」と位置づけ、私は自ら先頭に立って、明日に向かってチャレンジする勇気ある人々とともに、様々な改革の実現に向け、全身全霊を傾けて、たじろぐことなく、進んでいく覚悟であります。

福澤諭吉は、士の気風とは、「出来難《できがた》き事を好んで之を勤るの心」と述べています。困難なことをひるまずに、前向きに取り組む心、この心こそ、明治維新から近代日本をつくっていったのではないでしょうか。

日本と自らの可能性を信じ、ともに未来を切り拓いていこうではありませんか。

国民の皆様並びに議員各位の御協力を、心からお願い申し上げます。

首相が引用した「士族の気風とは、ただ出来難《できがた》き事を好んでこれを勤むる心これなり」という福澤の言葉は、明治十九年（一八八六）二月十三日、当時五十一歳の福澤が三田山上の演説館で、慶應義塾の学生に向けて行った演説のなかに見出される。福澤はかねてから塾生に対し、卒業したならば決して学校の教師、政府の役人などという安易な道を選ばずに、直ちに、実業界に入って活動せよ、「銭なき者は即日より工商社会の書記、手代、番頭となるべし」「幸にして資本ある者は、新に一事業を起して独立活動を試む」べしと説き続けている。

この日の演説でも、福澤は「成学即身実業の説、学生諸氏に告ぐ」と題し、まず冒頭に、次のような意味のことを述べている。

私は毎度諸君に、卒業したならば直ちに実業界に飛び込めと繰り返し述べているので、またあのお説教が始まったかと、うるさく思うかもしれないが、今日は私自身が体験した時勢の変遷を回想して、現在の情勢を説き明かし諸君に私の意のあるところを伝えたい。

と前置きし、緒方塾での蘭学修業時代の体験を以下のように語っている。

そもそも、余は旧中津藩士の士族で、小さいときから他の藩士同様に漢書を学び、二十歳の頃から洋書を読み始めたが、一体、何の目的で洋書を読み始めたかと質問されても実は答えようがない。大阪の蘭学者緒方洪庵先生の医学塾で洋学を学んだが、医者の息子などで入門してくる連中は、ここで西洋医学を学んで立派な医師になろうという目的で勉強している。しかし自分は医師になろうとはまったく思っていない。医者にもならずに、ただ和蘭語を学んだところで、当時の時勢では異端者扱いされるだけで、名誉にもならず、利益にもならない。では何のために辛苦勉学したのかと尋ねられると返答に困るが、一歩進んで考えると一応の理由も立たないではない。即ち、自分は日本の士族の子で、士族一般先天遺伝の教育を受け、一種の気風を備えていたことは疑いもない事実である。その気風というのは、「ただ出来難き事を好んでこれを勤むる心」これだけである。当時横文字を読む業はきわめてむずかしいことで容易に出来難い学問であったから、これを勤め、夢中で勉強したのであろう。もしそのとき、洋学以外に何か困難な事業に出会っていたら、あるいはその事業に取り組んでいたかもしれない。結局、自分の洋学修業は一時の偶然から始まったもので、その修業が辛く苦しいから取り組んだとしかいいようがない。

このような修業をした自分は、幸運なことに開国開港文明開化の時勢にめぐりあったので、著作演説教育などの分野で思うままに振舞うことができたし、生活に不自由のない境遇にもなることができた。しかしこれは偶然の幸運なので、いまの時勢ではこのようなことは二度と再び起きることはない。もし諸君が「難しい学問を続けていれば、そのうち運が開けるだろう」などと思っていたら大間違いである。

福澤は、この演説の最後を、「余が如きは前年士族流の学問したる者なれども、今の後進生は決してかかる無謀の挙動を再演すべからず」「これ即ち余が本塾の学生諸君に向い、余が経歴に倣《なら》わずして善く今日の時勢に応じ、成学即身実業の人たらんことを勧告する由縁なり」と結んでいる。

なお、「成学即身実業の人」というのは福澤が好んで用いた一種の造語である。「成学」というのは「学問成就」、つまり卒業のことであろう。「即身」は「即身成仏《じょうぶつ》」という仏教用語から借用したもので、その身そのまま、即刻即座にという意味であろう。「塾生は卒業したらば即座に変身して実業人になれ」という福澤一流の言いまわしである。

ちなみに、新聞紙上に現れた総理の演説前文には、福澤からの引用箇所に「出来難《いできがた》き」とルビが振ってあった。福澤の演説当時にこの筆記を載せた「時事新報」の原文（『福澤諭吉選集』第三巻、『福澤諭吉全集』第十巻に転載）には「唯出来難き」（ただ、できがたき）とあったのを、誰かが清書の段階で誤って「唯」を「い」と読んで「いできがたき」と読み下してしまい、総理に草稿を提出したのであろう。

（「三田ジャーナル」二〇〇七年二月十五日号）

安倍首相、施政方針演説のなかで、福澤の言葉を引用

「慶應義塾同窓議員懇親会」の始まり

ホテルオークラで安西塾長の招待による塾員国会議員懇親パーティーが開かれた。当日二〇〇五年二月三日午後五時からは国会会期中であったが、衆参両院の塾員議員五二名が次々に参会し、自民党から橋本龍太郎元首相、綿貫民輔元衆議院議長、中川秀直国会対策委員長、公明党からは浜四津敏子代表代行（参議院議員）、民主党からは小沢一郎副代表（衆議院議員）の顔も見え、盛会であった。

そもそも塾員議員の集まりは、遠く明治二十三年、福澤先生出席のもとに、その第一回が開かれている。

第一回帝国議会

いまから一一五年ほど前のことである。

明治二十三年（一八九〇）七月一日火曜日、帝国議会の第一回衆議院総選挙が行われ、三〇

○人の代議士が誕生した。それと前後して、皇族議員、有爵者議員、勅選議員、多額納税議員を含む貴族院議員二五○名も確定した。

帝国議会召集日を目前にひかえた十一月十七日午後四時から、慶應義塾出身の貴衆両院議員のうち二六名が、築地一丁目の寿美屋で「慶應義塾同窓議員懇親会」を開き、福澤先生を招待した。先生は喜んで出席し、挨拶を述べられた。その要旨はおよそ次のとおりであった（全文は「同窓の旧情」と題して翌々日の「時事新報」に掲載され、いまは『福澤諭吉全集』第十二巻に収められている）。

福澤先生の演説——慶應義塾の効能

今日は慶應義塾の旧塾生中から貴衆両院議員に選出された諸君が同窓会を開き、老生へも出席するようご案内をいただき誠にありがたく御礼申すほかはない。両院の議員およそ五五○人は四千万人の日本の国民のなかから選び抜かれた名士であって、その名士のなかに義塾出身者が三十余名におよぶことは「実に異常の数」と言わざるを得ない。そもそもわが慶應義塾は三十余年来、一小家塾から次第次第に発達したもので、現在でこそ大学部を設けるなど、やや体裁を整えているが、諸君の在塾中の頃の慶應義塾は、いまの整然とした学校風の体裁も備わらず、ただ先進の上級生が自分の学んだことを後進の下級生に教えるという調子ではなはだ不規則なものであったと申すほかはない。しかし、その頃の不規則な学塾に学んだ諸君が、いま日本国中のエッセンスとして選抜されたのはなぜであろうか。それは、諸君の〝人物〟としての公徳、品格が世間の標準、模範であると認められ、諸君の知識が政治活動の実務に適すると評価されたからである。これを思うと、学校の教育というものは、ただわずかに人生天賦の能力に、いささか潤飾を加えるだけのものであるというべきかもしれない。ちょうど庭師が植物を培養するようなもので、庭師は無から植物の性質をつくるのではなく、植物の自然の発生を邪魔しないのがその務めであるのと同じであろう。すなわち、いま諸君が〝選び抜かれた人物〟として日本の政治社会の表面に立つことになったのは、義塾の教育が諸君を型にはめて造り出したのではなく、むしろ生まれつきの資質、天賦の資に富む諸君が、偶然にも慶應義塾に入学し、その「天賦発達の機会」を失わなかったからだというほかはない。即ち、諸君は慶應義塾において祖先遺伝の思考力、学問的たしなみ、いわゆる〝文思〟を、西洋流の文明流に転じ、〝封建世禄相依り相助けるの風〟を変じて〝自主独立の気象〟を養ったのである。およそ、これらの思想精神は、〝無きものを新たに造ったもの〟でなく、〝天賦の形を変じたまでのこと〟である。慶應義塾の功能を叶えようとするならば、まずこのあたりにあると申してよろしいかと思われる。

福澤先生の演説――学校とは人品潤飾の場なり

ここで教育論について申すならば、老生は平生より教育というものをはなはだ重んずるのであるが、教育の功能については、世間の〝教育家〟とは違って、あまり誇大に考えるのは好まない。天下に無数の学校があるが、学校は先に述べたように「人品潤飾の場所」であって、「智徳製造の器械」ではない。諸君の慶應義塾に勉学したのも同様なわけであるが「智徳製造」云々の話は別として心情的な〝人情論〟から談じると、「私塾の同窓懐旧の情」は一種無限の味があるもので、一生忘れようとして忘れられるものではない。智徳の発生は自発だか他発だかに論なく、智徳発生の時期は正しく在塾在学の青年期、即ち「人生の春」とも名づけるべき血気まさに盛んな年齢のときであって苦楽ともにただおもしろく、語ることは皆愉快で聞くことは皆珍しい。飲むことは楽しく食べるものは皆おいしく感じる時期である。在塾中のことは、楽しい体験はもちろん、過誤、失敗、失策、無礼、乱暴すらもすべて一生の話題となり想出の種となる。

老生のごときも往時を想起すると生涯の快楽は少年修業の学塾時代にあって、これを想う懐旧の情はまことに切なるものがある。思うに今日諸君がここに宴会を開かれたのも、この懐旧の情に出たことであろう。身に覚えのある老生こそこの種の情を知ること最も濃《こまやか》なものであるから、欣喜のあまりただ涙あるのみである。

福澤先生の演説——老生一生の懇願

さて、話をあらためて「政治」のこととなると、政治は「情感の事」感情の世界ではない。諸君は帝国議会の議士であって、政治上おのおの所見のあるのは無論のことで「同窓は同窓」「議会は議会」、学窓が同じだからといって「議会の議を共にする」わけにいかないのは言うまでもない。しかし本来は「情感の事」でない政治談義もその熱度が上昇すると、自然に「情感の事」、感情的なものが入ってくるかもしれない。ことに第一回議会の議場は万事不整頓で自然と議事の行き違いも起きるであろう。例えば裏面から話し合えば円滑に済むことも表向きの議論となると角が立つ場合も多いであろう。このような場合には「同窓の旧情」も自ら屈強の方便であって、議場党派間の難問題も「故旧団欒」の間にときほぐれ、ついに一笑に付し去ってあとをとどめないこともあろう。老生は諸君も知るようにもとより政治には関係しない。したがって政治について傍らから他人の意見を左右しようなどというつもりはまったくないが「諸君が常に自尊自重の大義を重んじ、和して和すべき部分だけは政治上の熱情を離れて同窓の旧情に訴え、以って帝国議会の波乱を静にする」ならば、それは「ただに国に忠なるのみならず、諸君の故郷である慶應義塾をして間接に忠の名を得せむるものというべきである。「老生畢生の懇願は唯この一事にあり。老余の痴言諒察《ちげんりようさつ》を乞うのみ」。

福澤先生の演説はここで終わっている。

この懇親会では小幡篤次郎塾長も挨拶を述べているが、それらの模様も、翌々日の「時事新報」に報道されている。

福澤先生は、この懇親会がよほど嬉しかったとみえて、当時山陽鉄道社員として広島に駐在していた、次男福澤捨次郎宛の手紙のなかで「昨十七日ハ築地の寿美やへ、国会議員中慶應義塾出身の人々が同窓会を催し、拙者も招かれて同席致し候。義塾出身の上下院議員は、三十四、五名これあり、昨夜来会の人にても二十六名あり、久々にて面会の者も多く面白き事にこれあり候」(『福澤諭吉書簡集』第六巻一五五四)と報じている。

出席塾員議員の顔ぶれ

ちなみに、帝国議会の第一回衆議院総選挙は小選挙区制のもとで行われた。全国二五七選挙区。定員は原則として一区一人、例外的に二人区が四三あった。投票方法は、一人区は単記、二人区は完全連記、いずれも記名捺印投票で行われた。選挙権は二十五歳以上の男子で一年以上直接国税十五円以上納付した人のみに与えられる制限選挙であったから、有権者数は四十五万人にとどまった。

塾出身の貴衆両院議員は、福澤先生の演説によると合わせて三十余人とあるが、懇親会出席の代議士のなかから有名人をひろってみると、その選挙区、得票数は次のとおりである。

菊地　九郎（自由倶楽部　青森三区　八〇三票）
渡辺　　治（　―　　茨城一区　九七八票）
木暮武太夫（自由倶楽部　群馬一区　四六四票）
藤田　茂吉（議員集会所　東京四区　三〇八票）
尾崎　行雄（　〃　　三重五区　一七七二票）
犬養　　毅（　〃　　岡山三区　一〇九三票）
箕浦　勝人（　〃　　大分二区　四三七票）

なお、このときの投票者数は四二万二五九四人で、投票率は実に九三％に達した。

貴族院では当時の慶應義塾長　小幡篤次郎が勅選議員として議席を占めている。

第一回帝国議会の召集から今日までおよそ一一五年が経過した。戦前、戦後を通じて、憲法、国会法規、選挙法、そのほか国会に関するすべての条件は大きく変化した。その変革を乗り越えて、近年、慶應義塾出身国会議員の人数は福澤先生の表現を借りるならば〝異常の数〟ともいうべき大きさを示している。しかも、単に塾員議員の数が多いばかりでなく、政府、与党、野党を通じて重要な活躍をしている練達の塾員議員数が多いことも、これまた〝異常の数〟ともいうべき輝きを放っている。

福澤先生没後一〇五年、先生はこの塾員議員の活躍を、天上から頼もしげに見守っておられることであろう。

（「三田ジャーナル」二〇〇五年二月十五日号）

ブッシュ大統領の国会演説と福澤諭吉

親子二代の大統領

アメリカ合衆国第四十三代大統領ジョージ・W・ブッシュ氏は、ラウラ夫人を同伴、二〇〇二年二月十七日（日）午後、羽田空港に到着した。ブッシュ大統領の父君、第四十一代大統領ジョージ・H・W・ブッシュ氏も先年来日し、七十七歳で健在である。アメリカでは、父子二代の大統領を取り違えないために、父大統領のことをナンバー四十一、現大統領のことをナンバー四十三と呼んでいるそうである。慶應義塾でも明治中期の小泉信吉《のぶきち》塾長と、昭和初期の小泉信三塾長とは父子関係にあるが、信三塾長の就任は信吉塾長の没後すでに四〇年を経ていたので幸いなことに取り違いは起こらず、何代目などという区別はつけなかったようである。

さて、ブッシュ大統領は、今回の滞日の最終日二月十九日午前、国会議事堂の参議院本会議場で、衆参両院議員を前にして、約二〇分間にわたる演説を行った。大統領はそのスピーチのなかで、日米の歴史的なきずな、九・一一テロ以後の世界の課題、小泉首相との友好その他を説いたあと、経済問題に触れ、アメリカもいまの日本と同じような経済的トラブルを体験したと述べ、一九七〇年代から八〇年代のはじめにかけて、アメリカの経済競争力は弱まり、銀行はトラブルに落ち込み、高率税制と無用の規制によってリスク負担を抑え、創意工夫を押しつぶした。しかし大胆な改革によってアメリカは再び繁栄を取り戻した。日本も改革を躊躇なく進めることによって再生するであろうと日本を激励した。

次に大統領はやや話題を転じ、日本は誇るべき前進の歴史を持っているではないか。革命《リボリューション》ではなく復古《レストレーション》・回復《ンズ》によって躍進を成し遂げたではないかと切り出した。

「明治維新の英雄《ヒーローズ》の一人である福澤諭吉は、西欧世界を変換《トランスフォーム》させた経済思想《エコノミックアイディアズ》を研究した学者でありました。福澤はこれらの思想こそが繁栄《プロスペリティ》への点火《スパーク》となり、大衆《ミリオンズ》を貧困から救ったのだということを見てとったのです。そして彼は、この思想観念を日本人の心に導入しようとしたのでした。」

ここでブッシュは、われわれが『福翁自伝』でおなじみのエピソードを紹介している。それは、福澤がチェンバーズの経済書の目次を翻訳して幕府の役人に見せた一連の話のなかで、コンペティションという字を何と訳してよいか考えた末、〃競争〃という訳を考えついたという挿話である。

「福澤はある影響力《インフルエンシャル》のある経済書を訳しているとき、コンペティションという単語にぶつかりました。それにあてはまる字は日本語にはありませんでした。そこで彼はキョウソウという字を作り出《コインアウト》しました。以来、日本語はそれだけ豊富になったのです。」

ブッシュがこの福澤の物語の一節を国会演説に導入したのは、次のような文脈のなかにおいてであった。ブッシュは続けて言う。

「しかしキョウソウは、一つの単語ではなく精神《スピリット》であり、倫理《エシックス》であります。それは創意工夫にドライブをかけるエンジンであります。自由主義国の国民《フリーピープル》の潜在能力《ポテンシャル》を解放するものであります。」

「一世紀以上の昔、コンペティションのスピリット、コンペティションのエシックスは、日本経済に近代化をもたらしました。半世紀前には、コンペティションは、世界から賞賛された日本の経済的奇跡の実現を促進したのです。」

「そして、いまや日本は新しい復古《レストレーション》・回復に乗り出しているのです。根本的な改革と競争原理《コンペテイション》の全面的採用による繁栄と経済成長への修復回復です。」

ブッシュの演説は、日本のこれからの活動にアメリカはあらゆる協力を惜しまないという言葉で終わっている。

レストレーションという字は、日本では「王政復古」というときは「復古」と訳し、傷ついた美術品のレストレーションは「修復」と訳している。今回のブッシュ大統領の演説でも、日本の各新聞はレストレーションをおのおの「刷新」（朝日新聞）、「維新」（読売新聞）、「改革」（東京新聞）などと訳している。福澤先生ならば何と訳されたであろうか。

福翁自伝中の逸話

『福翁自伝』のちょうどなかほどに、「幕府の攘夷主義」という小見出しのついた一節がある。「幕府の殻威《からい》張《ば》りが癇癪に障るというのは、これは此方《こっち》の血気の熱心であるとして姑《しばら》く差し置き、さてこの日本を開いて外国交際をドウするかということになっては、如何《どう》も見ていられない……」

という書き出しで、徳川幕府は「余儀なくしぶしぶ開国論に従っていただけの話で、一幕捲《まく》って正味《しょうみ》の楽屋を見たらば大変な攘夷藩だ」「徳川政府の頑固な一例を申せば、こういうことがある」といったあとに、コンペティションの話が出てくる。

「私がチエーンバーの経済論を一冊持っていて、何か話のついでに御勘定方の有力な人、即ち今で申せば大蔵省中の重要の職にいる人にその経済書のことを語ると、大造悦《たいそうよろこ》んで、ドウか目録だけでも宜《い》いから是非見たいと所望するから、早速翻訳する中に、コンペチションという原語に出遭《であ》い、色々考えた末、競争という訳字を造り出してこれに当嵌《あては》め、前後二十条ばかりの目録を翻訳してこれを見せたところが、その人がこれを見て頻《しき》りに感心していたようだが『イヤここに争《あらそい》という字がある。ドウもこれが穏やかでない、どんな事であるか』『どんな事ッて、これは何も珍しいことはない、日本の商人のしている通り、隣で物を安く売ると言えば此方《こっち》の店ではソレよりも安くしよう、また甲の商人が品物を宜《よ》くすると云えば、乙はソレよりも一層宜《よ》くして客を呼ぼうとこういうので、またある金貸が利息を下げれば、隣の金貸も割合を安くして店の繁昌を謀るというようなことで、互に競い争うて、ソレでもってちゃんと物価も定《き》まれば金利も極《き》まる、これを名づけて競争というのでござる』『なるほど、そうか、西洋の流儀はキッイものだね』『何もキッイことはない、ソレですべて商売世界の大本《おおもと》が定《き》まるのである』『なるほど、そうい云えばわからないことはないが、何分ドウも争という文字が穏やかならぬ。これではドウモ御老中方へ御覧に入れることが出来ない』と、妙なことをいうその様子を見るに、経済書中に人間互《たがい》に相譲るとかいうような文字が見たいのであろう。例えば商売をしながらも忠君愛国、国家のためには無代価でも売るとかいうような意味が記してあったならば気に入るであろうが、それは出来ないから『ドウも争という字がお差支《さしつか》えならば、外に翻訳の致しようもないから、丸《まる》でこれは削りましょう』と言って、競争の文字を真黒に消して目録書を渡したことがある」

高橋誠一郎先生によれば、このチェンバーズの経済書の目次は「二十カ条」ばかりでなく

「三十六カ条」で、「コンペティション」は原書では「独占と競争」になっているとのことである。高橋先生は「この幕府の役人は自由競争の原理がいかに封建社会を覆すに預かって力あるものであるかということを知らずに、まずこの文字に身震いしたのでしょう」と述べておられる。

小泉改革へのエール——来日国賓の心づかい

自由競争の原理、精神は「封建社会を覆す」大勢力であるとともに、「既得権益」「談合」「過剰保護」「官業優位」「官民癒着」などなどの天敵である。開かれた自由主義体制による日本の経済的立ち直りを願うアメリカの大統領が、福澤諭吉にこと寄せて、小泉改革へのエールとして「キョウソウ」のキーワードをはなむけに送ったことは、まことに当を得たことと思われる。ブッシュ大統領は、この演説で、福澤とともに、新渡戸稲造の名を挙げ、新渡戸の「われ太平洋の掛橋たらん」の言葉に敬意を表している。われわれ日本人は、来日国賓の口から、日本人の先覚者の名を挙げられるのを聞くと、心嬉しく思うとともに、先方の細かい心づかいに敬意と感謝を捧げたくなる。

これを機会に、日本人もあらためて福澤についての認識を深め、アメリカ人も広く福澤について関心を抱くようになることを期待したい。

（「三田ジャーナル」二〇〇二年二月十五日号）

福澤諭吉の家康公礼讃

明治の新時代に民間指導者の一人として活躍した福澤諭吉は、西洋文明導入の旗振り役であって、「天は人の上に人を造らず、人の下に人を造らずといえり」と説いていた人物であるから、幕府の治世、徳川時代の制度文物などに対しては、さだめし低い評価を下していたに違いないと思い込んでいる人も多いと思われる。

ところが意外なことに、福澤は機会あるごとに「徳川治世二百七十年」の善政を紹介して褒め讃え、「徳川家康公は古今無比の英雄」と持ち上げている。この論旨は福澤一流の歴史観、文明論に基づくものであるが、一面では明治政府に対する痛烈な批判をこめたものであった。

広く知られているように、江戸では毎年八月一日は八朔《はっさく》と唱えて天正十八年（一五九〇）の家康公入府を祝う日とされており、江戸っ子は「江戸では八朔といえば正月よりめでたいのだ」と威張ったという話も伝えられているほどである。明治二十二年（一八八九）八月二十六日は旧暦の八月一日であったが、その日は家康公入府三百年にあたるので、東京府下の有志者が記念式典を催すことを企画した。ところが、その発起人のなかに、「この記念式典は帝都東京開基三百年祭と位置づけるべきであって、徳川家康とは結びつけないほうがよい」と言い出す人があって、なんとなく現政府（明治政府）に媚び憚って前政府（徳川政府）の創業者（徳川家康）をうとんじる風が見えてきた。福澤は黙っていることができず、猛烈にこれに嚙みついた。自身が主宰する「時事新報」の紙上に福澤は「東京三百年祭会」という論文を掲げて論陣を張った。

福澤はまず、家康排除論者は「今の日本は文明の新日本なり。旧幕時代の事物はすべて見るに足らず、すでに見るに足らざれば其の幕府を立て其の世を治め、其の都会を聞きたる家康の如きも、今となりては其の人物を景慕するに足らず」と思っているのであろうと決めつけ、それは歴史の真相を知らぬ浅はかな奇論にすぎぬと論じている。福澤によれば、およそ国勢の推移変遷は自然の勢いによるものであって、政事の主義には絶対至善のものがあるわけはない。王政のときには王政の美がある。幕政のときには幕政の善がある。また文明政治の時代になれば文明の利益もあるであろう。すべてその時代の時勢に応じて治安を維持し、人文を妨げずに政治を布いている政府は〝良政府〟と称するべきである。この点から徳川の治世を見れば、その宗祖家康将軍は古今無比の英雄であって、世界中の歴史においても功を競うものはないであろう。「身は戦国の最中に生れて善く辛酸を嘗《な》め、百戦捲《う》まず群雄の鋒《ほこ》を挫き、またその人心を収攬《しゅんらん》し」「幕府の基を開き」「元和偃武《げんなえんぶ》」「徳川の治世二百七十年間兵乱の凶事を除き、一方に国民の元気、人文の如何を観れば、治国安民の注意怠らざる所なく」「文芸技芸殖産の事業より衣食住の快楽に至るまで二百七十年間進むあるを見て、退きたることなし」これが福澤の徳川治世観である。

それでは、何の動機で、三百年祭は家康に関係なしなどという暴論を唱えるものが出てくるのであろうか。福澤は「この論者は現政府は徳川政府にとって代わった政府だから、徳川のことは一も二もなく〝禁句〟であろうと思って、政府に媚びようとしているのであろう。そうだとすれば、それは賤丈夫《せんじょうふ》の臆病というべきで日本男子のことに非ず」と切り捨てている。

福澤の政権交代論は淡々としている。「成る程、現政府は徳川にとって代わったものに相違ないが、政治の新陳交代は政事の常であって優勝劣敗は怪しむに足りない。徳川は其の末年に至って政府を維持する実力を失い、強藩の強なるものに倒されただけのことである。即ちそれは実力の争いであって、無力者は戦死しまたは降参し、有力者は先代に代わって政権を獲得した。この交代で事が終われば、もはやその上には何らの事情をも留むべきでない」これが福澤の持論であった。

福澤は、これだけ書いてもまだ腹の虫が納まらなかったと見えて、翌年明治二十三年には帝国議会の発足にあたり「国会の前途」と題する長い論文を発表し、徳川の治世は決して民を苦しめた圧政専政の時代ではなく、徳川二百七十年の善政があったからこそ、明治新政わずか二十余年で国会開設が可能になったのだということを論証している。

明治二十三年（一八九〇）、はじめて日本の国会が開設されたとき、内外人の間では、その前途に不安を抱く論者も少なくなかった。「日本は徳川専制政府が倒れてから、まだ二十数年しか経っていない。それまで抑圧されていた日本の人民が急に立憲政体国会開設といわれても、うまくやれる筈がない」という論法である。

福澤はこれに強く反論し、日本社会の歴史、その政治の由来に照らすならば、「国会の前途は上首尾」に違いないと断言する。そして、徳川時代の政治を、東洋流（昔の支那朝鮮）の帝王君主独裁専制の政治と同様のものと考えるのが大間違いであって、徳川時代は決して専制の時代ではなく、社会のなかの勢力の均衡がよく保たれていて、調和のとれた時代であったと福澤は主張する。それでは、日本の歴史に暗い外国人はともかく、なぜ多くの日本人までが、誤った認識を持つようになったのか。それは明治政府の中傷誹謗によるものであると福澤は指摘する。「元来王政維新の事たるや」「大義名分など様々の題目はあれど」「つまり新政府の人は其の反対者たる徳川政府を亡ぼした」ものに他ならない。反対者を亡ぼしたとなると「その旧悪を枚挙して」「自家の功名を発揚」しようとするのも「人情の常態」「政略上の要用」であるから「およそ徳川時代の事とあれば、細大に論なく悉皆よろしからざること」ときめつけ「勉めて其の美を掩《おお》うて悪を挙げ」「これも政府の専横なり人民の卑屈なり」「それも圧制なり無理なり旧弊なり」とし「あたかも人間世界の悪事を挙げて旧幕府の時代に帰し」「局部極端の弊害のみを摘発して」「全体の美に着目」せず、「遂に幕府時代の日本をして純然たる専制の治風・東洋流」のものに仕立て上げたのである。「我輩は我日本の為に千歳の冤を訴えざるを得ず」と福澤は意気捲いている。

福澤によれば、鎌倉以来政権は帝室を離れて武門に帰したというが、武家は帝室からの将軍宣下がなければ威望を保てない。上に至尊の帝室を戴き、至強の将軍は下流に居る。「至尊必ずしも至強ならず」「至強また至尊を望むべからず」「双方とも得々たるを得ず」という力関係が生まれてきた。徳川時代になると「権力平均の主義」はさらに徹底する。親藩・大禄の大名は地位は高いが幕政には参与できない。幕政を執る老中は権力は強いが禄高は七万石前後である。「大得意の者もなく、大不平の者もなき」構図である。大名は、うっかりすると老中の指図で「国替え」をさせられるが、老中も落度があれば「目付」に弾劾されて引退させられる仕組みになっている。

武士は農工商の三民を別人種の如くに見下しているようにみえるが、「殖産経済」のこととなると、大名諸藩もその歳計を保つには大阪の豪商に膝を曲げて借金しなければならない。日本中貴人は懐が貧しく、富者は身分が賤しいときまっているから、絶対の得意者もなく、絶対の失意者も無いのである。

また、徳川時代の法律は苛酷であったというが、それは表向きのことで「大法の寛なること大海の如く、滔々たる俗世界の風潮に一任して見れども見ざるが如く、唯非常極端の場合、法の実を行うのみ」「人民より之を見れば政府の法はその文面に於て甚だ恐るべきものに似たれども自由自在に渡世して生命財産に不安心あることなし」と福澤は説いている。

地方において庄屋を選ぶのに「郡村百姓の入札」によって選ばれた三名のうちの一名を代官が任命するところもあった。このように立憲政体・代議政体を導入できる素地素因は、実は徳川の治世において既に生じていたのだから、こんにち国会を開設しても日本人は決して戸惑うはずはなく、したがって「国会の前途」は明るいものがあるというのが福澤の結論である。

なお福澤は徳川家康を讃え、「万国の歴史古く治乱少なからざると雖も、人口三千万の一国を治めて二百五十年の久しき国内寸鉄を動かさず、上下おのおの其の処に安んじて同時に人文を進歩せしめたるは、世界中唯我が徳川の治世あるのみ」「其の治安の大策、果たして徳川家康公の方寸になりしものとすれば」「公は世界古今絶倫無比の英雄として、共に功名を争う者なかるべし」と述べている。

（「徳川記念財団会報」No.9 二〇〇七年六月、同No.10 二〇〇七年十二月）

福澤諭吉生涯の転機
――ペリー浦賀来航一五〇年と咸臨丸浦賀出航一四三年

幕府は予想していたペリーの来航

平成十五年（二〇〇三）も終わろうとしている。この年の瀬にあたって、アジアにおける独立国としての日本が最も思案し苦慮していることは、どのようにして「世界の超強大国アメリカ」の軍事的・経済的・文化的パワー、国際的行動力、思考パターン、行動様式に適切に対応していくかという一点である。そして、それと同じようなことが、いまから一五〇年前、嘉永六年六月三日（一八五三年七月八日）に始まっている。ペリー提督の率いた黒船四隻の浦賀来航がそれであった。ちなみにそのころ、福澤諭吉は中津にいて中村諭吉と名乗り、漢学修業中の身であった。

ペリーの来航は決して突然のことではなかった。一八五三年の黒船騒ぎの七年前（一八四六年）、アメリカのビッドル提督は軍艦二隻を率いて、浦賀沖に現れ、通商を求めている。また、その三年後にはアメリカの軍艦がアメリカ人漂流民の受け取りのために長崎に寄航したこともあった。しかも、ペリーの来航については、来航の前年にオランダ政府から正式に幕府に対して事前の通報が行われており、幕府の首脳部はアメリカ軍艦の来航を十分に予期していた。そしてひそかにその受け入れ準備をしていた形跡さえうかがわれるのである。しかし、この情報は幕府のトップが抑えていて外へ洩らさなかった。〝突然〟の黒船来航にあたって上司から適切な指示もないままに、驚きと恐れのうちに米艦からの要求に対し、寝食を忘れ一身を捧げてあわただしく応対に努めていた浦賀奉行所の下役人は、その大騒動の最中の、ある日、上役から「実はアメリカ軍艦がくることは去年からわかっていたのだ」と洩らされ、あまりのことに唖然として無念の涙をハラハラと流している。もちろん、浦賀の村民や江戸市中の人民にとっては黒船来航はまったく寝耳に水のことであったに違いない。

ペリーは、久里浜に上陸し、仮設の応接所でアメリカ大統領フィルモアから将軍に宛てた国交を求める親書を幕府の使節に手渡し、わずか九日間の碇泊のあと、再来を予告してひとまず浦賀を去っている。

幕府は直ちにペリーの持参した親書の訳文を諸大名などに示し、開国の是非、国防策などについて諮問しているが、もとよりまともな答申もなく、傍観的な〝後送り《あとおく》〟的な意見が寄せられたにすぎなかった。

ペリーは予告どおり、七ヵ月後に再び来航し、今回は軍艦十隻を江戸湾内に集結し横浜沖に投錨した。そして横浜の応接所で日米和親条約が調印された。

〝黒船〟来航が青年諭吉の進路を決定

この一連の〝黒船〟ニュースは江戸市中はもとよりたちまち全国に広がり、九州の一隅、豊《ぶ》前《ぜん》中津の奥平藩家中でも、黒船来航の一件はやかましく論ぜられたようである。福澤諭吉は『福翁自伝』のなかで、この当時のことを次のように回想している。

「……所がその頃は丁度《ちょうど》ペルリの来た時で、亜米利加の軍艦が江戸に来たと云うことは田舎でも皆知って、同時に砲術と云うことが大変喧《やかま》しくなって来て……」

このような中津藩内の空気が、青年諭吉の一生の進路を決定的に支配するきっかけをつくったのである。それについては『自伝』の回想は次のように続けている。「……砲術と云うことが大変喧しくなって来て、ソコデ砲術を学ぶものは皆和蘭《オランダ》流に就《つい》て学ぶので、その時私の兄が申すに、『和蘭の砲術を取調べるには如何《どう》しても原書を読まなければならぬと云うから、私にはわからぬ。……『原書と云うは、和蘭出版の横文字の書だ。今、日本に翻訳書と云うものがあって、西洋の事を書いてあるけれども、真実に事を調べるにはその大本《おおもと》の蘭文の書を読まなければならぬ。夫《そ》れに就ては貴様はその原書を読む気はないかと云う。……人の読むものなら横文字でも何でも読みましょうと、ソコデ兄弟の相談は出来て、その時丁度兄が長崎に行く序《ついで》に任《まか》せ、兄の供をして参りました……」。このようにして、安政元年（嘉永七年）二月（一八五四年二月頃）十九歳三ヵ月の青年諭吉は中津を去って長崎に留学し、「始めて横文字の abc と云うものを習うたが、今では日本国中到る処に、徳利《とくり》の貼紙《はりがみ》を見ても横文字は幾許《いくら》もある。目に慣れて珍しくもないが、始めての時は中々六《むず》かしい。廿六文字を習うて覚えて仕舞《しま》うまでには三日も掛りました」

これが福澤諭吉生涯における第一の転機で、洋学への道はこのオランダ語の abc 二十六文字の学習によって踏み出され、世界への眼は当時の国内で唯一の国際都市であった長崎で開かれたのである。これからの約一〇年間、諭吉の活動舞台は、めまぐるしく展開する。福澤の長崎留学は一年で終わりを告げ、江戸を志して東へ向かう途中に立ち寄った大阪で、当時大阪に勤番中であった兄のすすめで、緒方洪庵の適塾で蘭学を学び続けることとなった。

優れた医師、学者、教育者であった慈恩深い緒方洪庵のもとで、志の高い良友に囲まれて学問に専心した三年半は、諭吉にとって、きわめて充実した青春期であった。当時の適塾では「修学年限」の定めはなく、「免状」の発行もなく各地から集まっていた塾生は各自、国許《くにもと》から呼び戻しがあったり、自分で〃修学〃の自信がつけば塾を去っていったようである。福澤も緒方塾の古参格になって塾長を務めているうちに、江戸の奥平藩邸から呼び出しがあり、安政五年（一八五八）に江戸鉄砲洲の藩邸内にあった蘭学塾の教師を務めることとなった。これが、二〇〇八年に「創立一五〇年」を迎える慶應義塾の起源である。長崎から大阪、大阪から江戸へと移った福澤諭吉の活動舞台は、福澤の学問思想領域の拡大とともに、さらに国際的舞台へと展開していく。この契機となったのは、万延元年（安政七年）一八六〇年の咸臨丸による福澤の渡米である。

ペリーの来航（一八五三年）から咸臨丸の出航（一八六〇年）までの七年間に、日本を取り巻く国際環境は大きく転換し、日本の国内情勢も著しく変動している。

いま、ペリーが上陸した久里浜海岸に立つと「北米出師《すいし》提督彼理《ペルリ》上陸之地」と刻まれた巨大な石碑が目に入る。そこから程近い浦賀の町に入り、浦賀湾を見渡す丘の上にある「愛宕山公園」に足を運ぶと、「咸臨丸出航之地記念碑」を見ることができる。その碑面には福澤諭吉を含む、咸臨丸搭乗者全員九十六名の名前が刻まれている。「軍艦と申しても至極《しごく》小さなもので、蒸気は百馬力、ヒュルプマシーネと申して、港の出入《でいり》に蒸気を焚《た》くばかり、航海中は唯《ただ》風を便《たよ》りに運転せねばならぬ」（『福翁自伝』）という小さな咸臨丸に乗り込み、寒気のなかを荒天続きの三十七日間、風浪に耐えてサンフランシスコに航行した一行の士気と辛苦を偲ぶと深い感慨を覚えるのである。

（「三田ジャーナル」二〇〇三年十二月十五日号）

福澤諭吉の適塾入門一五〇年
——緒方洪庵と福澤諭吉の出会い

今年（二〇〇五）は、福澤が大阪の緒方洪庵の「適塾」に入門してから一五〇年にあたります。本年十月十七日に日吉キャンパスで開かれる慶應義塾連合三田会大会では、大会テーマの一つに「福澤諭吉適塾入塾一五〇年」を掲げ、展示コーナーを設けて当時を偲ぶ計画が進められています。慶應義塾創立一五〇年を三年後にひかえた今日、福澤諭吉と緒方洪庵の出会い、福澤の三年間の適塾生活に想いを馳せることは誠に興味深いことと思われます。それは、のちに福澤諭吉が慶應義塾を中心に展開した幅広い社会活動の基盤は、洪庵との出会いによって福澤が受けた一種の啓示と、青春期の福澤が三年間の適塾生活によって学習し体得した成果によって形成されたように思われるからです。

緒方洪庵と大阪蔵屋敷——適塾の開設

緒方洪庵は文化七年（一八一〇）午年《うまどし》の生まれですから天保五年（一八三四）午年生まれの

福澤諭吉よりも、ふたまわり上、二十四歳年上です。洪庵は備中足守《びっちゅうあしもり》（現在の岡山市の一区画）で足守藩の武士の家に生まれ、十六歳のとき、父が藩の大阪蔵屋敷を新設するため赴任するのに同行し、足守藩大阪蔵屋敷に居住することとなりました。そのころ、諭吉の父福澤百助《ひゃくすけ》は同じ大阪の中津藩蔵屋敷に勤番していました。

洪庵は、大阪で中天游《なかてんゆう》という蘭法医に就いてひととおり西洋医学を修め、二十一歳のとき江戸に出て、四年間本格的にオランダ語を学び、原書でオランダ医学を研究実習しました。二十六歳のときいったん故郷足守に帰り、また大阪に出て翌年天保七年二月、大阪を発って長崎に修業に出ます。その頃諭吉はまだ生後十三ヵ月の幼児で父母のもとに、大阪中津藩蔵屋敷に住んでいましたが、その数ヵ月あと、諭吉の父百助は四十五歳で病没し、生後十八ヵ月の諭吉は、母兄姉とともに中津に引き上げます。洪庵のほうは、長崎で二年間修業、天保九年（一八三八）二十九歳のとき、大阪の瓦町というところで蘭学塾〝適塾〟を開き門弟を教えるとともにオランダ医学の開業医として医療の実践に入ります。洪庵の名声は、たちまち大阪中に広まり門弟も増え適塾は手狭となったので、七年後の弘化二年（一八四五）洪庵は、現在「緒方洪庵旧宅及塾」として国の指定史跡となっている場所に適塾を移しました。十二年後にこの適塾に入門することとなる福澤諭吉は、その頃は中津にいて、お稲荷様のご神体を入れ替えたり、お札《ふだ》を踏んでみたりする腕白時代をようやく終え、「始めて読書に志す」十四、五歳の子供として、儒者白石照山に弟子入りし、漢学を習い始めていました。

長崎から大阪へ——洪庵との出会い

それから数年のち十九歳三ヵ月になった頃から、諭吉はいつも自分の予想できないような人生のコースをたどることとなります。

中津の封建社会に閉じ込められていた諭吉は兄の口ききで長崎に出てオランダ語を学習するチャンスに恵まれます。しかし運命のいたずらで、諭吉の長崎滞在は一年で終止符を打たれます。諭吉は「江戸行《ゆき》」を志して長崎を旅立ちますが、途中、父のあとを継いで大阪にある中津の蔵屋敷に勤番中の兄三之助のところへ立寄ったところ、「江戸に行かず大阪で蘭学を学ぶが宜い」と意見され「緒方と云う先生のある事を聞出《きき》し」、安政二年卯年の三月九日、当時叔父の家を継いで中村姓を名乗っていた諭吉は「豊前中津　中村術平倅《せがれ》　中村諭吉」として、緒方洪庵の適塾に正式に入門しました。いままで接点がありそうでなかった洪庵と諭吉の出会いがここでようやく実現したわけです。

ここから始まる前後三年にわたる諭吉の適塾生活については『福翁自伝』にいきいきと描き出されています。そしてその記述のなかに、のちの慶應義塾の原型プロトタイプとなる要素をあちこちに見出すことができます。

福澤の自然科学重視の思想は適塾での学習に負うところが多く、福澤の優れた文章力は洪庵先生の教訓の賜であることは福澤自身が繰り返し述べているとおりです。洪庵がその学識の活用をマンツーマンの学生指導、患者治療にとどめず、多くの著書訳書を通して広く社会に役立て、天然痘予防のため大阪除痘館の設置に乗り出した姿勢は、福澤の幅広い社会活動のモデルになったとも考えられます。

江戸における緒方洪庵と福澤諭吉

福澤は安政五年藩命で江戸へ出ます。そして洋学教授を始めました。洪庵も四年後の文久二年、幕府に召されて江戸へ出ます。そして奥医師兼西洋医学所頭取に就任しましたが、翌文久三年六月十日に突然の喀血で急逝しました。急報を受けた諭吉は「即刻宅《うち》を駈出して」「新銭座から下谷まで駈詰《かけづめ》で緒方の内に飛込んだ所が、もう縡《こと》切れて仕舞《しま》った跡」(『福翁自伝』)でした。福澤が「類《たぐい》稀れなる高徳の師」と仰いだ緒方洪庵は、福澤の大成を見ることなく五十四歳で世を去りました。しかし恩師洪庵の遺徳、適塾の学風は諭吉によって十分に継承され、慶應義塾にも吸収されています。その慶應義塾が三年後に創立一五〇年を迎えようとしている現在、一五〇年前の福澤諭吉の適塾入門を回想することは意義深いことと思われます。

(「三田ジャーナル」二〇〇五年六月十五日号)

福澤諭吉の〝我が学塾創立二十五年宣言〟

慶應義塾創立一五〇年

慶應義塾は、二〇〇八年に創立一五〇年を迎えます。創立一五〇年の記念事業記念行事については、その資金計画募金計画も含めて、現在慶應義塾に設置された「創立一五〇年記念事業実行委員会」で具体案を検討中ですから、遠からずその内容が発表されることと期待されます。

慶應義塾では、いままで、およそ二五年ごとに創立記念の祝賀祭典を挙行し、記念行事あるいは記念事業を実施しています。

明治四十年（一九〇七）の「創立五十年」、昭和七年（一九三二）の「創立七十五年」、昭和二十二年（一九四七）の「創立九十年」、昭和三十三年（一九五八）の「創立百年」、昭和五十八年（一九八三）の「創立百二十五年」の式典などがそれです。このうち、「創立五十年」「創立百年」には特に盛大な記念事業が行われ、「創立九十年記念式典」は特別な意味を持つ式典でした。

創立五十年の明治四十年というと、福澤諭吉没後六年の年であり、〃福澤なき慶應義塾の健在と将来性〃を内外に強調する必要がある時期でした。明治の初期中期において慶應義塾の果たした啓蒙活動の役割を超えて、これからは二十世紀の新時代の要請に応えて、学問の府としての慶應義塾の存在を広く世間に訴えることが肝要でした。

時の塾長鎌田栄吉を中心とする塾の社中では、福澤先生の晩年から実行していた、大学部教授養成のための留学生派遣制度の成果がようやく現れて、大学部の教授陣が充実してきた気運に乗じ、大規模な図書館新設計画を五十周年記念行事とすることを決断しました。「図書館は大学の心臓なり」と言った人がありますが、当時の慶應義塾では、まずそれまで貧弱だった和漢洋の蔵書の充実をはかり、図書館システム研究調査のためアメリカに人を派遣し、あわせていまも三田山上に義塾の学問研究のシンボルとして美しい姿を見せている「旧図書館」の建設をなしとげました。二、三の官立の図書館のほかは見るべき図書館のほとんどなかった当時、慶應義塾が偉容を誇る図書館を新築し、しかもその充実した蔵書を義塾外部の学者研究者にも公開したことは、現在想像する以上に内外にインパクトを与えたことと思われます。なお、当時あわせて検討された自然科学系の学部設立の案は、財政上の都合で見送られましたが、数年後に、医学部の新設案が浮上し、北里柴三郎の協力を得て医学科新設、すなわち慶應医学所復興の悲願は実現されました。

昭和二十二年の創立九十年記念式典は、戦災と接収によって教育研究施設が壊滅的な打撃を受け、式典を行うべき講堂もない三田山上にテント張りの仮設演台をしつらえ、天皇陛下（昭和天皇）をお迎えして行われました。潮田塾長、林前塾長、小泉前塾長はじめ塾員、塾生代表が集まって廃墟にひとしい三田キャンパスで行われたこの式典は、陛下のお姿を仰いで義塾の復興を誓う悲壮な集会でした。高橋誠一郎名誉教授は文部大臣として祝辞を述べています。

昭和三十三年の創立百年記念式典は、再び天皇陛下をお迎えし新装成った日吉記念館で行われました。このときの記念事業は失われた研究教育施設の復興完成を目指したもので、日吉では記念館をはじめ大学第四校舎、三田では南校舎、西校舎が新築され、そのほか塾内施設がひととおり整備され「最早、戦後ではない。復興は一段落した。これからは、安心して研究教育に専念できる」と喜び合う式典でした。その喜びを分かち合うため〝塾員の日〟〝塾生の日〟を設けて同じ式典場で祝賀会を催し福澤先生墓前報告祭、物故教職員慰霊祭などが行われ、都内はもちろん全国で記念展覧会、講演会、コンサート、演劇、映画製作、ラジオ放送、出版などが行われましたのも同じ趣旨によるものでした。『福澤諭吉全集　全二十一巻』の編纂刊行も記念事業の一つでした。

なお、塾の周年行事は創立九十年祭までは、いわゆる数え年方式の計算によるものでした。

そのため、九十年祭から十一年経って百年祭を迎えています。また、慶應義塾の創立は安政五年（一八五八）で、慶應義塾命名は一〇年後の慶応四年（一八六八）なので、ときどき混乱を起こします。昭和二十二年の創立九十年式典に陛下の式典ご臨席が決定したとき、当時文部大臣であった高橋誠一郎名誉教授は、式典数日前の拝謁のおりに、慶應へお出ましのお礼を言上したところ「高橋、慶応年間からはまだ八十年ほどしか経っていないのに、なぜ九十年祭なのか」という意味のご下問があって高橋先生は、「それは安政五年から計算いたしますると……」と奉答した、というエピソードがあります。

以上の周年行事は、いずれも福澤先生没後のことですが、先生在世の頃は創立記念の式典や事業はなかったのでしょうか。

「時事新報」発刊の意義をあらためて考える

慶應義塾が創立二十五年を迎えた明治十五年（一八八二）、慶應義塾では社中協議の結果、義塾邸内の出版局において〝毎日の新聞（日刊紙《デイリーペーパー》のこと）〟を発刊することを決定し、その新聞を「時事新報」と命名しました。「時事新報」の三月一日付初号に載せられた「本紙発兌之趣旨」（『福澤諭吉全集』第八巻）のなかで、福澤先生はまず次のように述べています。

「我学塾は創立以来二十五年、其名称を慶應義塾と改めてより既に十五年を経たり、前後生徒を教育すること今日に至るまで三千五百名」

これでは、時事新報発刊の辞なのか、慶應義塾創立二十五年の宣言文なのかわからないくらいです。そのあと先生は義塾の教育内容、旧生徒卒業生の社会各方面における活躍状況を記し、続いて「抑《そもそ》も慶應義塾の本色は、前記の如く唯人を教えて近時文明の主義を知らしむるに在るのみ」としながらも、社中卒業生のなかには一種の気風が生じていることを説き「講堂有形の教授を離れて社中別に自から一種の気風なきを得ず、所謂無形の精神にして独立不羈の一義即是なり。此精神は形以て示す可きに非ず、口以て説く可きに非ずと雖ども創立の其時より本塾の全面を支配して二十五年一日の如く、如何なる世上の風潮に遭遇するも曾て動揺したることなきものなり」と強調しています。

それでは、いまなぜに、新聞を発行する必要があるのか、それは大勢の卒業生のなかには往々さまざまな異説を唱えるものもあるので、義塾の主義精神の真意が誤解されるおそれが生じてきたその弊害を予防し、社中の真意を正しく広く伝える必要がある。今回の新聞発行はその必要に応じるためであるとし、「其論説の如きは」「特に福澤小幡両氏の立案を乞い、又其検閲を煩わすこととなれば、大方の君子も此新聞を見て、果して我輩の持論如何を明知して、時としては高評を賜ることもあらん。又全国の各処に布在する我学友諸君も之を見て果して我輩の精神は、諸君が昔年本塾に眠食し手を携えて遊び、灯を共にして読書したる其時に比して、毫も独立の旨を変換したるなきを証するに足る可し。諸君に於ても亦これを変換せざるは我輩の今日深く信じて疑わざる所なり」と強調しています。

福澤としては、「時事新報」を慶應義塾の一般向け、および卒業生向けの機関紙ととらえ、いわば一種のユニバシティ・エクステンションと考えていたのでしょうか。そして「時事新報」の発行を、慶應義塾創立二十五年を祝う、またとない記念事業と位置づけていたのでしょうか。

「発兌之辞」はまだ続きます。

今又向後の目的を述べて聊《いささ》か他に異なる所以のものを示さん。我同志社中は本来独立不羈の一義を尊崇するものにして、苟《いやしく》も其志を同うせざる者に対しては、一毫も与えず一毫も取らず、勤倹以て一家の独立を謀り、肉体の生計既に安きを得るときは兼て又一身の品行を脩め、俯仰《ふぎょう》天地に恥るなきを勉めて人の譏誉《きよ》に依頼せず、以て私徳の独立を固くし、一身一家既に独立して、私の根拠既に定るときは、及ち眼を転じて戸外の事に及ぼし、人を教えて此独立の幸福を共にせんことを謀り、我学問は独立にして西洋人の糟粕《そうはく》を嘗《なむ》るなきを欲し、我商売は独立して彼の制御なきを欲し……。

以下福澤先生の説くところは、学術研究も、産業も、法律制度もすべて〝西洋人〟に制御されず、国際競争の場において独立できる実力を養うべしという一点です。いま、日本においては官の機関も民間の企業もきびしい国際競争のなかで生き残りをかけて奮闘しています。大学、研究教育機関も例外ではありません。わが慶應義塾も、欧米の先進大学、アジアの新興大学、国内の私学、独立行政法人となった旧官立大学などとの競争に危機感をもっていかに対処するのかが創立一五〇年の大きな課題となっています。

福澤先生は、いま述べた「時事新報」創刊の二年前に「交詢社」を創立しています。慶應義塾、交詢社、時事新報は、福澤諭吉が創立した三大事業と言われています。そのほかにも福澤先生が手がけた大小の事業はいくつかあります。福澤先生にとって、これらの諸事業は別々のバラバラのものではなく、すべて独立不羈の精神に支《ささ》えられた合理的学問の尊重追求という強固な中心点を軸とする複数の同心円でした。福澤先生は終生この中心点に置いた軸足を揺るがすことなく、コンパスぶんまわしのように、左右上下の空間に大小さまざまな円を描き出しています。

創立二十五年記念に日刊紙を発刊したという福澤先生の壮大な記念事業構想にならい、私たちも創立一五〇年の事業に大きな夢を託したいと思います。

（「三田ジャーナル」二〇〇五年八月十五日号）

福澤先生没後一〇〇年の総括
――世紀をつらぬく〝独立自尊〟

平成十三年（二〇〇一年）も終わろうとしている。今年は二十一世紀最初の年であるとともに、福澤諭吉没後一〇〇年の年でもあった。これに因んで、慶應義塾社中では、没後一〇〇年を記念する行事、事業がいくつか展開された。そのなかで大きなものの一つは、「世紀をつらぬく福澤諭吉――没後一〇〇年記念」展覧会の二回にわたる開催であった。

展覧会の第一回は二〇〇一年一月二十九日～二月十日、東京で催された。この期日が選ばれた理由の一つは、一〇〇年前、一九〇一年二月三日に東京で没した福澤諭吉の命日を期日の中心に据えたからである。第二回の展覧会は、八月二十二日～二十八日、大阪で催された。大阪は、福澤諭吉の生誕地であり、しかも青年福澤の人間形成の場であった緒方洪庵の適塾の所在地で、まことにゆかりの深い土地である。

展覧会は二回とも大盛況であった、特に入口近くに展示されていた、福澤諭吉が筆太に大書した「独立自尊迎新世紀　明治三十四年元旦」の軸は、観る人に強い印象を与えた。

慶應連合三田会が、十月十四日（日）日吉キャンパスで開催した、新世紀第一回の大会のテーマには、福澤武実行委員長の提案による「独立自尊迎新世紀」の八字が選ばれた。この八字は、単に今年の大会だけのテーマではなく、二十一世紀の一〇〇年間を通じて社中一同が常に心にとどめるべきテーマであろう。

福澤の「尚商立国論」とは

福澤諭吉は、その著作などのなかで、「自主独立」「自尊自重」という字句はしばしば用いているが、「独立自尊」という字句はあまり用いなかったようである。今回の展覧会の図録に、慶應義塾福澤研究センター所長、文学部教授坂井達朗氏が記しておられるところによると、この「独立自尊」という四字熟語が福澤によってはじめて使われたのは明治二十三年（一八九〇）八月二十九日の「時事新報」所載「尚商立国論」（三）のなかであり、次に、明治三十年（一八九七）六月十九日三田演説会での演説「人の独立自尊」で用いられ、その演説はのちに「智徳の独立」と改題されて『福翁百余話』（八）に収められたとのことである。

坂井教授の指摘どおり、福澤は明治二十三年（一八九〇）「尚商立国論」と題する論説を五回にわけて「時事新報」に連載している。その論旨は次のとおりである。

古来日本は尚武の国と称して武士が社会の上流に位して武道を重んじ、武道を重んずるがゆえに武士を尊び、武士を尊ぶがゆえに武道も重んぜられていた。いま、日本は開国以来三十年、文明の新事物を採り入れて政治、法律、軍事、教育などすべて思いどおり進歩してきたが、経済財政だけは思うように発展しない。国を富ますには、「商工殖産」を盛んにしなければならないというので、このごろ「尚商立国」ということを唱える人があり賛成者も少なくない。しかし、それには「尚武」の時代に武士を尊び武道を重んじたように、「商道に従事する商人」を尊ぶようにしなければならない。商人を尊び商道を重んじるようになれば、はじめて有為の人物が争って商道に従事し、社会の上流に商人が地位を占めるようになり、したがって商道も盛んになり、はじめて「尚商立国」が実現するのであろう。

ところが、現在は官尊民卑の気風が甚だしく、政府の高官、官吏官僚は昔の武士のように常に威張り、民間の人民商業人を見下している。人民のほうが自尊自重の大義を自覚して独立を守るならば、この気風も改まり「尚商立国」も実現するだろうが、いまの様子では、それも覚束ない。商人のほうが官に対して卑屈になり、政府の高官に近づくことを光栄としているようでは「独立自尊の境界を去ること遠しと言う可し」である。民間人は大いに奮起しなければならない。また、官のほうも政府の体裁を一変して商売風に改め官吏の職名も民間と同様にし、「書記官」の〝官〟の字をやめるとか、民間と同じように支配人、手代に改めるとか、姿勢を変えるべきである。位階勲などで官民に差をつけるのもやめるべきである。

福澤先生はそのほかいくつかの提案を述べたあとで、「公用文の文体改正すべし、書記官の官の字除くべし……」などと唱えてもいまは容易に耳を傾ける者はないであろう。しかし、官尊民卑の陋習を去って「尚商立国」の前途の障碍物を取り除こうとする議論もいまは奇論と思われていても、十年二十年経てば奇論でなくなる時節が到来することを信ずるものである、と結んでいる。

「独立自尊」の真意

「独立自尊」の四字熟語がはじめて福澤の文章に現れてから一一〇年が経過した。しかし、現在の日本では、まだまだ官尊民卑、官高民低の気風が強く残っている。「独立自尊の境界を去ること遠しと言う可し」であろうか。塾員小泉純一郎首相の規制撤廃、官業縮少、民業移管などの構造改革を歓迎し、また一方民間人の〝独立自尊〟に大きく期待するものである。

『福翁百余話』(八)「智徳の独立」のなかでは福澤は次のように述べている。

人間の独立というのは、〝生活の独立〟もさることながら〝精神の独立〟が一層大切である。〝人間は万物の霊長〟というが、それは人間は天地間の万物と比較して、ことにその精神が禽《きん》獣《じゅう》（動物）の心と比較して一種特別霊妙不思議の点があるからである。人は万物中の至尊であるから、その言行は禽獣の真似を犯すなどということはあり得ない。これが人間たる者の本心である。つまりこれが人間の智徳である。それゆえ、「禽獣を去ることいよいよ遠くして、人間の智徳いよいよ高し」である。他人に教えられるに非ず、他人を憚るに非ず、「万物に対して唯我独尊」という、その独尊の精神こそ、わが言行の指南であるから、智徳の師は、自分自身に内在しているのである。これが即ち我輩の主義として守る所であって、要は唯、自尊自重独立して人間の本分を尽すという一点にあるのみである。「禽獣を去ること甚だ遠くして高尚至極、霊妙至極の位に在り」と一心豁《かつ》然として自ら悟るときは、不仁不義不忠不孝などは正気の沙汰とは思えなくなり当然そんな真似はできなくなる。人事はきわめて繁多であって人生は長い。生涯のあいだに無限の事物に接してその言行を誤ることのないようにするのは、ただ「自尊自重独立の本心」があるのみである。「独立自尊の本心は百行の源泉」であって「源泉滾《こん》々到らざる所なし」である。これこそ「堅固な智徳の基礎」である。

しかし、このような独立自尊の主義は、その真意を解する者が甚だ少ないことは、福澤もよく認識していた。福澤によれば、「ただに之を解せざるのみならず」「誤解する者」が多い。例えば「仁義忠孝などはことさらに努めなくても独立自尊の本心さえあれば自然にその旨に適するようになる」と説くと、「それなら徳を修めなくてもよい」と誤解して本心を忘れて禽獣に近づく連中が出てくるおそれがある。そこで昔から世の中には「徳教家」なる者が現れて、君臣父子夫妻長幼などの條目を設けて人を教え、それぞれの條目について言行の方針を示しているが、その有様は、「徳教の切り売り」とも言うべきである。「世安維持」の上からは、これも止むを得ないかもしれないが、「徳教の切り売り」となると基礎的な人間の智徳全体についての観念が薄くなるおそれがあると福澤は指摘している。

しかし、「人間に固有する根本の霊心」に眼を注いだ「根本的独立自尊の主義」ともいうべきものは、昔からなかなか一般には理解されなかった事実は前にも述べたように福澤も痛感していた。過去においても、あるいはそのような主義を仄《ほの》かに洩らした人があったかもしれないが、たとえあったとしても後世の学者はその真意を解し得なかったであろう。そのためか、「世教に伝わる所には殆ど其の主義を発見できない」ようである。誠に「遺憾なりと云ふべし」と福澤は嘆じている。

「独立自尊」の四文字と「修身要領」

二〇〇四年の連合三田会の〝大会テーマ〟は、「今こそ独立自尊」と決定された。現在の世相を思うとき、まことに時宜を得た、すばらしいテーマの選択であると思われる。

慶應義塾社中が「独立自尊」の四文字を、一つの旗印として高く掲げるようになったのは、福澤先生の最晩年に、「修身要領」が発表されてからのことである。病後の福澤先生の意を受けて、小幡篤次郎・鎌田栄吉・日原昌造・福澤一太郎などが集まり、「旧道徳の主義は既にその力を失ったけれどこれに代るべき新道徳の教は未だ生《うま》れていない」「修身道徳の教は時代に従って変遷する性質のものであるから、永久の事は別として、現時の社会に適することを目的として、一定の主義のもとに、その個条を一括し、修身処世の綱領とも見られるようなものを作って見てはどうか」という認識のもとに、その草案を起章し、さらに他の塾員の意見をも取り入れ、最後に福澤先生の校閲を経て、「独立自尊」の四文字を基軸に据えた「修身要領二十九ヵ条」が発表されたのは、明治三十三年（一九〇〇）二月二十四日のことであった。「修身要領」が完成すると福澤先生はその全文を丹念に毛筆で書き上げ、また、それからのちは揮毫を求められると、「独立自尊」または「独立自尊是修身」の語句を選んで筆を揮《ふる》われることが多かった。そして、十九世紀を送って二十世紀を迎えた、明治三十四年（一九〇一）の元旦、先生は「独立自尊迎新世紀」の八字を大書して門弟に与えられたが、これが先生の絶筆となった。先生は翌月三日に世を去られたのである。

「独立自尊」を基軸とする「修身要領」の構成

新しいモーラルコードとしての「修身要領」の編纂を託された日原昌造らは、この要領の要《かなめ》に、『福翁百余話』のなかで福澤先生が吐露した「独立自尊」の四文字を据えることを確認し、そのうえで、二十九ヵ条の起案にとりかかったと伝えられている。それでは、「修身要領」のなかに「独立自尊」の本義はどのように取り入れられたのであろうか。

「修身要領」の構成は、一五〇字ほどの前文に続いて、(一)個人の倫理、(二)家族のモラル、(三)社会の公徳、(四)国家に対する徳義、(五)人類および国際社会に対する道義の順序で二十九ヵ条が組み立てられている。そのなかで「独立自尊」の四文字が入っているのが十六ヵ条、入っていないのが十三ヵ条である。次にその「独立自尊」の入っている十六ヵ条のうちの一部を紹介する。

「心身の独立を全うし、自《みずか》ら其身を尊重して人たるの品位を辱《はずかし》めざるもの、これを独立自尊の人という」(第二条)

「敢為活潑《かんいかつぱつ》、堅忍不屈《けんにんふくつ》の精神を以ってするに非ざれば、独立自尊の主義を実にするを得ず。人は進取確守の勇気を欠くべからず」(第六条)

「独立自尊の人は一身の進退方向を他に依頼せずして自ら思慮判断するの智力を具《そな》えざるべからず」(第七条)

「男尊女卑は野蛮《ばん》の陋《ろう》習なり。文明の男女は同等同位、互いに相敬愛して各《おのおの》その独立自尊を全《まった》からしむべし」(第八条)

「独立自尊の人たるを期するには、男女共に成人の後にも自ら学問を勉め智識を開発し徳性を修養するの心掛けを怠るべからず」（第十二条）
「社会共存の道は……（中略）自他の独立自尊を傷《きずつ》けざるにあり」（第十四条）
「地球上、立国の数少なからずしておのおの其の宗教言語習俗を殊にすといえども……（中略）独り自ら尊大にして他国人を蔑視《べっし》するは独立自尊の旨に反するものなり」（第二十六条）
「人の世に生まるる智愚強弱の差なきを得ず……（中略）教育は即ち人に独立自尊の道を教えてこれを躬行実践するの工夫を啓《ひら》くものなり」（第二十八条）

修身要領が発表された十九世紀末葉から、二十一世紀初頭の今日までですでに一〇〇年以上、福澤没後一〇〇年のいま、われわれ社中は福澤の嘆声を乗り越えて、「独立自尊」の真意を理解して黙々と実践するとともに、自尊自重自主独立の精神を広く社会に推進することに努めたいと思うものである。

（「三田ジャーナル」二〇〇一年十二月十五日号、二〇〇四年二月十五日号）

慶應義塾創立一五〇年を明年にひかえて

——一〇〇年前の創立五〇年への回想

明年（二〇〇八年）は、いよいよ義塾創立一五〇年の年である。募金も順調に進み、記念事業も着々と進行していることはご同慶の至りである。慶應義塾は過去において、創立五〇年、七五年、一〇〇年、一二五年を祝っているが、その最初の祝典ともいうべき、「慶應義塾創立五〇年祭」の式典は、いまからちょうど一〇〇年前の一九〇七年（明治四十年）四月二十一日は午後二時から三田山上で盛大に執り行われている。創立一五〇年が二〇〇八年なのに創立五〇年が一九〇七年というのは一年ずれていて不思議と思われるが、当時一般に行われていた計算方法によって、慶應義塾は、一九五八年（安政五年）開塾の年を「義塾創立第一年の年」として起算し、したがって一九〇七年を創立第五〇年の年と位置づけて祝典を挙げたのである。人間の年齢計算でいえば〝数え年〟の方式によっていたのである。

福澤先生は五〇年祭の六年前に亡くなられていたから、「創立五〇年祭」は福澤諭吉なきあとの慶應義塾の「健在ぶり」を内外にアピールする絶好の機会であった。この五〇年祭は、社中を挙げての行事であったから、塾生の参加も積極的であった。当時、塾生全体の機関誌であった「三田評論」（*THE MITA REVIEW*）の第四十二号「五〇年祭記念号」の巻頭には、大学部最上級生の筆による「慶應義塾五〇年」と題する社説が載せられている。

社説はまず、この五〇年祭は、二つのことを祝うものであって、その一つは慶應義塾が〝創造し哺育〟してきた〝新日本〟が、予期以上に健全に発育したことを祝うものであり、他の一つは、その〝慈母〟であった慶應義塾が五十歳を迎えたことを祝うものである、としている。今回、慶應義塾は、財団法人という法人になった。この法人の持つ「崇高なる精神、確固たる意志」は「慶應義塾の内に永遠に生くる故福澤先生の大主義」である。そして、この法人を敏活に運営する機関として、評議員会と塾長とがあるが、いずれも皆「故先生の偉大なる意志の発動に従って行動す可き」である。いまの評議員会は、義塾が過去五〇年間に生んだ「最大なる人格」を網羅している。鎌田塾長は雲に包まれた〝泰山〟のごとき人物であって「遠くこれを望めば茫々漠々、往々にして人をして不得要領の嘆を発せしむる」こともあるが、しかし、要するに彼（鎌田）は「求めて得ざる」の好塾長である。塾長、評議員はいずれも皆等しく故先生の遺志を帯して鋭意義塾のためを図っている。

五十年の歴史に栄えがあるごとく、吾人の抱く未来への希望にもまた光がある。光栄ある過去、旺洋たる将来、両者相まって五〇年祭を盛り上げている。「吾人の血管には若き血の燃ゆるを覚ゆ。唯、前方に向って突進するのみ。吾人は、エピメシュースたらんよりも、プロミシュースたらんとするなり」（竹葉）。

二千数百字におよぶ社説は、ここで終わっている。末尾にある執筆者名「竹葉」は、のちの経済学部教授で、文部大臣、芸術院長などを歴任された高橋誠一郎先生の学生時代のペンネームである。高橋先生の著書『随筆慶應義塾—エピメーテウス抄—』によれば、ギリシア神話に現れる「プロメーテウス」と「エピメーテウス」という兄弟は全然性格が違い、兄（プロメーテウス）は先見の明を有し、将来に対する遠く深いおもんぱかりをめぐらすに反し、弟（エピメーテウス）は過ぎ去ったあとを思うものである。前者が予想・前思案《まえじあん》であるならば、後者は追想・後思案《あとじあん》であると解説しておられる。

創立一五〇年の記念事業は、過去のゆきがかりや目前の事象にとらわれることなく、プロメーテウスにならって、五〇年の計、一〇〇年の計に基づいて堂々と展開されることが強く期待されるものである。

（「三田ジャーナル」二〇〇六年二月十五日号）

慶應義塾大学医学部第一学年への講演

医学の道に進んでゆく人へ

皆さん、慶應義塾大学医学部に首尾よく入学されて、誠におめでとう。心からお慶びを申します。

皆さんが入学された慶應義塾大学は多くの大学院、学部、研究所を持つ総合大学です。学部でいいますと、皆さんの医学部を入れて九つの学部があります。文学部、経済学部、商学部、法学部、そして皆さんの医学部、そして理工学部、総合政策学部、環境情報学部、看護医療学部と九つの学部がそろっています。皆さんは、この総合大学に入ったのですから、いろいろな分野の学問に触れるチャンスがあります。慶應には塾歌、応援歌がいろいろありますが、そのなかに「丘の上」という歌があります。その歌詞に〝ああ美しき我等が庭に――庭というのはキャンパスのことですが――知識の花をつみとろう〟という一節があります。皆さんも、まずこの日吉のキャンパスで十分に知識の花をつみとってください。

さて、皆さんは、医学の専門課程に進む前に、まずこの日吉のキャンパスで、いわゆる一般教養の課程、英語でいう Arts & Sciences あるいは Liberal Arts を学び、幅広い教養、しっかりした基礎知識を身につけることが当面の課題となります。

一般教養とは何か

では、一般教養とは、どういうことを言うのでしょうか。一〇〇年以上前のことですが、十九世紀の後半、ヨーロッパで higher learning 高等教育が盛んになりはじめたころ、一般に言われていたことは、大学でどのような専門分野の学問を修めるにしても、また将来どのような分野で活動しようとも、基礎的な一般教養をまず身につけなければならない。政治家になるのであれ、法律家、技術者、科学者、医師、実業家など、どんな学部を出て何になるのであれ、専門の学問をする前に、七つのことを教養課程として修めなければならないと言われています。その七つの項目とは何かといいますと、まず、higher learning を志す人は、話すこと、読むこと、書くことがしっかりできていないとダメである。ちゃんとした発言ができ、受け答えができなければいけない。しっかりした文章が書け、また、文章を読みこなすことが求められる。

それには、七カ条のうちのはじめの三項目として、「一、論理学 logic 二、文法 grammar 三、修辞学 rhetoric」を勉強しなければならない。しかし、論理学が大切だといっても論理学の本をたくさん読んで論理学者になれというのでなくて、文章力、論理的に筋の通った発言力、論理的に破綻のない文章力、論理的に文章を読み解く読書力、そういう勉強のために、論理学を勉強しろと言っているのです。文法が大切だというのも、文法の本をたくさん読んで文法の規則を暗記しろと言っているのではない。文法上の誤りのない文章を書くよう努力せよ、日本語の文法も、英語の文法も、あやふやではなく、いまのうちにしっかり覚えておけということです。修辞学というのも、何も美辞麗句を覚えろというのではまったくなくて、スタイルの整った、はじめと終わりがちゃんとつながっている、文脈 context に乱れのない発言ができる、文章が書ける、文脈をきちんと読みとれる、そういう練習をやっておけということでしょう。この文法だ、論理だ、修辞だというのは母国語だけではなく外国語についても、現代文、古典語についても言えることです。

次に数学が大切です。七つの項目のうち、一、二、三は言語の関係でしたが、四と五は数学で、四が幾何学 geometry、五が代数 algebra です。これも教室で代数幾何のいい点をとれというだけではない。もちろん、数学そのものの勉強も必要ですが、もっと広く言うと、物事を数量的に正確にとらえる、計数的に分析する、あやふやな数字でいい加減な推測をしてはいけない、数字にシビアーになれということと、代数も幾何も、頭の体操というか、ふだんのたしなみ、楽しみとしても有益だから、若いうちによく覚えておけということもあるでしょう。

七つの項目の最後の二つは、天文学 astronomy と音楽 music です。この天文学というのは、天文観測をしろとか、天体望遠鏡をのぞけというだけでなく、広大な宇宙、天体法則というものを意識してその不思議な天体の動きを考えてみると、一体生物とは何か、人類とは何か、われわれは何なのか、一種の宇宙観、世界観、人生観というものに打ち当たる。そういう、広い深い思索にふけるのも必要だということでしょう。

最後に七番目に音楽があげられています。中国では古い時代に礼楽といって、礼、マナー、エチケットと音楽を結びつけています。十九世紀のヨーロッパ人が、五感に訴える美のなかで、特に音楽を取り上げているのは、それなりの理由があったことと思われますが、その真意はわかりません。

慶應医学部と慶應病院の使命

さて、話を変えまして、皆さんが塾生として学んでいる慶應義塾は二〇〇八年に創立一五〇年を迎えます。それは、そのころ二十三歳の福澤諭吉先生が、一八五八年（安政五年）に、当時の江戸築地鉄砲洲の奥平という大名の屋敷のなかの小さな部屋でオランダ語を教え始めた、その年から勘定して、二〇〇八年に一五〇年になるという計算です。

福澤諭吉は、一八三五年に九州の小さい大名、中津にある奥平藩の侍の子に生まれましたが、二十一歳のときから四年ほど、大阪の有名な医師—西洋医学を学んで塾をひらき、開業もしていた、緒方洪庵に弟子入りしてオランダ語を勉強しました。福澤先生はそこで医学を学んだわけではなく、生理学、化学、物理学、電気学などの一般書を教材にしてもっぱらオランダ語を学んだようです。ただし、大勢の門弟、お弟子のなかには医学、医術を学びに緒方洪庵に入門した人も多かったので、福澤先生も医学の空気に触れたに違いありません。

そして、大阪で勉強している最中、一八五八年、二十三歳のときに藩の命令で江戸に出て、そこで小さな場所で蘭学を教えることになったわけです。

そして、その小さな蘭学塾から、慶應義塾の歴史が始まります。その歴史については、ここでは、お話ししきれないので省略しますが、福澤先生のリーダーシップと、それを支えたお弟子たち、そのまた後継者たち、卒業生たち、その時代時代の先生たち、卒業生たち、塾生たちの団結の力によって慶應義塾は今日の大きな学園に成長しました。また、塾生の父兄、世間一般のサポートによって慶應義塾は発展してきました。小さな学塾は次第に大きくなり、大学部を持つようになり、はじめは文学、経済（理財）、法律、政治の科目しかなかったのが大正九年（一九二〇）、医学部の設置とともに、文・経・法・医の四学部を持つ総合大学となりました。（慶應には、一八七三年＝明治六年から十年間ほど、英米医学導入を目標にした「医学所」が設置されていましたが、そののち閉鎖されていました。）

一九二〇年というと、いまから八十五年前のことですが、〝慶應に医学部ができた。慶應に病院ができた〟ということは、社会から大きな注目を浴び、大きな期待が寄せられました。

福澤諭吉は、終生、医学、衛生学に強い関心を持ち続けました。北里柴三郎がドイツ留学から大きな成果を挙げて帰国したとき、政府や学界が北里に冷淡だったのに憤慨した福澤は、いろいろな形で北里博士を応援しました。福澤がなくなって二十年ほど経ったとき、慶應に医学部設置の提案が出たとき、北里博士は全力を挙げてこれを支援し、自ら学部長に就任しました。

さて医学部の開校式には、時の内閣総理大臣、文部大臣のほか東京帝国大学医学部長、石黒忠悳など、大勢が参列しています。開校式に臨んだ内閣総理大臣原敬は、その祝辞のなかで、「従来、医科大学は専ら官設に係り私学のもの見ず、今や慶應義塾大学医学部は独り官学の外に立ちて……」と述べています。

それでは、北里柴三郎先生を初代学部長として発足した慶應医学部、慶應病院は、慶應義塾全体から見て、どのような使命、ミッションを持ってスタートしたのでしょうか。そのときの塾長鎌田栄吉先生は、医学部関係者の前で、次のように三つの使命を強調しています。

「申すまでもなく、医学部は医学の研究を究め、医学の教育を高め、医学の、治療の充実をはかるのは当然の使命であるが、わが医学部は慶應義塾の総合大学としてのユニバーシティエクステンションあるいは社会貢献に大きな役割を果たさなければならない。その一つは、日常忙しい開業医に対し、わが医学部の新実験の結果、新研究の成果を普及させることが大切な仕事である。もう一つは、一般国民、一般社会に対し、衛生思想、医学常識を普及させることが使命である」と説いています。

鎌田塾長が述べた慶應医学部、慶應医学の使命は、現在においては、その内容や重点の置き方は変化していると思いますが、慶應の医学部が単なる医学者の集まり、単なる医学を学ぶ学生の集まりではなく、尊い使命感を持ち、深い理念を持ち、強い実行力を持って、社会人類に奉仕する、誇り高き集団、それが慶應の医学部であることに変わりはないと思います。

みなさんがこれから、先生方、先輩方の指導を受け、友人と相励まし、相戒め、立派な医学部生として医学の道に進んでいかれることを期待しております。

（二〇〇五年五月九日に日吉キャンパス来往舎にて行われた講演をもとに構成）

VI　交詢社と福澤諭吉

交詢社の歴史
――福澤諭吉の思い

二〇〇四年は交詢社にとって、日本橋の〝仮住居〟から四年ぶりに古巣の銀座に戻り、新しい〝交詢ビル〟に移るめでたい年である。風格のある日本橋三井本館ビルも、いざ別れを告げるとなると名残り惜しい気もするが、なんといっても待望久しい銀座の新〝交詢ビル〟に入ることは嬉しい限りである。

交詢社発足の意図

交詢社の歴史のなかで、今度の新〝交詢ビル〟は〝三代目〟の社屋といってよいであろう。〝二代目〟の社屋というのは、言うまでもなく平成十二年に取り壊された旧〝交詢ビル〟のことであって、〝初代〟というのは交詢社設立に際し、福澤諭吉の友人宇都宮三郎から寄贈された、いわゆる〝煉瓦家屋〟の建物のことである。ここが〝交詢社発祥の地〟となったのである。この煉瓦の建物はそののち数回増改築が加えられ、交詢社の建物として〝偉容〟を誇っていたが大正十二年の関東大震災で全部焼失した。そのあと交詢社は数年間、帝国ホテル構内に移築仮設された福澤桃介氏寄贈の〝会館〟に〝仮住居〟をしていたが、やがて〝発祥の地〟と隣接地を合わせた広い敷地の上に、〝二代目〟交詢ビルが建設され昭和四年に竣工したのである。なおこの場所は、昭和五年「銀座六丁目」という新しい町名ができるまでは京橋区南鍋町二丁目と呼ばれていた。

それでは、南鍋町を発祥の地として発足した交詢社は、どのような経緯で創設されたのか、福澤諭吉は何を考えて交詢社を創《はじ》めたのであろうか。

いまから一二五年前、明治十二年八月のことである。当時、四十六歳であった福澤諭吉は、三田山上の自邸に小幡篤次郎、森下岩楠、矢野文雄ら門弟中の主だったもの数名を呼び集めた。呼ばれたうちの一人阿部泰蔵（のちに明治生命を創立）に対する福澤の案内状には、「先日も一寸御話し申し上げ候社中集会の議に付き、先ずその下《した》相談致したく、就ては八月四日午後一時頃より拙宅へ御来車下されたく、云々」（『福澤諭吉書簡集』第二巻三五九）と記されている。これが、そもそも交詢社結成の発端である。これからあとの〝相談〟が進展するうちに、当初は慶應義塾関係者のみを対象する〝結社〟を目標としていた構想が途中で大きく転換拡大され、地域的には都会と地方各地、職業的には地主、商人、新聞人、学者、官吏等々を網羅し、出身を限らず、経歴を問わず、広く〝同志〟を集めて「知識交換、世務諮詢《せむしじゅん》」を目的とする一大結社を創設する構想に発展していったのである。

福澤は、交詢社の設立にあたって〝口火〟は切ったものの、あとは決して表面に顔を出さず、発起人のなかにも名を列ねていない。たくさんの知人に交詢社加入を熱心に勧誘する書簡を出しながらも、「……小幡篤次郎始め社友三十名許りの発起にて文学講究時事諮詢の為め一社を結ばんとて……」「……小幡氏外……交詢社と申すものを起こし……」などと、他人ごとのような書きぶりをしている。しかし実際には小幡たちから、さまざまな相談ごとがあったことと推測される。

「知識交換、世務諮詢」とは何か

交詢社社則の原案ができあがったとき、交詢社創立事務委員の名で〝附言〟という文書がつくられている。この〝附言〟は、のちに「交詢社設立之大意」あるいは「交詢社設立之大旨」と改題されているが、その文章は福澤の考えをよく反映している観があるので、その内容の一部を紹介する。

交詢社は「知識交換、世務諮詢」を目的としている。そもそも学問の道は学校や読書のみに在るものではなく、「知識の交換」が必要である。自分の知っている一つのことを十人に告げて、十人から一つずつのことを聞けば「一を以って十に交易する」割合になる。洋学者は国学者と知識を交換し、商人は農業の有様を百姓に聞き、学者は農工商に営業の実際を質《ただ》し、農工商は学者に思想の方向を尋ねるなどは、いずれも〃学校外の活学問〃と言うべきである。交詢社が「朝野雅俗貴賤貧富を問わず、広く社員を会せんとする」のはこの趣旨に基づくものである。

次に「世務諮詢」とは何のことであろうか。およそ人間は夫婦親子家にいるのみでは世の中を渡ることはできない。必ず他との関係が生じてくる。近隣の付合、朋友の往来、一村一県、多少の関係ができてくる。これが「人間社会の交際」であって、交際の路を開くとなると、金銭の貸借、売買、雇用、事業など、その繁多なることは名状に堪えない。これを「世務」というのである。いかなる英雄豪傑でも、この繁多な世務を処理するのに独断では覚束ない。必ず他人に相談することが必要となるであろう。「諮詢」とはすなわち相談のことで、交詢社では、社員が相互にこの世務を相談することを目的とするのである。

さて、王政維新以来、〃藩〃という結合はなくなり、竹馬の友だけで集まっても事を為すには足りない。このままに捨てておくと、結合の縁はますます消滅するであろう。これは国のためにも憂うべきことである。現在、世上に「文学、技芸、救助、保護」などのための結社は少なくない。これらの結社も結構であるが、われわれは「一科一事専門の結社よりも、先ず人間第一の緊要たる社会結合の旨を達するが為めに世に先立ちて一社を結び」これを発足させるのであると述べている。

明治十二年という年は福澤にとって多事多難の年であった。『国権論第二編』『民情一新』『国会論』などを世に送って世論の指導に努める一方、足許の慶應義塾の破局的財政窮乏を打開しなければならなかったのである。それにもかかわらず、いな、それゆえにこそ、福澤は「政治結社」でも「利益集団」でも「学術団体」「経済団体」でもなく、さりとて単なる「娯楽親睦社交団体」でもない新しいタイプの〃社〃を結ぶことを社会の急務と考えたのであろう。

なお、交詢社設立の詳しい事情については『交詢社百年史』（昭和五十八年刊）の第一編に、交詢社員佐志傳氏が綿密に考証し執筆しておられる。

（「交詢雑誌」二〇〇四年二月二十日号）

交詢社一二五年のあゆみ

創立一二五年の祝賀パーティー

交詢社では創立一二五年を記念して、二〇〇五年一月二十五日（火）、盛大な祝賀パーティーを催した。祝賀会の詳細については次号の「交詢雑誌」に報じられる予定であるが、出席希望の社員数が会場である大食堂の収容キャパシティをはるかに上回ったため、当初一回だけを予定していたパーティーの開催を急に二回開催に変更し、それでもまだ出席希望社員の全員をお招きしきれず、さらにもう一回、祝賀の機会を四月中に設けるとのことである。

七回の周年行事——創立五〇周年から一二五年まで

『交詢社百年史』「交詢月報」「交詢雑誌」などによると、交詢社では、これまで七回の周年行事が催されている。

昭和五年（一九三〇）一月二十五日、前年十二月に完成したばかりの「交詢ビルヂング」（先年取り壊した交詢ビル）大食堂で、社員二百六十余名が出席して「交詢社創立五〇周年記念祝賀会」が開かれた。祝賀会には明治十三年の創立当時からの交詢社員である理事長鎌田栄吉、常議員長門野幾之進、交詢社私擬憲法の起草者の一人とされる矢野文雄の三氏も出席し表彰の金盃を受けている。また、創立当時「交詢雑誌」の編集に当たっていた犬養毅も出席して懐古談を述べている。このころの日本は金融恐慌のあと、不景気に悩まされる時代ではあったが、第一次大戦から第二次大戦までの、いわゆる〝戦間期〟で世の中は一般的には平和な時代であった。

昭和十五年（一九四〇）一月二十五日、林毅陸《はやしきろく》理事長のもとで「交詢社創立六〇年記念晩餐会」が開かれた。このときは、名誉社員イドマン駐日フィンランド公使が出席し、ヒトラーの信任があついとされていたオットー駐日ドイツ大使もわざわざ欠席の挨拶に来社している。この年十一月には紀元二千六百年奉祝式典が行われ、交詢社でも特別午餐会が開かれている。

昭和二十五年（一九五〇）一月二十五日、交詢社では「創立七〇周年記念午餐会」を開いた。それは終戦後五年目のことであった。戦時中および戦後の大混乱のあと、ようやく落ち着きを取り戻した交詢社では、前年十一月に就任した高橋誠一郎理事長のもとにささやかながらこの記念午餐会を開き、交詢社の復活を慶び合ったのであろう。この席には五十年以上在社の岩崎久弥、尾崎行雄、門野重九郎、名取和作ほか数名が来賓として招かれていたと記されている。

昭和三十年(一九五五)一月二十五日、「交詢社創立七五周年」記念行事が催された。五年前と比べて、日本経済の復興はめざましく、世の中に余裕もできてきたのであろう、この日の余興は武原はんの地唄舞、市川猿之助(のちの猿翁)、市川段四郎(先代)、市川団子(現、猿之助)の「橋弁慶」、そして大橋シスターズのスネークアクロバットという番組であった。ちなみに当時の社員数は二千六十二名、このときの出席社員は八百名を超えたとのことである。

昭和四十年(一九六五)一月二十五日、交詢社は創立八五周年を祝っている。戦後三回目の周年行事である。今回も六百名を超える出席者で大食堂は超満員と報じられている。余興は柳家小さんの落語、武原はんの地唄舞、一中節「辰巳の四季」などであったというが、そのころの交詢ビルには倶楽部施設の一環として演芸ホールが付設されていたので、舞踊の上演などが可能だったのである。

昭和四十九年(一九七四)六月二十日、これは交詢社の周年行事ではないが、「理事長高橋誠一郎在任二五周年並びに卒寿祝会」が交詢社で開かれた。そして、それから五年半のちに交詢社は創立一〇〇周年を迎えたのである。

昭和五十五年(一九八〇)一月二十五日、「交詢社創立一〇〇周年祝賀式典」が催された。今回は式典、祝賀会のほか、「交詢社百年史の編纂」「館内設備の整備(シャンデリアの復旧、壁面の塗装手入れ）」「表彰、記念品贈呈」を記念事業に掲げ、寄付金募金も行っている。なお、この一〇〇周年を楽しみにしていた高橋理事長はすでに二年前から入院加養中であったので、高村象平理事長代行が式典その他記念事業の執行に当たった。式典には当時慶應義塾長であった石川忠雄現理事長も来賓として祝辞を述べ、富田正文社史編纂委員長からは社史編纂の経過報告があった。

一〇〇周年ののちは中間の周年行事は催されず、本年（二〇〇五）一月の創立一二五年祝賀会に至ったのである。

一二五年の概観

交詢社一二五年の歴史を通観し、便宜上二十五年を一つの期間として、五つの期間に区切ってみると、それぞれおよそ次のように特長づけることができると思われる。

第一期　明治十三～三十八年――福澤・小幡を中心とする草創期

明治十三年（一八八〇）から、福澤の没する明治三十四年（一九〇一）までの二十一年間の交詢社は、まさに福澤を先導者とする社会教育機関であった。しかし、福澤の晩年には、すでに周囲の条件情勢も変化し、また当然のことながら、創立メンバーの中心であった三十歳前後の青年は五十歳前後になっていた。したがって交詢社の機能は同じく「知識交換世務諮詢」をモットーとして掲げながら、社会教育機関から社交交際機関へ移行しつつあった。当初は毎月三回発行されていた「交詢雑誌」もやがて月一回発刊となり、福澤の没した翌年には休刊となる。そして創立二五年を超えた明治三十八年（一九〇五）四月、交詢社設立の中心人物であり、長年幹事を務めた小幡篤次郎が没している。

第二期　明治三十八～昭和四年――鎌田栄吉理事長のもとでの興隆期

福澤の晩年、慶應義塾長に就任し、それとともに小幡に代わって交詢社の責任者（幹事）となった鎌田栄吉は、交詢社の性格機能を中年紳士の社交交際親睦機関として位置づけ、それにふさわしい施設整備、組織づくりに着手した。まず資金を調達して敷地拡張、建物内装の整備に努め、また、交詢社を永続させるため、いちはやく「財団法人」の認可を得て理事長制、常議員長制をしいている。

そして、金曜午餐会、火曜晩餐会を定着させて有識者を招き、また来日する外国人、駐日各国大公使の接遇に努めている。また会員の社交親睦の場として同好会を奨励し、家族も参加する演芸鑑賞会を催している。これらが実現できたのは、鎌田の衆議院議員、貴族院議員、文部大臣、慶應義塾長としての閲歴と、また鎌田自身の学識、人柄によるところが多いと思われるが、同時に福澤の残した交詢社を理事長鎌田とともに支えた常議員長門野幾之進はじめ福澤の高弟たちの力によるところも大きかったであろう。

鎌田たちが、この時期の総決算として残した事業は、関東大震災で焼失した交詢社社屋の新築再建であった。その悲願が達成、昭和四年十二月、七階建ての「交詢ビルヂング」が落成した。ただ、このビルの建設に最も尽力した波多野承五郎がその年九月ビルの完成を見ないで他界したことは、多くの社員から惜しまれた。現在、波多野承五郎の肖像画は、交詢社の功労者として福澤諭吉、小幡篤次郎、鎌田栄吉、門野幾之進、そして当初の交詢社社屋を寄付した宇都宮三郎の肖像画とともに交詢社九階の壁面に掲げられている。

第三期　昭和五〜昭和二十九年
——戦中・戦後の混乱期　二代理事長林毅陸から五代理事長までの苦心

昭和五年一月に創立五〇周年を祝った交詢社では、翌昭和六年十二月二十四日新首相犬養毅を午餐会に招き、犬養はそれから半年もたたない昭和七年五月十五日、首相官邸で海軍士官の兇弾に倒れた。五・一五事件の発生である。昭和八年十一月交詢社では鎌田理事長の喜寿を祝ったが、鎌田は翌昭和九年二月に七十八歳で他界した。鎌田の後任には、当時慶應義塾長で衆議院議員の閲歴をもち外交史の権威であった法学博士の林毅陸が二代目理事長に就任した。このころから時局は緊張を加え、いわゆる非常時の体制に入り、昭和十一年には二・二六事件が起こり、翌十二年七月には蘆溝橋事件が発生し、日中全面戦争が始まった。そして、昭和十三年には交詢社創立メンバー二十一人のうちの最後の一人門野幾之進常議員長が八十二歳で他界し、ここに交詢社の歴史は〝古き良き時代〟の幕を下ろした観がある。

昭和十五年（一九四〇）一月交詢社が創立六〇年を祝った年の十一月、紀元二千六百年奉祝式典が行われたが、翌昭和十六年十二月八日、日本は日米戦争に突入し、完全に戦時体制に入った。同時に交詢社も苦難の時期に入ったのである。

戦時色が濃くなるとともに、金曜午餐会も軍人のスピーチが多くなり、食糧事情の悪化とともに食堂のサービスも困難となった。そして月刊機関紙「交詢月報」も用紙不足によって自然に廃刊となった。林理事長も戦争末期にはライフワークの外交史執筆のため四国香川県に疎開し、理事長を辞任、代って横浜経済界の重鎮平沼亮三氏が理事長となり終戦を迎えた。戦後の五年間（昭和二十〜二十四年）は日本中が困苦混乱の時期であったが、交詢社もその例にもれなかった。交詢ビルは空襲は免れたものの、金属供出、テナントの激しい入れ替わり、進駐軍事務所への家具供出などで荒廃をきわめ、物資不足のため補修もままならなかった。そればかりではない、戦後のいわゆる民主化運動の波は交詢社にまで押し寄せ、役員選挙が紛糾し、平沼亮三理事長辞任のあと、政治家の古島一雄がいわば社員の大衆選挙によって理事長に選出されたが、わずか九カ月で辞任に追い込まれ、次の理事長高石真五郎も一年二カ月で退任を余儀なくされた。

この混乱期を経て、そろそろ「正常化」の機運がめぐってきたのであろうか、昭和二十四年十一月、古くからの交詢社メンバーで長く慶應義塾大学の経済学者として知られ、戦後は吉田内閣の文部大臣を務め、当時は東京国立博物館館長であった高橋誠一郎に理事長就任を懇請することとなった。板倉卓造前常議員長から理事長就任を打診され、当初はこれを極力固辞していた高橋は、後年、就任の経緯をユーモア調で次のように述べている。

「……むろん、交詢社の理事長など、私が務まるとも思いませんでしたが、ちょうど博物館へ皇太后陛下（貞明皇后）がお見えになるという日でございました。皇太后のお着きになる時間より約三十分ほど以前に、交詢社の三長老加藤武男さん、中上川三郎治君、板倉卓造君がみえて理事長を引き受けろと申され、いくらお断りしても繰り返し繰り返し申されるのです。そのうちに陛下がお着きになる時間が迫ってきたのです。引き受けるといえばすぐに帰るだろうが、引き受けなければいつまでもこの連中にねばられて博物館長として任務が務まらない。それじゃまぁとにかく引き受けようということになり、引き受けました……」

貞明皇后行啓のおかげもあってか、ここに高橋理事長が実現し、交詢社人事の混乱もようやくおさまったのである。

高橋理事長就任の翌年、昭和二十五年一月二十五日、創立七〇周年の記念午餐会が催され、その年六月一日、「交詢雑誌」の復刊第一号が発刊された。高橋理事長は「復刊の辞」のなかで、交詢社創立当時の趣旨情況を詳細に述べ、「交詢月報」と改称した「交詢雑誌」は戦争苛烈になるにおよんで休刊のやむなきに至ったが、「我が交詢社は漸くにして戦時の混乱と弛惰の状態から立ち直り旧時の面目を回復するとともに更に新時代の新要求に応じようとしてここに再び機関誌の刊行を企画した」「本誌創刊の明治十三年に比し、一層重大なる時期に際会しつつある現在において、交詢社設立の本来の目的たる知識交換世務諮詢という無形財の運輸機関たらしめんことを期するものである」と復刊の意義を強調している。

金曜日の常例午餐会も、この年六月から定期的に行われるようになった。また、特別招待会というものもあり、ノーベル賞を受賞した湯川秀樹博士などを招いている。なお、その翌年、昭和二十六年はマッカーサー元帥の解任、サンフランシスコ講和条約締結の年であった。

昭和二十八年には、柴田佳石作の福澤諭吉の胸像が談話室に据え置かれ、その除幕式が行われた。いまも談話室に置かれている胸像である。これは作家の柴田氏と慶應普通部時代の友人であった交詢社員、横浜ゴムの天本淑郎社長らの寄贈によるものであった。

高橋理事長時代には、総理大臣あるいは閣僚を定例午餐会に招くことが多かった。昭和二十六年四月十二日には吉田茂首相を臨時午餐会に招き、昭和二十八年五月第五次吉田内閣が成立したときには、交詢社の六月十二日常例午餐会に吉田茂首相、緒方竹虎副総理、大達茂雄文部大臣、小坂善太郎労働大臣、木村篤太郎（保安庁長官）、大野木秀次郎、安藤正純各国務大臣が出席している。

第四期　昭和三十～昭和五十四年――高橋誠一郎理事長時代

昭和三十年（一九五五）一月創立七五周年を祝った交詢社は、その年四月には鳩山首相、ほか五人の閣僚を招き、高橋理事長は「交詢社はその社員中から総理大臣を出すこと甚だ多く、……お名前を申し上げますと伊藤博文君、西園寺公望君、原敬君、高橋是清君、加藤友三郎君、加藤高明君、田中義一君、犬養毅君、後藤文夫君（臨時首相代理）、近衛文麿君、吉田茂君、芦田均君、鳩山一郎君」と数え上げている。そののち昭和三十七年岸信介首相をはじめ、前尾繁三郎通産大臣、田中角栄郵政大臣ら五閣僚が金曜午餐会に招待されている。

金曜午餐会はますます充実し盛況を呈するようになるとともに、同好会活動も活発となってきた。邦楽部門では謡曲、小唄、清元、常磐津、哥沢《うたざわ》、一中節、宮薗節《みやぞのぶし》などが出そろい、洋楽部門では混声合唱団キャンドルエコーズが結成された。旅行会も発足した。

この時期を通じて、高橋理事長は交詢社の顔であった。経済学者、浮世絵研究家、博識家としての名声があり、文部大臣、文化財保護委員会委員長、芸術院長、学士院会員、国立劇場会長、映倫管理委員長などなどの閲歴を持つ高橋さんが理事長をしているということで交詢社に敬意を表し、あるいは親しみを感じた人は各方面にわたって大勢あったと思われる。それゆえに高橋理事長が司会する「交詢社の午餐会」というのは一つの名物のようなものになっていた。

昭和五十七年（一九八二）二月九日、高橋理事長が逝去したとき、高村象平新理事長は弔辞のなかで「……二千名を超す社員が異口同音に楽しみにしたのは毎金曜日の午餐会のあとの来賓のスピーチについて、即座に加えられる先生独特の批判を伺うことでした。極端にいえば、来賓の話よりも、先生の該博な識見を交えられた、いわば歯に衣を着せぬ鋭い批判の言葉に快哉をさけび、これを耳にする喜びを味わうために午餐会に出席するといわれる社員も少なくなかったのであります。しかし、ユーモアに富んだ名調子の批判を親しく伺うことはもはやできなくなりました」と哀悼の意を表している。

第五期　昭和五十五～平成十六年　（一）前期　高村理事長（一九八一～八九年）、佐藤理事長（一九八九～一九九四）時代——交詢社の現代化への挑戦

昭和五十五年（一九八〇）、交詢社は高村象平理事長代理、岩崎三郎常務理事のもとで、創立百年を祝った。なお、その記念事業の一つであった『交詢社百年史』は昭和五十三年十一月から編纂が始まり、発刊されたのは約五年後の昭和五十八年一月のことであった。

昭和五十七年（一九八二）二月九日、高橋誠一郎理事長が九十七歳で他界し、三十二年にわたった高橋理事長時代は終了した。

同年二月十五日、高村象平理事長代理が第七代交詢社理事長に就任した。高村理事長は西洋経済史研究の権威で、慶應義塾長を約五年務めたあと、中央教育審議会会長の任にあった。常務理事には引き続き岩崎三郎氏が重任した。

高村理事長は高橋理事長の路線を継承し、金曜午餐会の充実に力を注ぎ、交詢社の円滑な運営に努められたが、平成元年五月十一日理事長在任七年三ヵ月、八十三歳で逝去された。新聞各紙は「ミスター中教審」（朝日、読売）「ゆとり教育を打ち出す」（毎日）などの見出しをつけて一斉に高村象平博士の逝去を大きく報じている。

平成元年（一九八九）六月一日、元慶應義塾長でフランス文学者として知られた佐藤朔氏が第八代交詢社理事長に就任した。やがて岩崎常務理事勇退のあとをうけて、第一勧業銀行常務、慶應義塾財務担当常任理事、財務顧問などの経歴を持つ佐々木春雄氏が常務理事に迎えられた。その当時、交詢社の社員数は二千三百名を超えていたが、佐藤理事長は交詢社運営の中核となるべき新しい人材を交詢社に勧誘することを示唆され、翌平成二年三月および五月の常議員会において、羽倉信也、山室勇臣、中川順、神谷健一、椎名武雄、奈良久彌、河村貢、田中順一郎、村山徳五郎の各氏が一斉に入社を承認された。

この背景のもとに、理事長がまず着手されたのは、財団法人交詢社設立以来ほとんど手がつけられていなかった寄附行為の抜本的改正であった。主査として改正に当たったのは河村貢氏であった。それにより従来機能の弱かった理事会の責任が明確化され、また副理事長二名を置くことによって理事長を補佐する体制が強化された。副理事長には神谷健一、服部禮次郎が就任した。委員会制度については図書委員会、講演委員会を統合して新しく「文化委員会」が設置され、中川順氏（テレビ東京）が初代委員長を委嘱された。公益事業に重点を置くため「公益委員会」が設けられ、委員長には服部副理事長が委嘱され、「公開文化講座」のほか、慶應義塾大学医学部の協力を得て中央区民のための「医療講座」が発足した。

事務局を強化し、優秀な幹部を継続的に確保する方策がたてられ、神谷副理事長の斡旋によって、さくら銀行（現三井住友銀行）から人材を招く道が開かれた。

「交詢ビル」の建物の安全確保は佐藤理事長、佐々木常務理事および理事会、常務委員会が当初から最も重大視するところであった。とりあえず通行人の安全確保のため外壁にネットをかけ、専門機関に委嘱して老朽度を調査し、補修費を増額する一方、委員会を設けて交詢ビルの大改造または建て替えについて、資金面採算面も含めてシミュレーションを行ったが、バブル崩壊後の当時においては、実行が困難と判断され、平成五年（一九九三）十月、このプロジェクトの棚上げを社員に報告する結果となった。建物問題が未解決のまま、平成六年二月、佐藤理事長は勇退し、佐々木常務理事も退任した。

　なお、佐藤朔前理事長は理事長退任三年後の平成八年三月二十五日、九十歳で逝去された。

（二）後期　石川理事長、星野・長澤常務理事時代
——交詢ビル取り壊し、日本橋一時移転から新「交詢ビル」落成、銀座復帰まで

　平成六年（一九九四）三月十四日、石川忠雄前慶應義塾長が第九代理事長に就任、常務理事には元さくら銀行専務の星野欣也氏が就任した。それからのち今日までの交詢社の歩みについては、多くの社員がよくご存じのことと思われる。

　懸案事項であった「交詢ビル」の建て替えについては慎重な検討を経て、平成十二年（二〇〇〇）二月には前月の理事会決定をうけて「交詢ビル取り壊し、倶楽部一時移転」が社員全員に対し理事長名の書状で発表され、ビル入居中のテナントには立ち退き要請の申し入れが行われた。そののちさまざまな経過はあったが、同年六月には日本橋室町「三井本館」七階に倶楽部移転が実現し、四年四カ月の〝日本橋時代〟が始まったのである。

　一方、新ビルの設計、資金計画が進行するなか、テナント立ち退きも完了した平成十四年（二〇〇二）五月から、いよいよ「旧ビル」の取り壊しが始まり、同年十月には「新ビル」の起工式が行われた。式は「交詢社」および今回のビル建設の共同事業者である「三井不動産株

式会社」ならびに設計施工者である「清水建設株式会社」の三者によるものであった。倶楽部施設部分については「株式会社三菱地所設計」が監修することとなった。なお、今回の建て替えで重要なポイントとなった正面玄関部分の保存、倶楽部施設内装部分の復原などの問題についてご尽力いただいた伊藤滋教授も起工式に出席して挨拶を述べておられる。それから二年間で工事は無事完了した。

旧交詢ビルのテナント立ち退き、取り壊し、新ビルの建設などについて、弁護士の専門的立場から終始適切な助言をされた河村貢理事は、新交詢ビルの完成を待たず、惜しくも平成十六年（二〇〇四）二月十六日逝去された。

平成十六年九月十三日、めでたく落成式が挙げられ、同年十月一日には小泉純一郎首相を来賓に迎え「交詢社銀座復帰記念祝賀会」が催され、ここに長年にわたって待望されていた新「交詢ビル」が完成したのである。

なお、この建て替え事業の最大の功労者である星野常務理事は、起工式の半年前、平成十四年三月任期満了により常務理事を退任して顧問に就任し、さくら銀行（現三井住友銀行）出身の長澤房男氏が常務理事に就任した。そして年を越えた平成十七年（二〇〇五）一月二十五日に交詢社は「一二五年の歩み」を完走したのである。

（「交詢雑誌」二〇〇五年二月二十日号）

「交詢雑誌」復刊五〇〇号

私たち交詢社のメンバーが毎月手に取って読んでいる「交詢雑誌」が、このたび、めでたく「復刊五〇〇号」を迎えることとなりました。「復刊」というのはなぜか、そもそも「交詢雑誌」はいつ創刊されたのか、それがいつ中断され、いつ復刊されたのか、それらの由来は『交詢社百年史』によれば、およそ次のとおりです。

交詢社は明治十三年（一八八〇）創立当初、二月五日付で「交詢雑誌」第一号を発刊しました。当時、交詢社員約一八〇〇名のうち、三分の二にあたる一二〇〇人は地方社員だったと言われています。地方社員にとっては、月三回発行される「交詢雑誌」こそが、「知識交換、世務諮詢」の命綱だったことでしょう。

発刊当時の「交詢雑誌」は、月三回発行を通例とし、その「例言」に、「本誌印刷ノ旨趣ハ、本局ヨリ社員ヘノ報告、社員ヨリ本局ヘノ通知、本局ト社員トノ間ニ問答セル緊急ノ事項、及ビ社員ノ演説論文等ヲ蒐録スルニ在リ」と記されているとおり、本局と社員との間の双方向の問答が記載されているのが誌面の特徴の一つでした。

いま、創立翌々年の明治十五年（一八八二）の「交詢雑誌」各号の「問答」欄を一覧してみますと、銀行に関すること、農業牧畜養魚醸造などに関すること、手工業に関すること、習俗風習歴史に関すること、医療疾病に関することなど、テーマはきわめて広範囲にわたっています。

例えば「飼羊ノ義ニ付質問」というのが寄せられていますが、その趣旨は開国以来、大量の綿織物、毛織物が外国から輸入され、そのため輸入超過が増大している。これを是正するには、わが国で羊を飼うことを盛大にして毛織物の国産化をはかることが急務である。ついては「内国ニ於テ現今飼羊場ノ設立アルハ何地ナルヤ」「現ニ産スル採毛及ビ製布ハ何程ナルヤ」「羊種ハ何国産ヲ最良トスルヤ、而シテ其ノ一頭ノ価ヒ凡ソ幾許位ナルヤ」といった調子です。また「鯉魚輸出ノ義質問」の内容は、「東京ヘ輸入スル鯉魚ハ主ニ何レノ地方ヨリナルカ」「如何ナル手続ヲ以テ輸送相成ルモノカ」「東京ニテ当時ノ相場ハ如何」「東京ヘ輸送セントセバ、何方ヘ照会シテ可ナルヤ」「右御面倒ながら、御用聞き合わせ御教示下され度く願い奉り候」という具合です。

また、「死体水ニ浮ブ理由質問」という奇抜なものもあります。「人ノ水ニ溺レテ死スルヤ初メ水中ニ沈没シテ、後ニ水面ニ浮ビ出ズルモノハ、身体ノ漸ク膨張スルニ之レ依ル」と聞いているが、それならば木片などは、水に投げ込むとはじめは浮いているのに、水分が木目に浸み込んで膨らんでくると沈んでいく。どうして人体の場合と違うのか、「然ル所以ノ理アルベシ敢テ識者ノ教ヲ乞フ」。

一体、これらの「質問」に対し、本局はどう対応していたのでしょうか。質問が掲載された号に直ちに「回答」が載る場合もあり、次号あるいはそれ以降の号に「答」が示されていることもあります。いずれにしても、「本局」の担当者はたいへん苦労したことでしょう。いまならば、インターネットで検索するか、百科事典を見るか、本屋で立ち読みするかで簡単にわかることまで、いちいち「本局」に質問して来るのですから、まさに「百二十五年間」の情報量ギャップに隔世の感を催すものです。

「交詢雑誌」は創刊後、約二十年、明治三十四年（一九〇一）に、その「第一期」は休刊となるのですが、その休刊の前年、前々年頃の「交詢雑誌」を一覧しますと、もはや特色ある「回答欄」はなくなっています。この二十年間に、新聞、雑誌、刊行物の発達、学校教育の普及高度化、鉄道、道路、電信、電話などの整備、印刷技術の進歩などによって、情報の量、情報の伝播速度範囲が飛躍的に増大し、もはや「端午ニ幟ヲ建ツル起原」「桑樹ノ品等価格」「西洋製氷（砂）糖ノ価、低価ナル理由」や鯉の値段、水死人の浮沈などを交詢社に問い合わせる社員もなくなったのでしょう。

そのような新時代を迎えた交詢社では、世間に雑誌、書籍、刊行物が充満し、福澤諭吉の流れを汲むものだけでも、京橋南鍋町の交詢社と建物のつながっている時事新報社から刊行される日刊の「時事新報」、交詢社内に発行所を置く月刊の「慶應義塾学報」があるなかで、いまや特色の薄れた月刊「交詢雑誌」の刊行を続けることの意義が問われるようになったのは当然のことだったと思われます。しかも、このころになると、交詢社自体の活動記録、会合記事、入退社報告などは、毎号一頁かせいぜい二頁程度に収められています。これでは機関誌としての使命を問われても仕方ないでしょう。

この第一期「交詢雑誌」は明治三十四年（一九〇一）四月二十五日発行の第五七一号で休刊となりました。

そののち二十四年のブランク期間を経て、大正十四年（一九二五）に、新しく「交詢月報」が発刊され十八年続きましたが、第二次世界大戦の影響で昭和十八年（一九四三）十一月・十二月合併号を最後に休刊となりました。戦争中でしたが、当時の社員数は在京一五〇七、隣接県一三八、地方三五四、合計一九九九名となっています。

さて、戦後の混乱期を終えて復興期に入ると、交詢社においても高橋誠一郎理事長（昭和二十四年十一月就任）のもとで、まず「常例午餐会」が復活、続いて昭和二十五年（一九五〇）七月一日付で「交詢雑誌」が復刊されました。何故「交詢月報」でなく「交詢雑誌」の名称にしたのか、それは〝創立の精神に帰れ〟という信念に基づくものでありましょう（あるいは当時の用紙事情などで、毎月レギュラーに発行する自信がなかったのかもしれません）。

復刊第一号の「交詢雑誌」の「復刊の辞」のなかで、高橋理事長は「漸くにして戦時の混乱と弛惰の状態から立ち直り、旧時の面目を回復すると共に、更に新時代の新要求に応じようとして、ここに再び機関誌の刊行を企画した」と抱負を述べておられます。

「復刊」から五十六年を経た今日、私たちは復刊五〇〇号を迎えるのを機に、「交詢雑誌」の内容体裁を刷新し、新しい時代にふさわしい、新しい「メディア」としての「交詢雑誌」を創り出すことに努めたいと思います。

（「交詢雑誌」二〇〇四年二月二十日号）

あとがき

本書は二〇〇一年から二〇〇九年にかけて「三田評論」、「三田ジャーナル」、「福澤手帖」、「交詢雑誌」、「徳川記念財団会報」等に掲載された講演記録、見学記、紀行文、随筆、小論文など四十四点を取り集めた文集である。

本書の出版が実現したのは、慶應義塾大学出版会株式会社の坂上 弘会長のご好意とご配慮によるものである。ここにあらためて御礼を申し上げたい。同社のスタッフ各位とりわけ担当の森脇政子氏には多大のご苦労をいただいたことも付記しておきたい。

なお、前著のときと同様に原稿執筆から校正にいたるまで一貫して、お世話いただいた協力者にも謝意を表するものである。

了

著者紹介

服部禮次郎（はっとりれいじろう）

1921年、東京生まれ。1942年慶應義塾大学経済学部卒業。セイコーホールディングス株式会社名誉会長、株式会社和光代表取締役会長、慶應連合三田会会長、社団法人福澤諭吉協会理事長。

福澤諭吉と門下生たち

2009年11月10日　初版第1刷発行

著　者――――服部禮次郎
発行者――――坂上　弘
発行所――――慶應義塾大学出版会株式会社
〒108-8346　東京都港区三田 2-19-30
TEL　〔編集部〕03-3451-0931
〔営業部〕03-3451-3584〈ご注文〉
〔　〃　〕03-3451-6926
FAX　〔営業部〕03-3451-3122
振替　00190-8-155497
http://www.keio-up.co.jp/
装　丁――――巖谷純介
印刷・製本――中央精版印刷株式会社
カバー印刷――株式会社太平印刷社

Printed in Japan　ISBN 978-4-7664-1496-7